철학자, 와인에 빠져들다

철학자, 와인에 빠져들다

로저 스크루턴 지음 | 류점석 옮김

I Drink Therefore I Am: A Philosopher's Guide to Wine
published by the Continuum International Publishing Group.
Copyright ⓒ Roger Scruton 2009
All rights reserved.

The Work is Published by arrangement with
The Continuum International Publishing Group, Tower Building, 11 York Rd,
London SEI 7NX, UK through rMaeng2, Seoul, Republic of Korea.

This Korean Edition Copyright ⓒ 2011 by AURA, Goyang, Republic of Korea

이 책의 한국어판 저작권은 알맹2 에이전시를 통해
Continuum International Publishing Group과 독점 계약한 아우라에 있습니다.
신 저작권법에 의하여 한국 내에서 보호받는 저작물이므로
무단 전재와 무단 복제를 금합니다.

오라— 천국의 궁전은 공기 기둥들이 떠받치고 있도다.
오라, 내게 와인을 가져오라. 우리의 나날은 바람이도다.
—하피즈(Hafiz, 페르시아의 시인)

차례

서문 - 8

권두부록: 철학자와 와인 - 11

서장 - 55

제1부 나는 마신다

1. 나의 와인 입문 - 65

2. 프랑스 와인 기행 - 87

3. 프랑스 바깥의 와인들 - 140

제2부 그러므로 나는 존재한다

4. 의식과 존재 - 177

5. 와인의 의미 - 204

6. 불평Whine의 의미 - 228

7. 존재와 폭음 - 259

옮긴이의 말 - 270

와인 찾아보기 - 274

서문

이 책은 와인 마시는 법에 대한 안내서가 아니라 와인에 대한 사색으로 이끄는 길잡이다. 또한 이 책은 행복을 추구하는 사람에 의해 씌어진 쾌락에 대한 헌사이며, 가까스로 악에서 도망친 사람이 말하는 선善을 보호할 방책이다. 이 책의 주장은 유신론자와 무신론자, 그리스도교도, 유대교도, 힌두교도, 무슬림 등에게 제기될 뿐만 아니라, 명상의 기쁨에도 불구하고 쾌락을 무디게 만들지 않았던 사색적인 사람들에게도 제기되는 것이다. 오로지 건강만 챙기려는 사람들, 광적인 이슬람 율법학자 mullah, 다른 사람의 관점을 이해하려 하지 않고 싸움부터 거는 사람들에게 나는 서슴없이 거친 말을 할 것이다. 나는 플라톤이 말했다고 하는, "신들은 인간에게 와인보다 더 뛰어나거나 값진 것을 결코 허락하지 않았다"는 주장을 옹호하고자 한다. 나의 이런 순수한 노력에 심기가 불편한 사람이 있다면 그것은 그들이 와인과 관련없음을 확실히 증명한 것이라 하겠다.

크리스 모리세이, 밥 그랜트, 배리 스미스, 피오나 엘리스는 이 책의 초고를 점검해주었고, 그들의 비평은 내게 큰 도움이 되었다. 에와 아타나소우, 토머스 바처러는 이전에 술자리에서 몇차례 만난 적이 있는데, 그때의 만남에서 그들은 내가 지금도 소중히 간직하고 있는 가치있는 제안을 해주었다. 이 책을 쓰기 위해 리서치에 들어간 12년 동안 인내해준 아내 소피에게 특별히 고맙다는 말을 전하고 싶다. 당시의 리서치는 『새로운 정치가』*New Statesman*란 잡지의 칼럼 청탁으로 행해진 것이었다. 그 잡지의 편집자들은 인내심이 가히 모범적이었고, 어떤 측면에서는 런던의 가장 영향력 있는 좌파 저널에서 활동하며 전통·가족·계층·사냥·신 등을 주제로 한 칼럼도 마다하지 않았다. 그리하여 그들은 서로 모순되는 듯한 주제들이 어떻게 공존하게 되는가를 실증적으로 보여주었다. 나는 칼럼을 쓰면서 통쾌한 기쁨을 맛보았고, 그 칼럼이 내게 환기시켜준 관심사를 이 책 속으로 끌어왔다.

나는 다른 출판물도 활용했는데, 배리 스미스가 엮은 『맛에 관한 궁금증: 와인의 철학』*Questions of Taste: The Philosophy of Wine*에 실린 '와인의 철학' 챕터에서 특별히 많은 도움을 받았다. 본문 중 '와인의 의미' 부분은 그 챕터의 또다른 버전이라 하겠다. 아울러 이 책에는 다른 목적으로 쓴 두 편의 글도 들어갔다. 케임브리지 예수 대학에서 발간한 지도교수 로런스 피켄 기념논총에 실린 글과, 데이비드 왓킨의 정년퇴임 기념논총에 실린 글이다. '의식과 존재'의 일부 내용은 매사추세츠 공과대학MIT의 온라인 판 『테크놀로지 리뷰』에 실린 것을 수정한 것이다.

미국 버지니아 스페리빌과
영국 윌트셔 맘스베리에서
로저 스크루턴

**권두부록
철학자와 와인**

 와인을 마실 때 무엇을 피해야 하는가. 이 말은 마시지 말아야 할 것에 대해 충고한답시고 주절대는 객쩍은 소리다. 건강에 대한 강박증에서 벗어나지 못한 사람들은, 정직한 노동과 삶에 대한 사랑이 농축돼 인간을 축복하는 다양한 종류의 생산품(예컨대 저온 살균을 하지 않은 우유) 등의 유통을 금지해왔다. 인간의 몸이 독주, 탄산음료, 커피나 콜라 등으로 황폐해지고 있다는 신문기사를 접하지 않고 단 한 주를 보낸 적이 없다. 생각건대 이러한 허튼소리 대신 몇가지 간단한 원칙들을 적고 수시로 상기해야 할 때가 온 것 같다.
 첫번째 원칙은 당신이 좋아하는 것을 스스로 원하는 양만큼 마시라는 것이다. 이러한 생활방식이 당신의 죽음을 재촉할지도 모른다. 하지만 이런 정도의 기회비용이야 당신 주변의 모든 사람들에게 돌아갈 이익으로 충분히 상쇄될 것이다.

두번째 원칙은 당신의 음주로 다른 사람들이 고통을 받아서는 안된다는 것이다. 주량을 억제하지 말고 마음껏 마시되 유쾌한 분위기가 침울의 나락으로 떨어지기 전에 술병을 거둬라. 분위기를 우울한 쪽으로 몰아가는 음료들(예컨대 물 같은 것)은 의학적 필요성 때문이라 하더라도 최소한도로만 마셔라.

세번째 원칙은 당신의 음주가 지구에 지속적인 폐해를 끼치지 말아야 한다는 것이다. 술로 인해 당신이 이른 나이에 세상을 뜬다 해도, 실제로 술이 환경을 파괴한 것은 아니다. 결국 박테리아에 의해 당신의 주검은 무해한 물질로 분해될 것이므로, 당신은 환경 폐기물로 잔존하지는 않는다. 이런 순환이야말로 당신이 여러 사람들의 관심을 받는 일 중에서 최상의 일이 아니겠는가? 하지만 일반적으로 판매용 술병은 이런 순환과정을 따르지 않는다. 내가 나고 자란 나라, 품위를 중시하는 영국에서는 술을 유리병에 담아 유통시켰다. 매점에서 술을 구입할 때 술값 외에 2펜스를 맡겼다가 나중에 빈 병을 반환하면서 그 돈을 받는다. 꽤 오랫동안 이러한 관행이 시행되다가 마침내 플라스틱 용기가 시장을 점유하자 유리병은 쫓겨나는 신세가 되었다. 화석연료 이용이 확산된 이후 이 플라스틱 제품은 가장 골치 아픈 환경재앙이 되었다. 도시에 사는 사람들은 우리와 같은 시골 거주자들보다 이 재앙에 덜 민감하다. 도시의 거리는 꼬박꼬박 청소가 되기 때문이다. 하지만 시골길을 따라 걷다보면, 몇걸음마다 버려져서 방치된 플라스틱 폐기물들을 발견할 수 있다. 아마도 그것들은 차를 타고 오가는 운전자들이 차창 밖으로 내던진 폐기물일 것이다. 해마다 루코자드(스포츠 음료)나 코카콜라 같은 제품의 쓰레기가 환경에 울긋불긋한 색깔을 칠하며 오염시키는 현장이 바로 시골의 도로변이다. 나는 음료수 용기를 버리는 사람들뿐만 아니라 음료수 자체에 대해서도 비판한다. 아이들의 취향에 따라 맛을 내며, 로고 찍힌 병에 들어 있다가 뚜껑을 따는 순간 '쉬익' 소리를 내는 달콤한 액체에는 특별한 것이 들어 있다. 그것은 바로 어른들을 자극하여 '나'를 주목하게 하는 촉매 역할을 하는 것이다. 우유를 담는 플라스틱 통에 임시변통으로 담긴 음료를 마시고, 목 안에서 자극의 상쾌함을 느끼며, 몸 안에 흘러든 액체가 제자리를 잡을 때 만족스럽게 트림을 하는 행위는, 이런 음료를 마시는 사람의 안목을 축소시켜 세계에 대한 전망을 상실케 한다. 차창 밖으로 병을 내던지는 몸짓에서 보이는 자만과, 여행지에서 '왕'이라도 된 듯 거드름 피우는 모습에서 기대할 수 있는 것은 오로지 다른 사람들의 한숨소리뿐이다. 그 순간 그들은 치기어린 욕구를 은밀히 발산하면서 탐닉에 빠져들어 자신을 잃게 된다.

　네번째 원칙은 이런 상황과 연결된다. 즉 플라스틱 용기에 든 것이라면 어떤 것도 마시지 말라는 것이다. 플라스틱 용기와 그것들을 사용하는 회사와 한판 전쟁을 선언하라. 우유를 플라스틱 용기에 담아 파는 슈퍼마켓에 더이상 출입하지 마라. 원칙적으로 청량음료를 거부하고, 꼭 마셔야 한다면 수도꼭지에서 똑똑 떨어지는 물을 마셔라.

　마지막으로 내가 관찰한 것들 중 하나인데, 나는 이제껏 도로변을 따라 걸으며 맥주 캔, 물병, 위스키 병, 탄산음료 플라스틱 병 등은 발견했지만 와인 병을 본 적은 단 한번도 없다. 그러므로 우리는 비열한 근성을 노출시키는 못난 술에 대한 비난과 더불어, 사려깊은 주당들이 마시는 술의 미덕도 간파할 수 있어야 한다.

플라톤Platon

모든 와인에 어울리는 플라톤의 대화가 있다. 좋은 클라레claret(프랑스 보르도 지방에서 생산되는 적포도주 또는 보르도의 영어식 이름)는 당신의 흥을 돋우어 『공화국』The Republic을 걷게 하는 한편, 분홍빛을 발하는 부드러운 로제 와인Rosé wine은 『대화』Phaedrus와 궁합이 잘 맞을 것이다. 그리고 목을 바싹 타게 하는 만자니야Manzanilla(스페인산으로 브랜디를 첨가하여 알코올 도수를 높인 와인)는 분위기를 띄워 『도덕론』Philebus을 공정하게 평가토록 할 것이다. 용기를 북돋워 도망치고픈 불가피한 욕망을 갖게 하는 부르고뉴 와인으로부터 『법』The Raws은 풍부한 자양분을 얻는다. 장엄한 『향연』이 등장한다면, 부드럽고 약간 달콤한 와인은 당신이 좌중을 사로잡도록 도와줄 것이며 자기주장을 하려고 일어서려는 사람들을 향해 건배를 제의할 수 있도록 해줄 것이다.

   호메로스에게 술은 언제나 달콤했다. 물론 그 시인이 와인을 잘 익은 석류보다는 키스나 충실한 말馬에 비유한 것도 사실이다. 호메로스의 취향이 어떻든 현대인의 취향에 따른다면, 스위트 와인sweet wine은 시럽처럼 감싸듯 식도를 타고 오랫동안 천천히 흐르며 진한 단맛을 풍겨야 한다. 교외지역에 사는 숙모에게 어필하는 중간 정도의 단맛을 내는 와인은 부분적으로 심각한 문제가 있는 것으로 간주되어, 개인적 용도로든 식사 때 반주로든 아무도 이용하려 하지 않는다.

　이러한 편견에 희생된 대표적인 와인이 바로 부브레Vouvray(프랑스 중부 지방 부브레에서 생산되는 백포도주)이다. 이것은 루아르 북쪽 브렌강의 넓은 계곡에 위치한 포도원에서 생산되는 와인이다. 오랫동안 지속돼온 전통에 의하면, 와인은 그해의 여건에 따라 달지 않거나 달게 혹은 단맛을 제거한 상태로 빚어진다. 주로 사용되는 포도는 슈냉 블랑Chenin Blanc(백포도주용 포도품종)이며, 때때로 아르부아Arbois(프랑스 쥐라 지방의 포도)나 소비뇽Sauvignon(최고급 직포도주를 만드는 포도품종)을 섞기도 한다. 이렇게 양조된 와인이 달콤한 맛을 내도록 수년 동안 숙성시키면, 여러 맛이 복합된 풍부한 맛을 얻게 된다. 특별히 귀부병(포도껍질이 균에 감염되는 병으로, 이 병에 걸린 포도로 만든 와인은 단맛을 낸다)에 걸리게 한다거나, 소테른Sauternes 지역의 세미용Semillon(화이트 와인을 만드는 청포도 품종) 포도처럼 관리될 때 그런 단맛은 더욱 강해진다. 정제된 부브레에 함유된 당분은, 고전양식의 건물 정면에 새겨진 장식물들이 전체적인 구조와 조화되듯, 와인의 복합적인 맛에 완전히 융화된다. 세로로 홈이 새겨져 있고 위에는 꽃문양이 돋보이는 건물 기둥들은 논거의 확고한 토대, 즉 플라톤이 언제나 제공하고자 했던 것과 같은 토대를 갈망한다. 플라톤이 던진 것은, 우리가 이해하는 질문이며 우리를 놀라게 하는 대답이다. 이런 까닭에 플라톤은 존경받아 마땅하다. 그의 결론이 언제나 옳기 때문이 아니라, 나머지 다른 것들의 오류를 증명하고자 애썼기 때문이다.

아리스토텔레스Aristoteles

『형이상학』을 읽은 사람들은, 순수한 물이야말로 있을 법한 유일한 안주라는 내 말의 진의를 이해할 수 있다. 이제껏 출간된 가장 무미건조한 책을 억지로 소화시키려면, 마실 것은 물론 언어와의 전투를 성공적으로 이끌 스파르타 전사들의 임전무퇴 정신도 필요하다. 『전前 분석론』Prior Analytics과의 전투에 출정하기 전에 생강쿠키로 적절히 전의를 다져야 한다. 『니코마코스 윤리학』만으로 규명한 사물들의 의미는 아직 희미하다. 와인을 즐겨온 내가 느낀 바로는, 이 책이 주장하는 토대 위에 음주의 개념을 정립한다면 매우 품위있을 것이라는 점이다. 이 책의 존재에 감사하며 한두 잔의 와인을 마신다. 실제로 '윤리학'과 관련된 내 최고의 경험은 캘리포니아에 있는 베런저 이스테이트Beringer Estate 회사의 소비뇽 블랑과 더불어 펼쳐졌다. 이 회사는 금주법이 발효될 즈음에 기술력이 매우 탁월했던 회사이자, 캘리포니아에서 성장한 초창기 와인회사 중 하나였다.

키케로Cicero

그는 유쾌하고 선량한 뜨내기일지는 몰라도 엄밀한 의미에서 철학자는 아니었다. 그의 덕성스러운 삶에 대해서는 얘깃거리가 풍성하다. 그의 번득이는 창의력은 주위 사람들에게 그가 돋보이게 된 계기였던 동시에, 그들에게서 미움을 샀던 빌미가 되기도 했다. 그의 사상이 물씬 풍겨 나는 엄정한 문장들은 클라레 맛을 결정하는 최고의 재료이다. 저녁식사 후에 한두 잔의 포이약Pauillac(프랑스 보르도산 적포도주)을 곁들여 그의 엄정한 문장을 읽어야 한다. 포이약에서 아우소니우스Decimius Magnus Ausonius(310~395, 로마의 집정관이자 시인)는 별장을 짓고 산 적이 있었다. 희귀한 1959년산 샤토 랭시-바쥬Ch. Lynch-Barges의 남은 한 병을 구해 엄청난 행운을 거머쥔 그 별장 주인은 그것을 잘 처분했을 것이다. 아우소니우스에 대한 얘기를 하다보니 고개를 든 궁금증인데, 그것과 경쟁할 정도로 값진 샤토 오존Château Ausone(프랑스 와인 중 최고급에 속하는 레드와인) 1959년산은 어떨까?

성 아우구스티누스 St. Augustinus

두 유형의 성 아우구스티누스가 있다. 『고백론』에 나타나듯이 자신의 존재마저 끝없이 의심하는 번민에 찬 사람이 있고, 믿음을 가지고 신을 섬긴 종으로서 『삼위일체론』과 『신국론』을 쓴 또 한 명의 사람이 있다. 첫째 유형의 아우구스티누스에겐 로마제국의 변방 카르타고의 와인 한잔이 어울렸을 법하지만, 그 와인은 더이상 국외로 반출되지 않기에 모로코의 카베르네 소비뇽으로 대체하는 것이 차선책이 될 것이다. 모로코의 메크네스에서 재배되고 프랑스에서 양조돼 보나시아Bonassia라는 상표를 달고 영국의 주류 도매상인 오드빈스Oddbins에 의해 판매되는 것이 그 와인이다. 『신국론』을 읽으려면 많은 시간과 끈기를 각오해야 한다. 그 책을 읽는 동안에 한잔의 술을 마신 즉시 그 책을 옆으로 밀쳐두고, 남의 눈치를 보지 않고 더 크고 시원한 또 한잔의 술을 요구해도 전혀 이상하지 않은 경우가 대부분이다.

보에티우스 Boethius

기독교를 신봉하는 나라에서 이제는 많이 잊혀졌지만 한때는 가장 널리 읽히는 철학자이자 『철학의 위안』의 저자인 보에티우스는, 술을 마시며 사색하기를 즐기는 사람들의 술자리에 한두 번쯤은 초대받을 만한 충분한 자격이 있다. 보에티우스가 감당해야 했던 고난은, 얼간이들이 사색하는 사람들에게 떠안기는 불쾌한 경험과 비교할 수도 없었다. 하지만 그가 복수를 시도하고 그의 의도가 실현된 경우는 특이했다. 그는 『철학의 위안』을 통하여 기독교 국가를 통치하는 군주와 대주교 그리고 시인을 설득하여, 철저히 검증되지 않은 인생은 살 만한 가치가 없다는 주장을 믿게 했다. 이 위대하고 아름다운 작품을 기리며 향긋한 뫼르소 Meursault(프랑스 본 지방의 와인) 한잔을 마시고 단숨에 그 '위안'에 빠져들 것을 제안한다.

뛰어난 백포도주를 생산하는 부르고뉴 마을들은 적포도주도 생산한다. 이런 적포도주들은, 피노 누아르 Pinot Noir 포도를 심은 주변 마을의 적포도주들과 비교해보면 값이 훨씬 싸다. 적포도주 뫼르소, 적포도주 샤사뉴-몽라셰 Chassagne-Montrachet, 그리고 적포도주 생토뱅 St. Aubin 등의 품질은 뛰어나다. 내가 울적했던 시절을 보낼 때 누군가 나에게 아름다운 이름(sur le sentier de clou: 오솔길에 있는 고물 자전거)으로 여운이 진한 포도원에서 생산한 생토뱅 적포도주 한 상자를 선물했다. 그 '오솔길'(와인)은 사람을 쾌적한 몸과 마음의 상태로 이끌어갔다. 그러므로 우연히 당신이 그런 오솔길을 만나게 되면 당연히 그 길을 걸어야 한다. 그 길이 당신에게 위안을 베풀지 못할 수도 있다. 하지만 보에티우스, 마르쿠스

아우렐리우스, 그리고 시편의 몇몇 구절들을 반추하며 그 와인을 마시는 순간, 당신은 한두 계단 더 올라가 목표지점에 근접해 있다는 것을 깨우치게 될 것이다.

이븐 시나 Ibn Sīnā

이 책에서 언급한 걸출한 사람들 가운데 한 사람인 이븐 시나(라틴어로는 아비센나 Avicenna)에게는 특별히 주목할 만한 가치가 있다. 그에 대해 깊이 알면 알수록 의사로서 그리고 남성에 대한 애호가(여성에 대한 애호도 마찬가지였다)로서 그가 보여준 능력에, 우리는 경탄을 금할 수 없다. 그는 인간에 대한 사랑 때문에 자신을 혹사시켜 죽음에 이르렀다고 기록된 유일한 철학자였다. 그가 열정적으로 인생을 불살랐던 땅에서 포도 풍년을 기약할 수 있는 합의된 재배법은 아직껏 도출되지 않았다. 하지만 아나톨리아에서 이븐 시나가 영향력을 발휘했던 지역 인근에서 생산돼 유통되는 카박클르데레 Kavaklidere라는 적포도주가 있다. 이 와인은 터키 정부의 감독 아래 양조되지만, 이븐 시나가 만들어 관습이 된 '한밤에 먹는 다과'를 위해서는 그렇게 나쁘지 않다.

이븐 루시드 Ibn Rushd

라틴어로 아베로에스 Averroës인 그는 '징징대는 사람들'을 궁지로 모는 그런 철학자들 가운데 한 사람이었다. 그의 죄목은 혹세무민인데 그의 주장을 듣다보면 그것이 전혀 허무맹랑하지 않음을 알 수 있다. 일관되게 길을 걸으면 진리의 왕궁에 도달할 수 있다는 것을 예증함으로써, 그는 단순 명쾌한 삶의 방식을 옹호하려 했던 것이다. 보통사람들이 철학적 판단력 없이도 얻을 수 있는 믿음을 누군가 철학적 판단력이 필요하다고 보고 보통사람들에게 그것을 강요하는 것은 잘못이라고 그는 주장했다. 오히려 그런 강박은 의심을 떨쳐내지 못하는 사람들의 마음에 의심을 불어넣는다는 것이다. 그의 말은 옳지만, 오로지 철학자들만이 그 말의 진가를 알 수 있다. 이븐 루시디가 자신의 논리를 더 확장해가면서 주장한 바는 역설적이다. 하루에 행하는 다섯 차례의 살라트salat(이슬람교의 의식으로 한밤, 새벽, 한낮, 오후, 일몰에 하는 기도)와 그와 유사한 의식을 실천한다면, TV를 시청하거나 건성으로 축구 오락게임을 하거나 아이팟을 귀에 꼽고 DJ가 진행하는 음악방송을 들으며 빈둥거리는 인생을 살지라도, 신의 뜻을 거역하지 않은 상태로 인생을 마무리할 수 있다는 것이다. 내가 이런 견해까지 그에게 공감하는 것은 아니다. 하지만 그의 이런 주장은 훌륭한 시도이기에 그에 대한 보답으로 한두 잔의 호크Hock(독일 라인 지방의 백포도주)를 바치고 싶다.

아퀴나스Aquinas

나는 아퀴나스의 『신학대전』을 완독하고자 여러 차례 시도했지만 백여 개의 질문들만 훑어본 채 포기하고 말았다. 덕과 인격에 대해 연구하고 각자에게 훌륭한 삶이란 무엇인가를 밝히는 데 이 책이 기여한 바는 제2부 2편에 함축되어 있다. 이 책에 담겨 있는 가장 훌륭한 질문 역시 제2부 2편에 있다. 그런데 이 '제2부 2편'Secunda secundae까지 헤쳐나가 해독한 사람은 거의 없다. 나 역시 몇병의 훌륭한 스카치위스키의 도움을 받지 않았더라면 목적지에 도달하는 것은 불가능했다. 스카치위스키는 천사와 여러 종의 생물에 대한 황당한 기록들이 난무하는 이 문서를 감당해나가는 데에서 다른 모든 것들을 능가하는 효능을 발휘했다. 마침내 생각과 말이 쳐놓은 올가미에서 빠져나와 미덕이 넘쳐나는 고요한 길에 들어서면, 이 성인을 추모하며 산지오베제Sangiovese(이탈리아 적포도주) 한 잔을 마시며 그간의 회포를 푸는 것도 바람직하다. 내가 판단하건대 산지오베제의 많은 종류 중에서 최상은 몬테풀치아노Monteopulciano 와인인 듯하다. 프란체스코 레디Francesco Redi는 토스카나의 와인을 찬미하는 1685년의 헌정시「토스카나의 술의 신」에서 그 지방 사람들이 수시로 인용하여 회자된 '몬테풀치아노의 모든 와인은 왕'이라는 표현을 처음으로 사용했다. 하지만 폴리치아니 가문이 그들의 와인을 '비노 노빌레'Vino nobile라고 부르게 된 때는 20세기가 되고 나서였다. '비노 노빌레'는 태양이 작열하는 자갈밭에서 익은 복숭아 향기를 은근히 내뿜으며, 화려한 루비 색깔을 띤다. 또한 이 와인은 '제2부'의 긴 순례의 길에서 길잡이가 되어 당신을 안내하며, 이 지상에는 아퀴나스의 철학이 지향하는 것보다 더 좋은 일들이 펼쳐진다는 사실을 우리들에게 깨우쳐준다.

마이모니데스Maimonides

이븐 루시디와 마찬가지로 마이모니데스 역시 인류를 위해 봉사하고자 했다. 그렇게 다짐하고 삶에 임했기에 그는 이븐 루시디처럼 일생의 대부분을 망명지에서 보냈다. 유대인에게는 당연한 일이지만 '유대인들의 첫 번째' 원칙에 따라『미슈나 토라』*Mishnah Torah*에 온 힘을 쏟았다. 아울러 성서와 민족 전통에 나타난 합법적인 판결들을 수집해, 각 항목에 자신의 견해를 피력하는 작업도 병행했다. 『혼란에 빠진 사람을 안내하기』라는 저서에서 펼치는 그의 주장은 매우 설득력이 있어서 그 책은 '진정으로 위안을 베푸는 철학서'라는 평가를 받으며, 플라톤의 『변명』 및 보에티우스의 『철학의 위안』과 같은 반열에 들어섰다. 덧붙이자면 그 책을 내가 처음으로 읽은 때는, 1979년 폴란드에 체류할 당시였다. 공산주의 정치체제가 유지되던 시절에 폴란드를 방문해서 일상적인 삶을 영위하는 데는 최고의 도덕적 질서체계가 필요했다. 맥주를 판매하는 간이천막 매점이 일시적으로 문을 닫았다 여는 경우가 있었는데, 그럴 때는 잠깐 동안에 300미터가 넘는 긴 행렬이 그 매점 앞에 생겨나기도 했다. 그 와중에 음식으로 위장된 불가리아의 싸구려 와인들을 콘크리트 벙커로 반입하려는 시도가 끊이지 않았다. 만일 당신이 서구의 화폐를 가지고 있다면, 투젝스Tuzex(체코슬로바키아에서 공산당 정권이 통치하던 시절에 있었던 전국적인 체인점) 상점 앞에 펼쳐진 긴 행렬에 낄 수 있다. 특권계급에 속한 사람들은 거기서 자신의 특권을 현금으로 보여주었다. 거기서는 일정한 돈만 지불하면 위스키와 스페인의 값싼 와인을 구할 수 있었다. 하지만 대부분의 경우, 또는 시골 외진 곳을 여행할 때에는 국가가 생산한 보드카만 마시며 지내야 한다. 의학적으로 효험이 있는 성분이 가미된 베르무트Vermouth(백포도주에 향초 등을 가미한 술)를 발견할 가능성은 희박했다. 이 술은 내재된 불만을 해소시키는 데 요긴하므로 정해진 양을 불평분자들에게만 주었다. '당국자들'(역설적이게도 그들은 자신을 그렇게 부른다)의 전략은, 집단적인 숙취를 발생시켜 상대적으로 덜한 일상의 두통을 숙취의 고통으로 잊게 하려는 것이었다. 그런 몸상태로 나흘 동안 폴란드의 시골 곳곳을 여행한 후에, 크라쿠프Krakow(한때 폴란드 왕국의 수도였다)를 둘러친 담장 밖의 공원에서 마이모니데스의 저서를 읽으며 보낸 하루는 꿀맛 같은 축복이었다. 그 책이 행운을 불러왔다. 그날 밤 마이모니데스의 저서를 마저 다 읽으려고 갔던 레스토랑에서 나는 유고슬라비아산 카베르네 소비뇽을 마실 수 있었다. 그 유고슬라비아 와인으로 인하여 내가 알게 된 것은, 마이모니데스가 신을 영접하는 유일한 길이라고 했던 '옛길'via negativa이었다. 옛길은 우리 언어에서 모든 서술어를 제거해야만 도달할 수 있는 최고의 경지이다. 서술어들은 최고의 존재에게는 어울리지 않는, 거추장스런 군더더기일 뿐이라는 사실이 스스로 밝혀진다. 최고의 존재란 단순히 특정한 존재가 아니며 그렇다고 비존재도 아니다. 이런 까닭에 '옛길'은 어딘가에서 시작되어야 한다. 그 출발점이 와인잔 바닥이라고 해서 안될 이유가 무엇인가? 거기에는 뭔가에 달라붙기 위하여 바짝 움츠리고 있는 초파리들처럼, 무수한 서술어들이 모여 있지 않은가? 그런 상황에서 서술어의 역량에는 한계가 있다. 상황이 파악되어 짙은 안개를 헤치고 '존재 안하지 않는 신'과 눈길이 닿기 전, 술잔은 자신을 채워달라고 거듭 아우성친다.

베이컨Bacon

『학문의 진보』와 『새로운 오르가눔』의 저자인 베이컨은 모든 면에서 마이모니데스와 정반대였다. 그는 세속적인 정치가, 탁월한 에세이스트, 인간 조건에 대한 안목있는 관찰자 그리고 지적 분야의 우상 파괴자로서,

서구에서 아리스토텔레스의 과학이 누린 지배력을 혼자 힘으로 무너뜨렸다. 또한 긍정적인 서술어를 사용하고 우리의 눈과 귀로 서술어들을 받아들임으로써 우리들이 스스로 지식을 획득할 수 있도록 가르쳤다. 우리는 반드시 비교학적인 방법을 사용하여 그의 통찰력에 관한 논의를 해야 한다. 예를 들어 카베르네 프랑(적포도주를 만드는 포도품종으로 프랑스 보르도와 루아르 지역에서 많이 재배된다)처럼 단일품종의 포도로 빚은 여섯 종의 와인을 비교해볼 것을 나는 제안한다. 루아르 와인 하나, 캘리포니아 와인 하나, 모라비아 와인 하나, 헝가리 와인 하나, 더하여 그 포도가 풍토에 적응하여 잘 재배되는 다른 두 지역을 발견할 수 있다면, 당신은 이미 귀납적인 방법을 보여주는 것이다. 그리하여 시음한 와인을 비교하고 대조하면서 와인 평가서에 무언가를 적는 척하면 된다. 그땐 와인을 출품한 회사에서 나온 책임자는 베이컨이 쓴 '죽음'에 관한 에세이를 읽어야 한다. 그것을 읽고 난 후에는 긴 침묵이 흐를 것이다.

데카르트Descartes

데카르트는 충분히 그 공로를 인정받을 만한 철학자다. 하지만 여기에 결코 번복할 수 없는 사실이 있다. (그는 베일에 싸인 사람이었으므로) 그는 철학사에서 가장 과대평가된 철학자이며, 자신의 어떠한 착오도 노출하지 않은 채 그의 삶을 마감했다는 사실이다. 그는 기원을 알 수 없고 그 여파도 가늠할 수 없는 주장을 쏟아낸 철학자로 유명하다. 그가 찬사를 받았다면 '사고의 실험'을 철학적 방법의 근간으로 확립했다는 점 때문일 것이다. 데카르트를 상기하면서 나는 론강 유역에서 생산되는 진한 흑색 와인, 즉 오랜 세월을 견딘 포도나무에서 수확한 포도로 빚은 샤토뇌프-뒤-파프Châteauneuf-du-Pape를 권하고 싶다. 이 와인은 부드러운 벨벳 감촉의 끝맛과 감초맛, 그리고 프로방스의 구릉지대에 자생하는 백리향의 향취를 지닌다. 그런 와인은 『명상록』Meditations의 가벼움을 보상할 뿐만 아니라 많은 생각거리를 제공한다.

스피노자Spinoza

데카르트가 입증하지 못한 결론, 즉 "세계를 구성하는 요소들은 본질substance과 속성attribute 혹은 양상mode이다"라는 가설로부터 출발한 철학자가 바로 스피노자다. 우선 하나의 본질이 있으며 그것을 제외한 만물은 그 본질이 갖는 여러 '양상' 중 하나이기에, 오로지 하나의 본질만이 존재한다고 믿은 스피노자는 자신의 논리를 증명하는 데 착수했다. 하지만 이런 이론 때문에 그가 네덜란드의 칼뱅주의 교회 지도자들과 갈등을 겪었던 것은 아니다. 교회 지도자들이 용납할 수 없었던 것은, 정부의 궁극적인 목표를 개인의 자유 실현에 둔 정치학을 옹호하려는 그의 시도였다. 이 점잖고 소박한 인격자를 존경한다는 뜻에서, 비싸지 않게 구입한 부르고뉴 와인을 마시는 것이 적절할 듯하다. 스피노자가 '속성'이라는 말로 의미하고자 했던 것을 내가 진실로 이해한 순간은, 1999년산 메르퀴레 레 노주Mercurey Les Nauges 레드 와인 한잔을 마시며 그 의미를 곱씹었을 때였다. 불행하게도 나는 메모하기 전에 한잔을 더 마셨고, 그후 나는 그 생각을 다시 떠올리지 못하게 되었다.

라이프니츠Leibniz

지금 지속되는 세계가 가능한 세계들 가운데 최상의 세계라고 한 그의 주장은 당연히 옳다. 어쨌든 『캉디드』Candide에서 볼테르가 라이프니츠와 상반되는 세계관을 펼쳐보이고자 했던 시도의 천박성을 난 의심해본 적이 없다. 라이프니츠에 대하여 고찰하면 할수록, 나는 그의 사상이 아우르는 범위의 광대함에 놀라지 않을 수 없게 된다. 그의 철학적 특징은 모든 원리 속에 전체 우주라는 개념이 함축되어 있다는 것이다. 라이프니츠에 따르면, 이것은 우리 모두가 자신의 관점에 따라 세계의 완전한 상을 그려내는 것과 같은 이치이다.

나는 크리안사Crianza(스페인산 적포도주)나 레세르바 리오하Reserva Rioja(스페인산 고급 적포도주)를 추천하곤 하는데, 대주교를 연상케 하는 그 특유의 향취를 들이마시기 위해서는 향연이 있기 한두 시간 전에 병마개를 따두어야 한다.

로크Locke

철학은 과학의 시녀가 될 것이라는 로크의 전망은, 주류 앵글로-아메리칸 철학자들에 의해 채택되었다. 그들은 인문학에서 벗어나 있었을 뿐만 아니라, 시와 음악과 종교, 그리고 상징물을 통해 세계를 이해하고 존재의 주관성을 파악하려는 시도에서도 벗어나 있었다. 그러므로 우선 로크의 『인간의 이해에 대한 에세이』를 명확히 이해한 다음에, 그의 『정부에 관한 두번째 논문』에 대한 이해를 시도하라. 우리는 이 저서로부터 비로소 현대 정치학이 시작되었음을 확인할 수 있다. 이 책은 샤블리

한잔을 마시며 읽을 때 가장 잘 이해될 것이다. 로크의 천재성에 합당한 대접을 하기 위해서는 부그로Bougros, 그르누유Grenouilles(개구리들) 혹은 레 프뢰즈Les Preuses(여성 기사들)와 같은 멋진 시골뜨기의 이름을 지닌 그랑 크뤼 샤블리 한 병을 따는 것이 맞을 것이다.

버클리Berkeley

만일 당신이 버클리에 대해 완전히 이해하고자 한다면, 한잔의 타르 물과 함께 그를 마셔버리고 그런 노력에 종지부를 찍어라.

흄Hume

흄에 대한 놀라운 사실은 그가 인간의 마음을 완전히 잘못 인식했음에도 불구하고 인과율, 정체성, 도덕성, 정의, 미학적 판단에 대하여 더할 나위 없이 심오하고 포괄적인 결론을 도출해냈다는 점이다. 그의 산문에는 언제나 마음을 따뜻이 감싸는 유쾌한 지혜가 번뜩인다. 그에 대해 독서할 때는 난롯가에서 향긋한 백포도주 샤토 쿠테Château Coutet나 샤토 셉티 몽바지약Château Septy Monbazillac 한잔을 마시는 것이 가장 잘 어울린다. 만일 이 와인을 싸게 사고자 한다면, 황금빛 소테른Sauternes의 E장조 음향을 담고 있는 2000년산 샤토 셉티 몽바지약을 사라.

칸트Kant

한 친구가 내게 물었다. 감각을 통해서는 파악될 수 없고 '공간에 얽매이지 않는 관점'에서만 현시하는 독립적인 '술잔 그 자체'가 의미하는 바가 도대체 무엇이냐는 것이다. 공간에 얽매이지 않는 관점은 '지적인 직관'으로서 신을 제외하면 그 누구도 발휘할 수 없는 것이다. 나는 그 술잔을 샤푸티에Chapoutier에서 생산된 백포도주 '에르미타주 샹트 알루에트' Hermitage Chante Alouette로 채웠다. 그 와인은 1977년에 출시된 뛰어난 생산품으로 나는 지금도 그 와인의 품절을 안타깝게 생각한다.

나는 '다른 방식으로 그 와인을 맛보기 위하여' 한 가지 실험을 수행해 보았다. 우선 그 와인 병을 오른손에 들고 쿵쿵거리며 후각으로 맛보고, 손가락으로 차가운 표면을 매만지고 나서 그것을 마신 것이다. 그것은 마치 성채를 수호하는 엉성한 방어선을 뚫고 들어가 밝게 빛나는 홀에 진입한 것과 같았다. 그곳에서는 화려한 옷을 입은 사람들이 나를 환영해주었다. 이것이 바로 칸트가 전해주고자 했던 바이다. 물 자체와 초월적 전망은 공존한다. 그리고 이러한 전망이 우리들과 무관하다 할지라도 우리는 그러한 전망을 획득하는 것이 어떤 것인지에 대한 암시를 받는다. 술이 몸 내부로 흘러들면서 부추기는 활력은 술의 내면성을 표출하는 것이다. 술의 내면성이란 곧 나의 내면성으로서 내 손길이 닿지 않는 곳으로 가버린 초월적 자아와 그 자아가 누리는 불가해한 자유이다. 나는 이런 실험을 자주 반복하면서 이렇게 마신 술이 지금까지 내가 해온 '범주들에 대한 선험적 연역'을 고찰하는 데 크게 도움이 된다는 것을 알게 되었다.

하지만 나는 백포도주 에르미타주는 권하지 않겠다. 그것은 너무 비쌀 뿐만 아니라 어떤 경우에는 꿀과 호두 맛이 너무 강렬하여 그 맛을 제거하기 위해 문어 요리가 꼭 필요한 경우도 있기 때문이다. 실제로 나는 아르헨티나 말벡Argentine Malbec을 더 자주 추천한다. 칸트의 『순수이성 비판』과 보르헤스Jorge Luis Borges(1899~1986, 아르헨티나의 시인, 소설가)의 이야기를 조합하는 것도 결코 나쁘지 않은 발상이다. 보르헤스의 소설에는 칸트식의 역설들이 넘쳐나 그것만으로도 아르헨티나를 여행하고픈 욕구를 조금은 잠재울 수 있다.

   칸트의 모든 저작들은 첫번째 저서 『순수이성 비판』처럼 쉽지 않다. 두번째 저서 『실천이성 비판』과 윤리학에 관한 다른 저서들을 보충 설명해주는 저서는 없는 것 같다. '카나리아 제도의 와인'을 얼핏 스치며 언급하는 구절이 있는 『판단력 비판』을 말할 때, 나는 시험삼아 처음에는 동인도 셰리East India Sherry, 그 다음에는 토니 포트Tawny Port, 마지막으로는 마데이라Madeira(셰리·포트·마데이라는 세계 3대 주정 강화 와인으로 꼽힌다)를 맛보고 싶은 충동이 일었다. 이럴 때는 아름다움에 대한 판단이 보편적이면서 주관적이라는 칸트의 논증과, '맛의 이율배반성'을 증명하겠다는 허세는 사라진다. 칸트의 이런 작업이야말로 그의 가장 심오하고 복잡한 역설들 가운데 하나로서 우리가 굴복해야 한다면 와인과 관련된 주장에 무릎을 꿇어야 한다는 역설이다.

피히테Fichte

우리는 '자기규정'selbstbestimmung 철학의 기원을 피히테에게서 찾는다. 이 책은 피히테 철학의 형식으로부터 많은 영향을 받고 있다. 그의 철학적 산문은 지긋지긋하기 이를 데 없다. 주체와 객체가 펼치는 위대한 드라마가 의미를 가지게 된 배경에는 헤겔이 있다. 주체와 객체의 철학은 피히테보다 훨씬 더 단호한 학자인 헤겔의 눈에 띄었기 때문에 대중성을 얻게 된 것이다. 하지만 탁월한 수사가 장점인 피히테의 작품 하나가 있다. 바로 『독일 민족에 고함』이라는 저서인데, 여기에서 그는 독일을 하나로 아우를 민족주의를 열정적으로 주창했다. 그는 독일 군주들의 영토가 나폴레옹의 군대 앞에 속수무책으로 짓밟히는 참상을 목격하면서 민족의식을 고취할 필요가 있다고 믿었던 것이다. 독일이 두 차례에 걸쳐 유럽을 아수라장으로 만들었던 과정은 그렇게 시작되었다. 이런 파국을 몰고 온 독일의 죄과를 이해해줄 수는 있다. 하지만 모든 전통을 버리고 유럽적인 특성마저 제거한 와인을 창출하겠다고 나선 그들의 야망은 도저히 이해할 수 없다. 독일의 라인 지방에서 생산돼 새롭게 포장된 와인 중 하나로 영어로 '불의 산'Fire Mountain이라는 상표가 붙은 제품이 있다. 티에리 폰타나츠Thierry Fontannaz라는 이름을 가진 사람에 의해 양조되고, 녹색의 키안티Chianti(이탈리아 토스카나 지방의 포도주) 병에 담겨 있는 이 와인은, 상표에 '리슬링'이라는 단 하나의 독일어가 적혀 있을 뿐이다. 12.5%까지 알코올 농도를 강화시켰기 때문에 호주에서 이 와인은 널리 유통된다. 독일이 과거에서 탈피해 힘차게 도약하는 현실을 이보다 더 뚜렷이 보여주는 상징물도 없을 것이다. 하지만 나는 이 와인으로 피히테에게 누를 끼치고 싶지 않다. 경솔하고 까다롭지만 궁극적으로는 호의를 지닌 그와 같은 사상가에게 가장 잘 어울리는 와인은, 유서 깊은 라인 지방의 뛰어난 와인들 중에서 찾아야 한다. 그 와인들은 '민족과 문화'를 바탕으로 한 애국심보다는 마을과 포도원에 대한 애향심으로 대를 이어왔다. 피히테는 좁은 영역에 국한된 애향심의 굴레에서 벗어나기를 갈망했다. 보켄하임에 있는 그라펜스튁 포도원에서 생산된 것과 같은 '베렌아우슬레제'beerenauslese(손으로 알맹이 하나씩 골라서 수확했다는 뜻이며 독일의 최고급 디저트 와인 중의 하나)급 스위트 와인을 나는 즐겨 추천하곤 한다. 이 와인은 알코올 농도가 8% 정도이기 때문에, 영국의 애주가들을 겨냥한 시장에서 잘 팔린다.

헤겔Hegel

허세와 가식, 잘못된 논리, 추상적 개념들에 대한 선호, 헤겔 자신의 이미지대로 세계를 재구성하려는 결의 등에 대하여 당신이 어떤 평가를 내리든 간에, 실제로 헤겔은 자기 이전과 이후의 그 누구와도 다르게 현대 세계를 이해했다. 우리가 사는 세계의 형식을 결정해온 소외·인정·상호의존·투쟁·권리에 관한 이론들의 연원을 추적하다 보면 헤겔을 만나게 된다. 『정신현상학』에서 언급된 탁월한 비유를 통해 우리는 좌파의 마음속에 내재한 은밀한 갈망과 그것들에 대한 우파의 반응을 이해하게 된다. 헤겔의 미학·정치학·종교철학에 관한 강의에서도 마찬가지다. 나는 많은 철학자들 가운데 헤겔을 걸출한 영웅으로 평가하지 않을 수 없다. 그리고 와인저장실에 들러 그가 말하고자 한 바를 당장에 내 눈으로 확인하지 않고서는, 자유로운 개별 자아를 의식하게 되었다고 생각할 수 없다. 나는 일반적으로 좋은 것을 가지고 되돌아온다. 최근에 '주인과 노예'에 대한 논쟁을 곰곰이 되새겨보다가, 비냐마지오Vignamaggio의 유명한 포도원에서 생산되는 키안티 클라시코Chianti Classico(이탈리아 토스카나의 키안티 지방에서 토양과 기후 조건이 좋은 곳에서 생산되는, 일반적인 키안티보다 품질이 우수한 포도주)를 마셨다. 이곳은 레오나르도의 모나리자가 태어난 곳이기도 하다. 이곳의 찰흙 토양에서는 산지오베제Sangiovese 포도를 주원료로 블랙체리의 정수를 느끼게 하는 오묘한 맛을 지닌 와인도 생산된다. 이것은 세월을 거슬러 올라가 1404년에 최초로 '키안티'라 불렸던 와인의 명예와 전통에 허물이 되지 않는 와인이다. 이것은 극적인 형태로 헤겔의 주장을 보충했고, 그의 결론(지배는 도덕법칙의 안정된 상호의존성으로 승화된다)이 논리적으로 크게 하자 없이 전체적으로 자연스러워지도록 했다.

헤겔과 더불어 토스카나산 와인을 마시는 데는 또다른 이유가 있다. 헤겔의 철학에는 논쟁의 대상이 될 만한 문제적 주장, 역사란 웅장한 대단원의 막이 내려지기까지 막과 막으로 이어지는 연극이라고 하는 주장이 있다. 따라서 인간은 '시대정신'Zeitgeist을 구현하기 위한 피조물이기에 우리는 '시대적' 소명을 다해야 한다고 한다. 달리 말하자면 모더니즘이 종말을 고했기에 우리는 포스트모더니즘에 합류해야 하며, 조성調性(음악에 쓰이는 선율이나 화성이 하나의 으뜸음을 중심으로 관련되어 있는 현상)이 역할을 다했기 때문에 이제 우리는 무조성(조성을 부정하는 음악형태로 안정된 조성음악의 틀을 깬 결과, 프리 재즈 등과 같은 것이 출현하였음)을 수용해야만 한다는 식이다. 이런 허무맹랑한 갑론을박의 한 예가 바로 플로렌스에 관한 것이다. 아테네를 제외하면, 그 정도 크기의 어떤 도시도 플로렌스의 명성에 이르지 못했다. 하지만 17세기 이래로 그곳은 변화했다. 그곳에도 몇차례 재생의 조짐이 있었고, 한두 명의 오페라 거장들이 그곳을 무대로 활약했으며, 때때로 민족주의가 분출하기도 했지만 그 나머지는 모두 여행자들이 이룩한 작품이었다. 대표적인 여행자들 중에는 헨리 제임스, E. M. 포스터, 버너드 베런슨Bernard Berenson(1865~1959, 미국의 미술사가로서 르네상스 미술 연구에서 탁월한 업적을 남김), 대학 연구소를 거느린 유럽연합EU 등이었다. 메디치 가문의 앞날에 먹구름이 끼고 가계가 단절될 무렵 플로렌스는 명맥을 유지하고 있었다. 그러나 미국 학자들의 멸균 조사, 아르노 강에서 이따금씩 범람하는 홍수, 버스 한 대로 왔다가 떠나가는 관음증을 가진 무리들보다 더 나쁜 어떤 것에도 이곳의 보물들은 영향받지 않았다. 이 조그마한 지역은 300년이 넘도록 다른 어떤 곳과 비교할 수 없을 정도로 많은 예술가·시인·사상가들을 배출해오다 이젠 깊은 잠에 빠져 있다. 플로렌스는 현대의 도시도 아니고 그렇다고 탈현대의 도시도 아닌, 한 조각 과거의 파편과 같은 도시다. 그리하여 당신은 이곳에서만큼은 '시대정신'에 얽매일 필요가 없고, 시대정신과 깊숙이 얽힌 어떠한 것도 할 필요가 없다. 플로렌스의 와인 맛은 바로 그런 맛이다.

쇼펜하우어Schopenhauer
이 위대한 염세주의자는 사물을 있는 그대로 바라봄으로써 사물을 있는 그대로 바라보는 것은 잘못이라는 사실을 보여주었다. 이것 말고 위대한 염세주의자에 대해 우리가 무엇을 말할 수 있겠는가? 그의 견해에 따르면 사물은 우리가 실제로 보았던 것처럼 존재하지 않는다. 이것을 다른 방식으로 얘기하면 '사물이 어떻게 존재하는가'란 말은 또다른 환상을 일컫는 말이며, 가식을 '꿰뚫어보는' 사람의 에고ego에 아첨하는 말이 된다. 가식을 꿰뚫어본다는 것은 위대한 허풍이다. 자신의 바이올린을 들고 홀로 서 있는 쇼펜하우어를 그려본다. 그는 세상을 바라보며 울지 않는데, 운다는 것은 세상의 가치와 미완의 세상을 향한 슬픔을 인정하는 꼴이 되기 때문이다. 오히려 그는 자신을 감싸고 도는 선율을 연주하고, 표상들로 구성된 세계의 저변에 있는 광대한 '의지'를 불러내면서, 그것을 느끼기 위하여 의지의 영역에 발을 들여놓고자 한다. 이러한 광경은 '진흙탕물'Muddy Water이라 불리는, 미네랄이 풍부한 뉴질랜드산 샤르도네 와인을 한잔 가득 요구한다. 샤르도네를 한잔 가득 요구하는 까닭은, 어떤 사람들이 대양을 건너 그 땅에 첫발을 내딛던 순간에 신앙과 희망을 간직하고 있었으며, 포도나무를 심음으로써 그 신앙과 희망을 자비로 전환했음을 사람들이 알아주었으면 하는 소망 때문이다.

키에르케고르Kierkegaard

『공포와 전율』『두려움의 개념』『죽음에 이르는 병』—도대체 어떤 사람이 이 책을 자신의 이름도 드러내지 않은 채 펴냈단 말인가? 시체를 간절히 찾고 있는 송장 파먹는 귀신 및 흡혈귀들이 이 위대한 덴마크 사람이 창조해낸 망령을 뻔질나게 찾아오는 것도 이상할 리는 없을 것이다. 사실 키에르케고르는 관능적 사랑을 주제로 두 권의 유명한 책을 썼다.『유혹자의 일기』와 『관능적인 사람들의 즉석무대』라는 책이다. 두번째 책은 모차르트의 〈돈 조반니〉에 대한 연구서로서, 아마도 철학자가 저술한 음악비평서로는 가장 뛰어난 작품일 것이다. '돈'Don의 열광적인 아리아에서 술과 인생(적어도 자신의 것과 같은 인생)을 찬미하며 언급된 와인, 트렌티노의 마르체미노Marzemino of Trentino로 우리는 그 책을 한번 씻어줘야 한다.

나는 최근 이탈리아 리미니Rimini의 거대한 전시홀에 있는 한 레스토랑에서 이 와인을 마셨다. 그 레스토랑은 그곳에 해마다 참가하는 사람들을 위해 먹을 것을 제공했다. 교육수준이 높은 두 명의 아일랜드 동료가 긴장한 채 식탁에 함께 앉아 있었다. 나는 아일랜드 동료들이 자신의 와인 잔을 치우는 모습을 놀라움 속에서 지켜보았다. 그들 사이에서 홀로 술을 마시는 것은 매우 드문 경험이었는데 확실히 그것은 나의 첫경험이었다. 둘 중 한 사람은 패트릭 카바나Patrick Kavanagh(1904~67, 아일랜드의 시인이자 소설가)의 시를 읽고 있었고, 잔 속의 보라색 와인과 검은 눈이 잘 어울리는 다른 한 아름다운 아가씨는 바이올린으로 울적한 켈트족의 가락을 연주하고 있었다. 그들이 잔을 치운 이유는 간단했다. 그들은 연주를 하기 직전의 상황이었고, 그들은 연습을 하고 있었던 것이다. 그리하여 그 와인을 다 비우는 것은 내 의무가 되었다.

고달픈 삶을 살았던 패트릭 카바나는 헌신적이었던 동생 덕분에 후세대에 기억될 수 있었는데, 그 시인의 울적한 시들은 길가의 웅덩이에 반쯤 빠진 채 넋두리하는 주정꾼의 중얼거림처럼 내 귀에 들렸다. 술기운이 온몸에 퍼지고 바이올린이 시와 어우러질 때, 나는 흠뻑 젖은 들판의 좁은 길을 떠올렸다. 거기에는 베케트Samuel Beckett(1906~89, 아일랜드의 전위적인 극작가이자 시인)의 몰락한 영웅들이 고독 속에서 비틀거리고 있었다. 길가에 들어선 집이라고는 오로지 선술집과 장례식장뿐이었다. 만일 키에르케고르가 그의 연인 레기나 올슨에게 고통을 안겨주는 대신 그가 사무치게 그리워한 대로 청혼을 했더라면, 키에르케고르의 유틀란트는 선술집 한두 곳만 휑하니 있는 황량한 땅이라는 인상을 지울 수 있었고, 그의 삶은 훨씬 더 행복했을 것이다. 그런 생각을 하면서 술을 마시고 있는 동안 그 바이올린 연주자는 점점 더 레기나 올슨을 닮아갔다.

니체Nietzsche

이른 나이에 철학교수가 된 니체는 그의 첫 저서 『비극의 탄생』에서 예술의 종교적 기원, 환희와 춤, 환희의 신인 디오니소스를 재발견했다고 선언했다. 아카데믹한 비평가들은 그 책에 대해 혹평을 했지만, 그 책은 이제껏 비극을 논한 저작들 중 최고의 작품이라 할 수 있다. 사견으로는 이 작품이야말로 '지적인 의문'에 가장 치열하게 반응한 니체의 대표작이다. 지적인 의문은 그런 질문을 하는 사람과는 무관하게 존재하며, 이 경우엔 니체와 별개로 성립하는 질문들이다. 우리들에게 준 신의 가장 위대한 선물(와인)은 오직 디오니소스에게 바치는 봉헌물만 씻을 것이다.

 하지만 그 저서 이후에도 이러저러한 니체의 저작들이 있다. 그 저작들에 관여하는 문제는 니체로부터 벗어나 결코 독립적으로 존재할 수 없다. 실제로 그 저작들은 지금까지 지혜로 간주돼온 가장 자기본위적 글쓰기의 전형이다. 아울러 그 저서들은 점차 디오니소스적 의미를 상실하고 있다는 느낌마저 준다. 니체는 온전한 정신을 유지하던 시기의 마지막에 이를수록 "디오니소스 대 십자가에 못 박힌 자: 여기에 안티테제가 있다"와 같은 글쓰기(『힘에의 의지』)를 한다. 비록 '십자가에 못 박힌 자'가 디오니소스를 알지 못했고, 성찬식이 술의 신이 할 수 있는 것을 보여주지 못했다고 할지라도!

이러한 일련의 작업이 진행되면서 니체의 영향력은 강화되었다. 나치 일파는 『차라투스트라는 이렇게 말했다』라는 책에 대해 환호했다. 나치 당원들은 무신론적인 '초인'의 주문이야말로 자신들의 이교도적 절대주의를 예시하는 전조라고 해석했다. 푸코는 니체에 대해 권력은 인간사회의 뿌리이며 범죄는 권력에 대한 가장 자유분방한 반응이다라는 관점의 권위자로 바라보았다. 이유를 불문하고 모든 수단을 동원하여 '아가페'에 적대적인 사람들은 니체에게서 위안을 얻을 수 있다. 널리 이해되듯 니체의 가르침은 셰익스피어의 폴로니우스(『햄릿』에서 햄릿의 연인 오필리아의 아버지로서 권력에 순응하는 인물)가 한 말, "네 자신의 자아에 솔직해라, 네 자아가 클수록 좋은 법이다"에 근거하기 때문이다.

니체는 '도덕의 계보학'을 제공함으로써 도덕성의 토대를 무너뜨릴 수 있으리라 믿었다. 하지만 도덕성은 니체의 계보학, 즉 비참한 피조물이 견뎌온 것에 맞서 싸울 것을 요구한다. 니체의 글들은 자아에 매몰된 신경증 환자가 분출하는 탁월한 외침이다. 특히 니체의 일대기라는 틀에서 볼 때 그의 글들은 자기기만에 빠진 사람이 행하는 정신수련의 본보기라 하겠다. 생명, 건강, 잔인성, 그리고 힘에의 의지 등과 같은 외침은 소심한 병약자가 쓴 가면일 뿐이다. 그는 철저히 신비에 둘러싸인 삶을 살았지만, 그 자신은 말할 것도 없고 어느 것이나 어느 누구에게도 힘의 우위를 확보하지 못했다. 그러므로 우리가 『비극의 탄생』의 저자를 추모할 경우, 술은 자신이 병들었다고 생각하는 건강 염려증 환자에게 어울리는 밋밋한 것 한잔이어야만 한다. 탄산수로 세척한 잔에 손가락 마디 하나 깊이로 채운 보졸레Beaujolais면 충분할 것이다.

러셀Russell

러셀의 책들은 확연히 두 종류로 나뉜다고 비트겐슈타인은 말했다. 논리와 수학의 기초에 관한 책들은 파란색으로 묶어 모든 사람들이 그 책들을 읽도록 해야 하고, 정치학과 대중철학에 관한 책들은 빨간색으로 묶어 함부로 읽지 못하게 해야 한다고. 그러나 나는 비트겐슈타인과 같은 정신의 틀이 없기에 그의 결론에 공감하지 못한다. 러셀의 판단은 건전하기 때문에 최고의 클라레만이 『수학의 원리』와 같은 위대한 작품과 어깨를 나란히 할 수 있을 것이다. 그래서 추천하는 와인은 샤토 베슈벨Château Beychevelle, 혹은 1988년이나 1995년처럼 포도가 풍작이었을 때 나온 샤토 뒤크뤼-보카유Château Ducru-Beaucaillou이다.

후설Husserl

후설을 러셀과 비교해보는 것도 좋을 것 같다. 후설은 러셀과 마찬가지로 수학을 제대로 이해하기 위해 철학을 시작했지만, 소기의 목적을 달성하지 못했다. 그는 물질세계에 경계를 설정함으로써 정신세계를 구성하는 필수적 요소들을 밝혀낼 수 있으리라 믿었고 현상학이라는 과학 또는 유사 과학을 창안하고자 힘썼다. 그러나 수많은 산문에서 자신이 아무것도 서술하지 못했다는 사실을 후설은 스스로 깨달아야 했다. 그는 '유럽 과학의 위기'를 설명하기 위하여 그저 위기를 조장했을 뿐이다. 후설은 자신에 대해 잘 몰랐기에 '자기 인식'은 자아에 대한 강박적 연구의 첫 희생물이 되었다. 그리하여 후설은 위기를 자초했다. 그런데 위기는 위기적 상황을 극복하고 입지를 탄탄히 하려는 강렬한 자극제를 필요로 한다. 나는 후설의 출생지인 모라비아에서 생산된 세 잔의 슬리보비츠Slivovitz를 권하는데, 한잔은 용기를 북돋우기 위한 것이고, 또 한잔은 그 허튼소리를 통째로 삼켜버리기 위해서이며, 마지막 한잔은 그의 책에 쏟아붓기 위함이다.

사르트르Sartre

장-폴 사르트르의 명성은 1964년에 최고조에 다다랐다. 그해는 사르트르에게 노벨문학상이 주어진 해로서, 자신의 어린 시절에 대한 짤막한 이야기이자 아주 신랄하면서도 아름다운 문체가 돋보이는 작품 『말言語』을 쓴 해이기도 했다. 레종 도뇌르 훈장을 마다했고, 『말』에서 작가라는 천직을 거절했던 것처럼, 사르트르는 노벨상 수상을 단호히 거부했다. 실제로 1964년은 권력기구가 사르트르를 가장 높게 평가한 시기이자, 주류에 대한 사르트르의 적대의식이 정점으로 치달아 사르트르 자신이 주류의 일원이 되었다는 사실을 인정하지 않으려는 경향이 최고조에 달했던 해이기도 했다. 그후 사르트르는 자신의 저서 『변증법적 이성비판』(1960)에 나와 있는 마르크스주의적 주문을 발전시키고 세련되게 하는 일에 그의 문학적 역량을 소진했다. 또한 『집 안의 바보』라는 미완성 작품에서 플로베르Flaubert의 일대기를 쓰는 일에 심혈을 기울였다. 플로베르에 매달리면서 사르트르가 입증하고자 했던 바는, 플로베르가 실제로는 사르트르였으며 거꾸로 사르트르는 플로베르였다는 점이며, 비존재가 이 작가의 비밀스러운 목표거나 비밀스럽지 않은 목표였기에 어떤 경우 인간은 존재하지 않는다는 점이었다.

1980년에 사망한 이래로 사르트르의 명성은 꾸준히 하락하고 있다. 사람들이 그의 가르침과 실제 삶이 끼친 부정적 여파를 이해하게 된 결과라 하겠다. 1972년 뮌헨 올림픽에서 발생한 이스라엘 선수단 11명의 피살 사건과 관련해 공식적으로 팔레스타인의 테러 행위를 지지했던 것에 대해 그가 사과한 이래로, 프랑스 지식인들은 사르트르가 이전에 누렸던 굳건한 도덕적 권위에 의문을 제기했다. 1984년 마르크-앙투안 부르니에Marc-Antoine Burnier의 『사르트르의 유작』 출간은, 사르트르가 영향력을 발휘했던 기간에 대량살상에 대한 그의 놀라운 변명들을 모아놓음으로써 결코 지워지지 않을 느낌표를 추가했다. 이런 사실과는 무관하게 프랑스 문화의 중심에서 빛을 발하는 검은 태양과도 같은 사르트르라는 존재의 위엄은, 그의 운구행렬이 몽파르나스로 이동할 때 3만명의 인파가 그를 따라 움직이는 장관을 연출했다. 현대의 삶을 절대자유가 확보되는 영역으로 인식한 그의 매력적인 전망은, 지난 30년 동안 파리의 지식인들과 운명을 함께했던 모든 철학의 토대가 되었다. 이런 현대의 삶에서는 선택만이 유일한 가치이며, 우리가 선택하는 전부는 우리의 산실이었던 무Nothingness로 회귀한다.

사르트르의 뛰어난 철학적 저서 『존재와 무』(1943)는 사르트르가 썼거나 말한 모든 것들에 나타난 무無를 소개하고 있다. 사르트르는 주제와 원인이 무엇이든 간에 어떤 것의 바깥에 있는 공Nothing, 空을 다룬다. 그가 영웅들을 선택하는 기준인 마성은 보들레르를 능가한다. 그는 직업적으로 도둑질을 했던 장 주네에게서 현대의 성인다운 풍모를 발견했으며(『성 주네, 희극배우와 순교자』) 범죄를 도덕적 고결성의 한 방식이라고 했다. 사르트르는 마르크스가 말한 '인민의 적'을 새롭게 규정하여 모든 젊은 세대들에게 '부르주아'를 향한 적대감을 가지도록 촉구했다. 부르주아는 관습·제도·법률이라는 '나쁜 신앙'에 얽매여 자유를 내팽개친 계급이라는 것이다. 공산당이 나치와 비열하게 협력한 사실을 목격했기 때문에, 처음에는 그도 공산당에 대한 신랄한 비판자로 활동했지만, 1950년대에 접어들어 마르크스주의자로 전향했다. 이러한 전향을 계기로 그는 자신의 독자들에게 공산주의를 "가담자들의 행위로 평가하지 말고 그 이념의 지향점으로 평가하라"고 요구하는 한편, 자신의 반反공산주의적 희곡작품 『더러운 손』을 더이상 상연하지 말도록 했다. 이러한 경향은 그가 삶을 마감할 때까지 지속되었다.

부르주아에 반대하는 사르트르의 수사학은 전후 프랑스 철학의 언어와 의제를 변화시켰을 뿐만 아니라, 이전에 식민지였던 국가에서 파리로 모여든 학생들의 혁명에 대한 열정에 불을 댕겼다. 그런 학생들 중의 한 명이 나중에 자신의 모국 캄보디아로 돌아가서 '전체주의'(『변증법적 이성비판』과 『입장』 8~9장)를 실행했던 사례도 있다. 이 전체주의는 부르주아 계급의 '연속성'과 '특이성'을 겨냥하는 것이었다. 폴 포트Pol Pot가 내세운 정화를 향한 분노에는, 사르트르의 악마적인 산문에 줄곧 나타나는 평범하고 현실적인 사람들에 대한 경멸을 볼 수 있다. 『파우스트』에서 메피스토펠레스는 "나는 끊임없이 부정하는 영혼이다"라고 말한다. 이 말은 사르트르에게도 해당되는데, 그에게 "지옥은 (내가 아닌) 다른 사람"으로서 다른 사람들은 지옥에 빠진 사람들이라는 뜻이다(『닫힌 방』). 밀턴의 사탄이 그러한 것처럼 사르트르는 자만심에 의해 변형된 세상을 보았다. 찬사는 타인에게서 비롯되어 본인의 자아를 주목하게 만들었고, 자만은 결국 그로 하여금 노벨상 수상을 거부하게끔 했다.

그러나 그의 모든 도덕적 결함에도 불구하고 사상가 및 작가로서 사르트르가 성취한 업적을 부인할 수는 없다. 이를 예증하는 작품으로 프루스트를 숭배하는 세태에 대한 반발로 저술된 『말』을 꼽을 수 있다. 사르트르가 이 책에서 의도한 바는, 삶과 어린이의 성장과정에서 언어가 차지하는 역할을 프루스트가 잘못 설정했다는 전제 하에, 그 오류가 확대 심화되는 실상을 교정하려는 것이었다. 사르트르에게 어린 시절이란, 프루스트가 환기시킨 것처럼 파란만장한 삶에서 잠깐씩 물러나는 피난처가 아니라 청·장년기에 벌어질 수많은 시행착오들의 조짐이 나타나는, 많은 실수들 중의 첫번째 실수를 범하는 시기였다. 사르트르는 프루스트를 힐난하면서 냉소적 간결성이 돋보이는 문체로 글을 썼다. 초현실주의 작가 미셸 레리스Michel Leiris(1901~90)의 영향을 강하게 받은 사르트르의 『말』은 드 퀸시De Quincy의 『한 영국인 아편쟁이의 고백』과 에드먼드 고세 경Sir Edmund Gosse의 『아버지와 아들』과 비견될 수 있는 한 편의 뛰어난 자서전이다. 의심할 여지 없이 사르트르에게 1964년은 더할 나위 없이 좋은 한해였다. 작가로서 진정한 힘을 보여준 해이자, 지겨울 정도로 전문용어가 넘쳐나는 산문 『변증법적 이성비판』에서 잠시나마 자신을 해방시킨 해이기도 했다. 웃음이 타자의 수중에 있는 무기가 아니라면 『말』은 웃을 줄 아는 사람, 기꺼이 웃음을 자신에게 허락한 사람이 쓴 책이다.

　내가 왜 이런 말을 하는지 당신은 묻고 싶을 것이다. 그에 대한 대답은 사르트르가 내게 1964년을 되돌아보게 하는 하나의 단서라는 것이다. 그해는 포도의 작황이 좋은 해는 아니었으나 1964년산 샹베르탱 클로 드 베제Chambertin Clos de Bèze 와인 덕분에 영원히 지워지지 않는 인상으로 나에게 각인되어 있다. 나는 그 와인을 1980년에 마셔보았는데, 진정한 부르고뉴 와인이 차상위의 성공을 거둔 해에나 도달할 수 있는 깊이와 폭이 있었고, 맛을 꿰뚫어볼 수 있는 나의 통찰력에 화답하는 와인이었다. 만일 내가 사르트르를 다시 읽게 된다면 그 독을 씻어낼 1964년산 부르고뉴 와인을 찾게 될 것이다. 하지만 그 와인을 발견할 기회가 거의 없기에, 내가 다시 그 위대한 작가를 방문하기는 힘들 것 같다.

하이데거Heidegger

우리에게 "아무것도 없어지지 않는다"고 말한 철학자를 두고 무슨 말을 덧붙일 수 있겠는가? 입 안에 빈 술잔을 기울이고 술이 몸속으로 퍼지는 과정을 상상해보는 것, 이것은 분명 진실한 감식가를 기쁘게 하는 경험일 것이다.

파토츠카Patočka

소크라테스와 보에티우스는 사형당했고 이븐 루시디와 마이모니데스는 추방당했다. 하지만 근래의 철학자들은 아주 간단히 곤경에서 벗어난다. 사르트르와 하이데거의 경우에서 보다시피 그들은 범죄를 유발하는 사상의 실마리를 제공하고도 털끝만큼도 개인적인 피해를 입지 않았다. 하지만 현대 철학사에 한 명의 순교자가 있었다. 바로 체코슬로바키아 77 헌장의 첫번째 대변인으로서 1977년 경찰의 심문과정에서 사망한 파토츠카이다. 후설 학파였던 그는 스승과 마찬가지로 알맹이 없는 언어로 점철된 철학에 심취해 있었다. 젊은이들이 조국이 직면한 참혹한 현실에 대해 설명해줄 것을 요구하자 그는 국가기관의 단속을 피해 영혼을 보살피는 방법에 대한 해박하고 품위있는 강의를 했다. 그는 청년들이 자신의 강의에 위로를 받는 것을 하나의 구원으로 여겼다. 1985년, 내가 스스로 내 강의에 대해 그러했던 것처럼, 이러한 강의들은 체코 와인으로 말끔히 씻겨나가야 했다. 이젠 체코 공화국이 된 나라의 진정한 와인들은 예나 지금이나 모라비아에서 생산된다.

파토츠카 시대의 최고급 모라비아 와인은 생산지에서 병에 담지 않았고, 체인점에서도 팔지 않았으며, 샤르도네Chardonnay(부르고뉴 백포도주를 만드는 대표적 포도품종. 포도알은 노란빛을 띤 녹색이다)로 오염되지 않은 것이었다. 이 와인이 존재한다는 사실은 입소문으로 퍼져갔다. 이 비밀을 공유하려면 당신은 우선 신뢰를 받을 만한 사람임을 입증해야 한다. 하지만 1938년 이래로 그 일은 거의 불가능해졌다. 당신이 와인저장실에서 와인이 보관된 바닥 아래 석회암을 파고 거기에서 찾은 물건을 가져가는 것은 전적으로 당신에게 달렸다. 그리고 훈제한 돼지 뱃살고기와 더불어 각각의 통에 든 와인을 유리 피펫(작은 관)으로 맛보고, 주름이 가득한 주인장을 따라 눅눅하고 어두운 거리로 이끌려 나가면서 무언가를 가져가는 것도 당신이 결정할 일이다. (그 돼지고기는 앵글리카라 불리는데, 외국 사람들이 영국의 돼지고기 제품에 붙여준 찬사이나 명백한 착오로 인해 생긴 찬사라 하겠다.) 또한 지불할 몫을 계산한 다음에 무언가를 집으로 가져가는 것도 당신이 선택할 일이다. 어떤 사람은 술병을, 어떤 사람은 보잘것없는 통조림을, 또 어떤 사람은 쇠붙이 병마개로 봉한 작은 술통을 가져간다. 만일 당신이 와인을 병에서 숙성시키고자 한다면, 긴 코르크 마개와 밀봉 왁스로 와인을 병에 담는 법을 배워야 한다. 와인 선택은 내 경험에 비추어보건대 카베르네 프랑이라는 포도품종을 재배하는 지역에서 생산된 적포도주가 최상인 듯하다. 이 포도품종은 중부 유럽 지역에서 성 로렌스를 기념하여 붙여진 이름이다. 로렌스라는 이름이 슬라브 말로 왜 바브리넥이라 불리는지 내게 묻지 마라. 스바테 바브리네케 Svaté Vavřinecké 한 병으로 플라톤과 유럽에 관한 강의를 흥건히 적시면 고통과 희생에 대한 당신의 시야는 밝아질 것이다.

    체코슬로바키아가 더이상 존재하지 않고 체코의 영토가 세계경제에 편입된 이상 세상이 어떻게 돌아가고 있는가를 묻는 것은 당연하다. 이에 대한 대답은 합스부르크 철도체계에 드러나 있다. 체코가 세계적 경제질서에 아직 편입되지 못했음을 이 철도체계는 여실히 보여준다. 덜커덩거리면서 먼지냄새를 풍기는 정겨운 기차는, 불편하긴 하나 그래도 견딜 만한 마을들로 당신을 실어나른다. 이것은 집 안에 편히 머물러 있는 것보다는 낫다. 가다 서다를 반복하는 하루 동안의 여행경비는 기껏해야 10파운드도 안된다. 기차가 숲과 계곡을 지나고 강둑과 구획진 농지를 거치며 흔들리고 끼익 소리를 내며 달리는 동안, 당신은 그 지역에서 생산된 어떤 와인이나 마실 수 있다. 이 순간 당신은 와인산업을 지원함으로써 공산주의가 남긴 많은 재앙들 중에서 생태학적으로 가장 심각한 폐해를 보인 협동농장을 무너뜨리는 데 일조하게 된다. 영세 양조업자들은 황폐해진 초원 이곳저곳으로 옮겨다니며 포도나무를 심고 그곳을 나무 울타리로 두르는 한편, 바위를 파낸 와인저장실과 버려진 원두막을 수리하고, 잔디밭에서 뗏장을 떼어내 주변을 정리하는 등 동분서주한다. 당신은 먼지로 얼룩진 창문을 통해 밖을 내다보며 스바테 바브리네케를 마실 때, 고통과 희생이 때론 매우 가치있다는 사실을 알게 될 것이다. 이때 당신의 손가락은 '핍박받는 자들의 결속'에 대한 그 어려운 주장이 적힌 책을 더듬고 있을 것이다.

비트겐슈타인 Wittgenstein

"먹는 것이 언제나 같다면 나는 먹는 것에 별로 신경쓰지 않는다"며 비트겐슈타인은 사회자의 질문에 약간 신경질적으로 대답했다. 하지만 이 말은 "대상을 선택하는 내가 모든 대상보다 우선"임을 조금 오만하게 주장하는 것이라고 이해하면 될 것이다. 신이 내린 선물이 다양하고 풍부하다는 데 생각이 미치면 아무리 금욕적인 수도승이라 하더라도 때때로 새로운 것을 맛보려는 충동이 일어난다. 우리는 모두 무엇을 마실까에 대한 선택이 매우 유사하다. 일치된 선택을 받는 양조업자, 재배자 혹은 증류주 업자들 덕분에 우리는 매일 같은 술을 식탁에 올린다. 현대의 도시 거주자들이 살아가는 모습에서 발견하게 되는 일관성 있는 삶의 모습은 바로 이런 것이며, 식탁의 이런 일관된 모습은 허위에 찌든 일상생활을 정화시키는 역할을 한다. 결혼이 의미하는 도덕적 안정상태는 액체(술)의 형식을 빌려 강화된다. 방랑하는 애주가에게 진정한 페넬로페란 식탁에서 그(오디세우스)를 기다리고 있는 와인이다.

어떤 의미에서 이런 일관성은 비트겐슈타인이 주장한 일관성과는 정반대이다. 술을 마실 때 비트겐슈타인의 일관성이란 어떤 것을 마실까에 초연함이 아니라, 오히려 마실 것의 세부항목까지 챙기는 것이다. 비트겐슈타인을 흠뻑 취하게 하는 적절한 방법은 당신이 일상적으로 마시는 와인을 그와 함께 마시는 것이다. 다시 말하자면 일반적 손님을 접대하는 와인도 아니고 특별한 손님을 접대하기 위한 와인도 아닌, 자신에겐 동료와 같은 친숙한 와인이며 꾸밈없는 하루하루의 당신 자신을 위한 와인을 내놓으면 된다. 그것은 부르주아 클라레나 보졸레 한 병이면 되지 않을까? 『철학적 탐구』가 들어 있는 상자의 293절쯤에서 발견된 딱정벌레와 같이 와인을 사적인 사물로 오인할까봐 두려워하면서 와인 맛을 생각하지는 마라.

슈트라우스 Strauss

이런 이름을 갖고 있는 문화계의 많은 인물들 가운데서 내가 가장 좋아하는 사람은 리하르트 슈트라우스 Richard Strauss 이다. 나는 리하르트의 『장미의 기사』 제2막을 통속예술로 간단히 분류하는 것에 반대한다. 왜냐하면 그 작품은 고도의 질서의식이 구현된 음악예술이라 믿기 때문이다. 하지만 일관성의 측면에서 본다면 작품이 지성보다는 본능의 수준에 머물지라도 월계관은 후배인 요한 슈트라우스에게 돌아가야 한다. 선배 요한 역시 중요한 요소들을 갖추고 있다. 다비드 슈트라우스에 대해서라면 레오 슈트라우스의 영향력을 언급하기 전에 우선 그의 불가해한 영향력을 곧이곧대로 수용하자. 만일 오늘날 살아남은 아카데믹 정치 '학파'가 있다면 그것은 바로 슈트라우스 학파일 것이다. 중요한 유럽인 망명객이었던 레오 슈트라우스는 자신이 소중히 여긴 사상의 보따리 하나 달랑 짊어지고 유럽 대륙에서 미국으로 건너갔고, 그의 생기 넘치는 가르침은 처음엔 환대를 받았다. 점차 그의 제자들이 권력과 영향력 있는 지위를 차지하고 미국인들에게 그들의 정치적 역할을 일깨워주자 슈트라우스는 널리 반동분자라는 비난을 받게 되었다. 그의 제자들 중 한 사람이 바로 워런 위니아스키로 캘리포니아에 새롭게 조성된 포도밭에서 생산한 와인으로 무통Mouton을 2위 자리로 밀어낸 이였다. 이 과정에 얽힌 이야기는 조지 테이버George M. Taber가 쓴 『파리의 판단』에 자세히 나와 있다. 위니아스키는 프리츠 앨호프가 편집한 『와인과 철학』에서 간명하게 자신의 철학을 보여준다. 사상가로서 슈트라우스를 어떻게 생각하든(나는 그렇게 대단하다고 생각지 않는다), 교육자로서 그의 재능은 충분히 증명되었다. 그가 마셔야만 하는 와인은 '수사슴의 도약'Stag's Leap이라는 이름의 위니아스키이다.

함바스Hamvas

영어권에서는 거의 알려지지 않은 헝가리의 철학자 벨라 함바스Béla Hamvas는 특별히 언급할 만한 가치가 있는 사람이다. 1968년에 사망한 그는 어려운 시기에 보여준 단호한 애국심, 헝가리의 이상을 철두철미 지켜나가려는 신념이 돋보이는 인물이다. 결국 이런 고집스런 태도가 빌미가 되어 자국에서 그의 사상은 책으로 출판되지 못했다. 그리하여 전후 헝가리에서 가장 학식이 깊고 상상력이 풍부한 그는 사상가에서 일용 노동자로 전락해 하루의 생계를 걱정하는 신세가 되었다. 그는 실증주의와 마르크스주의라는 거대한 두 담론들로부터 철학을 살려내고자 혼신의 힘을 쏟아부었다. 함바스는 전후 공산주의 정권에서 최고 검열관이었던 죄르지 루카치 György Lukács 일파에 의해 도서관 사서 자리에서 물러나야만 했다. 인간의 정신적 욕구와 내적 자유라는 토대에서 기독교적 전망을 수호하려 한 함바스의 철학은, 헝가리 체제에서는 체제전복이라는 하나의 위협요소로 작용했다. 당신은 "별로 중요하지도 않은 사람을 왜 장황하게 언급하느냐?"고 물을 것이다. 그의 스승 칼 야스퍼스도 여기에서 다뤄지고 있지 않은데 말이다. 술 한잔을 곁들여 얘기할 만한 위대한 벨라 바르토크 Béla Bartók(헝가리 작곡가)도 있지 않은가? 하지만 대답은 간단하다. 내가 알기로 함바스는 와인의 철학에 대해 책을 저술한 유일한 메이저 철학자였다. 나는 별로 유명하지 않은 그의 철학에 잔을 들어올리긴 하나 그의 저서가 번역되지 않기를 기원한다. 그리하여 내가 헝가리 와인을 처음 맛보았을 때처럼 사람들도 그 책을 어렵사리 음미해보길 바란다.

내가 처음 헝가리 와인을 맛본 곳은 부다페스트에 있는 음침한 와인 저장실로서 그곳은 발라톤 호수 근처에서 생산된 샤르도네 와인을 통째로 제공하는 곳이었다. 하루 후에 나는 수염이 덥수룩한 반체제 인사들에게 이 밀매품을 전달하면서 공산주의자들이 말하는 '정상화'를 간절히 원했다. 이 샤르도네는 하루를 축제와 같은 불안한 흥분으로 물들일 수 있는 공격적인 민첩성을 가졌다. 짧은 한두 시간 만에 나는 낯선 사람들의 막연한 언어를 이해하고 있다고 착각할 정도였다. 그들 대부분이 함바스를 영웅으로 추앙했기 때문이다. 발라톤 호수의 샤르도네는 채플 힐 Chapel Hill 상표가 부착된 채 수출되며, 따를 수 있도록 귀때가 달린 와인병은 야구 모자나 버뮤다 반바지와 동등한 수준으로 여겨진다. 이는 그날 저녁에 드러난 내 언어 능력에 이 와인이 더이상 영향을 끼치지 못했던 이유가 된다.

그후 헝가리의 포도재배 기술은 획기적으로 발전했는데, 22곳에 달하는 포도재배 지역이 지도에 매우 세밀히 수록되어 있으며 알렉스 리들 Alex Liddell이 쓴 『헝가리의 와인』은 그 지역들에 대해 조목조목 높은 평가를 하고 있다. 부다페스트에서 몇분 거리의 교외지역에 가면, 구역별로 흩어진 농경지와 여름 주택, 농장의 허름한 가옥 등에 의해 경계가 그어진 포도나무 언덕들을 쉽게 볼 수 있을 것이다. 그런 교외지역에서 함바스는 일주일에 한 번 그의 셔츠를 갈아입거나 책 한 권을 받았다. 이는 그가 일하다가 죽은 발전소로 돌아가기 전이었다. 여기 석회암 토양에는 맛이 오묘하고 과즙이 풍부한 백포도주용 포도들이 자란다. 딱총나무꽃 향기와 무성한 잎들의 맛을 지닌 부다 피노 그리 Budai Pinot Gris가 최근 견본으로 출시되었는데 1988년에 겪은 낯선 여름날이 너무도 생생히 떠올랐다. 그때의 '시대정신'은 미국에서 만들어진 거짓 미소를 띠고, 헝가리어로 '델리밥'delibab이라고 하는 '신기루'처럼 그 도시 상공을 떠돌았던 것 같다. 이 신기루는 민족주의, 공산주의, 사회주의, 자본주의, 합스부르크가의 향수나 민속문화 등으로, 헝가리 사람들이 일시적으로나마 믿게 된 모든 것에서 피어났다.

　부다Budai와는 대조적으로 빌라뉘Villanyi와 섹사르드Szekszárd의 와인들은 숙성이 잘되어 감칠맛이 나고 오묘하다. 빌라뉘에서 생산된 1998년산 피노 누아르는 덜 유명한 부르고뉴 와인들과 경쟁하고 있다. 반면에 2000년산 섹사르드 카베르네 프랑(헝가리의 적포도주 생산에서 더없이 좋았던 해에 빚어진 와인)은 내가 후견인 역할을 했던 루마니아 학생들까지 찬사를 보낸 와인이다. (그들은 전에 한번도 헝가리산 제품을 칭찬해본 적이 없다.) 이 와인은 부다페스트의 지하에 건설된 미로형 와인저장실에서 벤첼 가람바리가 숙성한 것이었다. 이 와인의 진한 까막까치밥나무 색깔, 뛰어난 클라레 향기, 그리고 조화로운 맛은 최고의 맛을 내던 시기의 카베르네 프랑(루아르와 보르도의 적포도주용 포도 혹은 그것으로 빚은 와인)을 연상시켰다. 와인의 철학에 관해 책을 쓴 최초의 철학자가 함바스라는 사실을 안 슬픔을 털어낼 때, 내가 마신 와인도 바로 이 감칠맛 나는 혼합주 한 병이었다.

샘 더 호스 Sam the Horse

이 책의 논점을 좀더 분명히 하면 어떤 말horse도 먹는 것, 마시는 것, 음식 등을 음미할 수 없다는 것이다. 하지만 샘이란 이름의 말에겐 특별히 좋아하는 것이 있는데, 그것은 와인에 관한 정설들과 양립하지 않는다. 사실 샘은 분홍빛 로제 와인rosé wine을 가미했을 때 가장 열정적으로 귀리를 먹는다. 여름날 해가 뉘엿뉘엿 서산으로 넘어갈 때, 이미 좋은 날들을 경험해본 온몸에서 원기가 불끈 솟아오르면, 분홍빛 와인은 저항할 수 없는 유혹이 된다. 과일의 신선한 향, 어린 시절에 즐기던 음료를 생각나게 하는 색깔, 시원하고 상쾌한 로제 와인이 빛을 머금고 흘러들어가 내부의 어둠을 밝힐 때 느끼는 안락감, 이 모든 것들은 휴일의 특성을 지닌다. 감각기관을 자극하는 이런 특성들은 일하는 삶의 스트레스를 해소해주고, 연인들과 위안을 주는 사람들의 세계에 마법을 건다. 이러한 삶이야말로 참다운 삶이자 수줍어하는 히포크레네(헬리콘 산에 있는 뮤즈의 샘물)의 삶으로서, 천사들의 노래처럼 삶의 환희가 방울져 나온다. 모든 것이 다 밝혀지고 행해질 때 남아 있는 맛은 과연 어떨까? 그 맛은 얼마나 깊게, 얼마나 복합적으로, 그리고 얼마나 부드럽게 유혹할 수 있을까? 산업용 알코올이 가미된 나무딸기로 담근 술 한잔이 과연 그런 맛과 효과를 낼 수는 있을까? 불안감을 깊게 심어주고 심지어 이단적이라는 인상을 주는 이런 생각들은 가벼운 환각을 불러일으키며 가만히 파고든다. 비트겐슈타인이 말한 대로, 어떤 말horse이 이야기할 수 있다고 해도 우리가 이해하려 하지 않는다면 샘에게 몇가지 의문을 던지는 것은 무의미한 일이다. (그렇다. 그 텍스트가 '사자'를 말하더라도 주장의 내용은 같을 것이다.)

하지만 우리는 완벽한 모범이 없다고 할지라도 로제가 싸다는 사실에서 위안을 얻어야 한다. 그러므로 로제를 특별히 뛰어난 와인으로 간주하는 것은 5음보에 맞춰 만든 대중가요나 밍크 모피로 만든 비키니와 같이 터무니없는 일이다. 로제는 탄닌이 추출되기 전 포도 원액에서 걸러내야 한다. 그래서 론강 유역에서 생산되는 타벨 로제Tavel rosé는 일반적으로 오랫동안 보존하지 않는다. 눈을 가리고 이 맛을 본다면 비오니에

Viognier(크로아티아 달마티아가 원산지인 청포도 품종)를 주원료로 한 우윳빛의 백포도주로 오인할 것이다. 또한 무엇이 되고자 하는 사람들과 아무것도 되지 않으려는 사람들이 있듯 이 분홍빛 로제 와인에는 확연히 다른 두 종류가 있다. 샘은 그 두 종의 와인을 다 좋아한다.

루아르 지방에서 생산되는 로제 당주 rosé d'Anjou는 언제나 환영할 만하다. 품질이 약간 떨어지는 포르투갈과 스페인의 '로사도' rosado라는 와인 역시 그렇다. 내가 개인적으로 좋아하는 로제 드 프로방스 Rosé de Provence도 마찬가지다. 만일 당신이 말인 경우엔 귀리와 함께 마셔야 제맛이지만, 아니라면 새소리를 들으며 '말린 소시지'와 까만 올리브 안주를 곁들여 마셔라. 스페인의 마스 올리베라에서 생산된 카베르네 소비뇽 맛을 연상시키는 로제는 많은 스페인 로제의 힘과 설득력을 지니며 오래된 카탈루냐의 강렬한 냄새를 지니고 있다. 스페인 로제들은 식탁에 오르는 일반 음식들과 궁합이 잘 맞는 편이다. 남아프리카의 넬슨 크리크 부근에서 생산되는 카베르네와 메를로를 혼합해 양조한 와인은 맛이 훨씬 강렬하고, 엷은 호박구슬 색깔을 띤다. 만일 복합적인 맛을 내는 로제가 있다면 바로 이 와인일 것이다. 마치 코에다 담뱃갑을 갖다댔을 때의 향취라고나 할까. 샘이 최고의 승리를 거두던 날 그와 내가 자축하면서 마셨던 와인도 바로 이것이다. 그 승리는 '베퍼트 공작'이라는 사냥개들과 함께 지내며 얻었던 것이고, 그날 샘은 배드민턴장의 울타리를 뛰어넘기도 했다.

내 생각엔(샘의 생각도 마찬가지겠지만) 승리를 기념하는 와인은, 그리스의 아메티스토스 로제 Amethystos rosé여야 한다. 다홍색을 띠면서 여덟 가지 맛을 내는 오묘한 시골 포도로 빚은 이 와인은 그 특유의 향으로 주변을 황홀케 한다. 상상 속에나 존재하는 곤충들이 잔 주위로 몰려들 때, 한두 잔의 와인을 마시고 그 잔에 가만히 귀를 기울이면 당신은 와인처럼 까만 바다의 속삭임에 빠져들 것이다.

서장

역사의 기록을 살펴보면 사람들은 다양한 환각제를 복용하면서 삶을 견뎌냈다. 아울러 사회에 따라 환각제를 권장하거나 불가피하게 허용하거나 금지하기도 했지만, 규율에 따른 의견 수렴이 하나 있었다. 그것은 환각제의 여파가 공공 질서를 위협해서는 안된다는 것이었다. 중동 지방의 물담뱃대hookah와 마찬가지로, 아메리카 토착민의 '평화의 담뱃대'(화목의 표시로 여럿이 돌려가며 피우는 담뱃대)는 사회적 환각제의 이상적인 모습을 보여주고 있다. 그들은 담뱃대를 돌려가며 피우면서 바람직한 예법, 진정한 배려, 느긋하게 생각하는 습관 등을 체득하려 했다. 어떤 사람들은 인도의 대마초 역시 사회적으로 같은 역할을 했다고 믿는다. 하지만 대마초의 신경학적 효과에 대한 연구에 따르면 그 사회적 의미는 상당히 부정적이다.

여기에서 우리가 문제삼는 것은 대마초가 아니라 알코올이다. 술은 신체적 균형, 예의범절, 감정과 판단력에 일시적으로 영향을 끼친다. 만일 다른 행성에서 온 외계인이 보드카에 취해 있는 러시아인, 슬리보비츠 slivovitz(자두를 발효시킨 뒤 다시 증류시켜 만든 브랜디)에 중독된 체코인, 밀주를 마시고 제 몸을 가누지 못하는 미국 남부 시골뜨기 등을 본다면 틀림없이 금주법에 찬성하게 될 것이다. 하지만 알다시피 금주법은 무용지물이었다. 한 사회가 환각제에 의해 위협을 받는다면, 그 사회는 똑같이 환각제의 부족으로도 위협받기 때문이다. 환각제에서 벗어나야 우리는 자기 본연의 모습을 알게 되며, 어떠한 인간사회도 환각제라는 허술한 토대 위에서는 지탱할 수 없다. 세상은 환영에 둘러싸여 있는데, 최근의 역사는 파괴적인 환영을 두렵게 여겨, 환영도 때론 유익하다는 사실을 잊게 만든다. 재앙을 극복할 수 있다거나 영원한 사랑을 맹세할 수 있다는 믿음이 없다면 우리가 설 땅은 어디인가? 그런 믿음은 상상력을 통하여 거듭나야만 지속될 수 있다. 증거를 확인하려는 타성에서 벗어나지 못한다면 그런 믿음은 생겨날 수 없다. 그러므로 환각제에 대한 필요성은 언제나 우리 안에 깊이 도사리고 있는 셈이다. 여기서 내가 제기하는 실질적인 물음은 환각제를 통제할 것이냐 말 것이냐가 아니라 어떤 환각제를 용인할 것인가이다. 거의 모든 환각제는 사물을 가리는 반면에, 어떤 환각제들(특별히 와인)은 사물을 이상적인 형태로 재구성하여 보여줌으로써 우리가 사물을 직면할 수 있게끔 도와준다.

고대인들은 음주문제에 대한 해결책을 한 가지 알고 있었는데, 음주를 종교적 제의에 포함해 신을 맞이하는 의례로 받아들이는 것이었다. 그리하여 음주에 따른 소란을 숭배자인 인간의 추태가 아니라 신의 행위로 여겨 덮어두려고 했다. 이것이 훌륭한 조치인 이유는 신을 변형시키는 것이 인간을 변형시키는 것보다 훨씬 쉽기 때문이다. 술은 점차 제의와 설교, 신학적 규율에 의해 길들여져 난장판을 빚어내는 마약이라는 오명에서 벗어나 올림푸스 신들께 바치는 거룩한 봉헌물이 되고, 마침내 기독교의 성찬에도 쓰이게 되었다. 이러한 성찬은 결국 신과 인간의 조화를 실현하여 구원을 맛보게 한다.

음주의 종교적 해결만이 유일한 방법은 아니었다. 세속적인 향연도 벌어졌기 때문이다. 그리스인들은 술을 사회에서 제거하는 대신에 술로 둘러싸인 새로운 사회를 건설했다. 물론 보드카와 위스키 같은 독한 술은 허용하지 않았고, 사지가 서서히 풀리고 내적 억압을 완화하는 정도의 취기를 불러일으키는 술만 용인했다. 그런 술은 당신으로 하여금 세상을 향해 미소짓게 하고 역시 세상으로 하여금 당신을 향해 미소짓도록 한다. 마녀 키르케Circe의 궁궐로 들어간 오디세우스의 선원들처럼 그리스인들은 인간적이어서 때때로 고주망태가 되곤 했다. 에우리피데스의 비극 『바쿠스의 시녀들』Bacchae은 술의 신을 저버린 펜테우스Pentheus가 벌을 받아 온몸이 갈가리 찢기는 이야기인데, 그 이야기에 따르면 그리스에도 금주법이 시행되던 시기가 있었다고 한다. 그러나 향연이 벌어지는 동안 그리스인들은 술과 그 술을 마신 사람들이 최고의 모습을 보이게끔 만드는 관례를 정했고, 그 관례를 통하여 아주 소심한 사람도 자기확신을 갖도록 도와주었다. 독일의 낭만주의 철학자들이

'Selbstbestimmung'이라고 불렀던 자기확신이야말로 바로 이 책의 주제이다.

그리스의 향연은 의식이 거행되는 광장으로 술의 신 디오니소스를 불러낸다. 화환을 두른 손님들은 침상에 두 명씩 몸을 비스듬히 뉘어서 자신의 왼팔로 머리를 받치고 있는데 그 앞에는 각종 음식이 차려진 좌탁이 놓여 있다. 말쑥하게 차려입은 노예들은 커다란 항아리에서 퍼낸 술을 손님들의 잔에 채운다. 손님들이 술에 취하는 때를 최대한 늦추기 위하여 항아리에 물을 섞어 술을 희석하기도 했다. 몸가짐과 손놀림, 말투는 일본인들이 다도茶道 수행을 할 때처럼 엄격히 절제되어 있다. 손님들은 대화가 언제나 차분하게 진행될 수 있도록 각자의 차례가 되어야 말하고 낭송하고 노래한다는 규칙을 따른다. 플라톤이 생생하게 글로 남긴 이런 이벤트는 소크라테스와 알키비아데스의 논쟁 장면처럼 문학 애호가들에게는 매우 친숙하다. 플라톤은 애초에 에로스에게 헌정하고자 『향연』*Symposium*을 썼지만 디오니소스(로마에서는 바쿠스라고 불렀다)에게 헌정했으며, 술의 효능에 대해 적절한 술은 사람으로 하여금 사랑과 욕망에서 한걸음 물러나 그것을 되돌아보게 한다고 했다.

그리스의 향연은 배타적이고 특권적인 모임이었기에 일정한 계층의 남자들만 참석할 수 있었다. 하지만 그 원칙은 대체로 느슨하게 적용되었다. 대화에 활기를 불어넣고 품격있는 보편적 대화가 이루어지도록 할 수 있다면, 분명코 술은 인간사회가 받은 신의 선물일 것이다. 우리는 도심의 거리에서 벌어지는 술주정에 기분이 상하기도 한다. 많은 사람들은 그런 난동에 눈살을 찌푸리며 대뜸 술을 탓한다. 술이 원인이라는 것이다. 그러나 금주법 제정을 낳은 공공장소에서의 술주정은 사람들이 잘못된 방식으로 잘못된 것을 먹었기 때문에 발생한 일이었다. 18세기 런던 거리에서 진gin(무색투명한 증류주)에 흠뻑 취한 사람들이 보인 술주정은, 와인 때문이 아니라 와인의 부재 때문에 일어난 것이었다. 제퍼슨이 미국적 상황에서 주장한 "와인은 위스키의 해독제다"란 말은 확실히 옳다.

식사 때나 식후에 관계를 돈독히 하기 위해 마시는 와인이나, 한껏 고조된 분위기에서 오묘한 맛을 즐기며 마시는 와인은 문제를 야기하지 않는다. 영국의 도심에서 목격할 수 있는 음주 소동은 바쿠스를 제대로 모시는 능력이 부족해 생긴 일이다. 요즘엔 문화가 궁핍해진 까닭에 술을 마시면서 즐길 만한 노래와 시, 논쟁거리와 사상적 자산이 없다. 젊은이들은 그들의 문화가 조장한 도덕의 진공상태를 채우려고 술을 마신다. 우리는 텅 빈 위장에 끼치는 술의 부정적 효과에 익숙하나 이제는 텅 빈 마음에 끼치는 술의 훨씬 나쁜 효과를 목격하고 있다.

하지만 디너 파티에서 발생하는 문제도 꽤 심각하다. 손님들이 자기 마음대로 옆사람에게 소리지르는 가운데 여러 갈래의 대화가 결론도 맺지 못한 채 한꺼번에 쏟아진다. 순번에 따라 점잖게 채워지는 잔을 받아 마시는 것도 처음에 잠깐으로, 분위기가 무르익으면 술잔을 가로채어 마구 마셔댄다. 좋은 술은 언제나 좋은 얘깃거리와 동반해야 한다. 술상 언저리에는 반드시 화제가 있어야 한다. 이는 그리스 사람들이 깨달은 바와 같이 진지한 문제를 풀기 위한 최고의 방법이다. 성욕은 개인에 대한 집착인가 아니면 그 개인이 지닌 어떤 특성에 대한 집착인가, 트리스탄 화음(바그너의 오페라 〈트리스탄과 이졸데〉의 전주곡에서 화음이 반음계적인 변화음을 많이 포함한 데서 비롯한 명칭)은 반음 내림한 일곱번째 화음인가, 골드바흐의 추론(프러시아의 수학자 골드바흐가 내놓은 "2보다 큰 짝수는 두 소수의 합으로 표현될 수 있다"는 가설)은 증명될 수 있는가 등이 진지한 문제에 속한다.

우리는 두 가지의 상반된 의학적 견해에 친숙하다. 즉 하루 한두 잔의 술은 건강에 좋다는 견해와 한잔 이상은 우리를 파멸의 길로 몰아넣는다는 견해가 그것이다.* 이러한 조언은 대중적 파급효과가 별로 없으나 그 나름으로는 중요성을 가진다. 와인은 육체적 건강과 상관없이 정신적 건강에 아주 중요한 영향을 미친다. 술자리 문화를 탐탁찮게 여기면 와인의 영향은 부정적일 것이고, 술자리 문화를 즐긴다면 와인은 긍정적으로 작용할 것이다. 미국에서는 와인 병에 건강에 해롭다는 경고 마크를 부착해야만 한다. (미국의 여러 지역에서는 술을 마셔도 되는 나이가 섹스를 허락받는 나이보다 다섯 살이나 더 많다.) 경고하는 의도가 대중을 교화시키는 것이고, 그 경고가 진실에 근거한다면 트집 잡힐 이유가 없을 것이다. 하지만 그 경고는 진실을 말하고 있지 않다. 교육을 시키려면 생수 병에도 건강에 주의하라는 경고를 붙여야 한다. 그렇게 함으로써 사람들에게 그 물을 마실 때 나타날 수도 있는 우울한 정신상태를 상기시키고 우울한 상태에서 벗어날 필요성, 정신적 자양분을 공급하기 위해 휴식을 취할

---

*의학적으로 도움이 되느냐 안 되느냐에 관심있는 사람은 프리츠 앨호프Fritz Allhoff가 엮은 『와인과 철학: 사색과 음주에 대한 심포지엄』*Wine and Philosophy: A Symposium on Thinking and Drinking*(옥스포드 2008)에 실린 프레데릭 아돌프 파올라Frederick Adolf Paola의 글 「술에는 건강이 있다」In Vino Sanitas를 참조 바람.

필요성, 그리고 머리 위에서 떨어지거나 발바닥 아래서 흐르는 물을 병에 담아 세계 곳곳으로 운반하는 거래, 즉 생태학적으로 미친 일을 자꾸 상기시켜주어야 한다.

페르시아의 시에 관한 에세이에서 에머슨은 위대한 애주가 하피즈 Hafiz에 대해 이렇게 말한다.

> 하피즈는 모든 형태의 아름다움과 기쁨에 거침없는 재미와 공감을 표출하기 위하여 술, 장미, 아가씨, 소년, 새, 아침, 음악 등을 예찬한다. 그는 독실한 척하거나 야비한 조심성을 보이는 이들을 경멸하기 위해 그것들을 강조한다.

나의 주장 대부분도 바로 독실한 척하거나 야비한 조심성을 보이는 이들에 대한 반대인데, 이런 나의 주장은 악행을 조장하기 위해서가 아니라 와인이 미덕과 양립할 수 있음을 보여주기 위해서다. 올바로 사는 법은 우선 타고난 재능을 즐기는 것이다. 그리고 자기와 인연을 맺은 사람들을 좋아하고, 가능하다면 그들을 사랑하기 위해 정성을 기울이는 것이다. 죽음이 그 자체로 필연적일 뿐만 아니라, 죽지 않는다면 부담을 떠안게 될 사람을 위해서는 죽음이 축복받은 구원임을 받아들이는 것이야말로 올바로 사는 법이다. 모든 천부적 즐거움을 훼방놓는 건강 광신도들은 내 생각에 한곳에 가둬놓아야 한다. 그곳에서 그들은 영원한 삶을 보장한다는 헛된 처방으로 서로를 따분하게 만들 것이다. 우리는 일련의 향연 속에서 우리의 나날을 살아가야 한다. 향연의 활력소는 와인이고,

그 방법은 대화이며, 목표는 자신의 운명에 대한 덤덤한 인정과 지상에 너무 오래 머무르지 않겠다는 다짐이다.

  이 책에서 나는 와인을 철학의 동반자로, 철학은 와인의 부산물로 자리매김하고 있다. 내 생각에 와인은 음식과 훌륭한 짝을 이루지만 철학과는 더욱 좋은 짝이 된다. 와인을 마시며 생각함으로써 우리는 철학 안에서 술을 마시는 법은 물론, 술 한잔 속에서 사색하는 법을 배우게 된다. 와인은 우리가 살아가는 데 꼭 필요한 것이다. 신념도 그렇다. 삶에 관한 한 와인은 신념에 대한 실험, 즉 정신의 장기적인 영향을 미리 보여주는 시료이다. 적절할 때 알맞은 곳에서 마음 맞는 벗들과 마시는 와인은 명상에 이르는 길이자 평화의 전조이다.

제 1부

나는 마신다

I Drink

1 나의 와인 입문

엘더베리 과실주에 대한 추억

필립 라킨(1950년대를 대표하는 영국 시인)과 킹슬리 에이미스(영국의 소설가이자 시인)의 활약으로 불후의 명성을 얻게 된 전후 영국에서 자라난 나는 어릴 때 포도와 그 신성한 부산물을 거의 접해보지 못했다. 하지만 와인이라 불릴 만한 것들은 집 안에 늘 있었다. 가을이 되면 어김없이 집 안의 갈색 에나멜 난로 앞에는 설탕에 절인 엘더베리를 담은 항아리들이 자리잡고 있었다. 항아리에서 부글거리던 거품이 잦아들면서 휘파람 소리를 내고 진홍빛 액체가 되면 어머니는 그것을 병에 담았다. 3주 동안 부엌에서 진한 향이 솔솔 피어나면 초파리들이 항아리에 구름처럼 엉겨 붙었고, 말벌들도 과즙이 넘쳐흐르는 여기저기에 달라붙어 붕붕거렸다.

형은 생울타리 안에서 거칠게 놀았는데 한여름 밤에 향기를 자극적으로 분출하는 꽃을 가꾸고 있었다. 그 향기는 바그너의 오페라 〈마이스터징거〉Die Meistersinger의 제2막에서 흘러나오는 향기처럼 나의 정신을 앗아갔다. 오페라 제2막에서 한스 작스(마이스터징거에 나오는 제화업자 겸 시인)는 와인 한잔을 마시면 풀릴 것 같은 골치 아픈 문제로 오두막 앞에 앉아 고심하는데, 그것은 어떻게 '에로스'적인 사랑을 '아가페'적인 사랑으로 바꾸고 어떻게 그녀의 행복을 기원하면서 그녀를 놓아줄까 하는 문제였다. 당분과 구연산citric acid으로 도톰해진 엘더베리 꽃이 물기에 젖을 때면 쾌활한 여름은 더욱 정답게 느껴진다. 탄닌과 펙틴pectin 성분이 풍부한 진홍빛 과즙을 끓인 뒤 설탕과 함께 졸이면, 몇년 동안 상하지 않는 맑은 진홍빛 색깔의 젤리가 된다.

영국인들이 엘더베리를 귀하게 여기는 이유는 그것으로 술을 빚기 때문이다. 서양자두, 까치밥나무 열매, 사과, 구스베리 등은 탁월한 과실주 원료인데 오스트리아에서는 이런 과실주를 여전히 팔고 있다. 그 어떤 술도 엘더베리 과실주와 견줄 수는 없을 것이다. 탄닌 성분을 함유한 이 술은 성깔 있는 영국인이 교양을 쌓아가듯 수년간 병 속에서 숙성된다. 열매가 당분을 공급해주지는 않기 때문에 조금 달콤한 과실주를 원한다면 물기 있는 과즙에다 갤런당 3파운드의 설탕을 첨가해주면 된다. 과육의 껍질에 효모가 붙어 있긴 하지만 그것만으로는 발효가 무척 더디다. 어머니는 양조장에서 가져온 효모를 과육에다 섞어 휘젓곤 했다. 그러면 즉각 엘더베리 조각들이 술독 윗부분으로 떠올라 무리지어 둥둥 떠다니게 된다.

엘더베리의 색깔이 충분히 빠졌다고 생각하면 어머니는 술독에서 거품이 부글거리는 원액을 항아리로 옮겨 부었다. 일방통행 하듯 공기를 내뿜기만 하는 항아리의 꼭지는 산소의 유입 없이 이산화탄소를 배출시켰다. 과실주를 병에 담기 전 거품이 부글거리는 소리는 가을밤 자장가처럼 들렸다. 우리는 그렇게 만든 와인을 두해 동안 숙성시켰다. 우리는 부엌 아래에 있는 와인저장실에 들러 거기에 보관된 과실주 병을 들고 나와 햇빛 가득한 양지에서 그 까만 빛깔을 보고 탄성을 발하곤 했다. 마침내 병마개를 따던 날, 우리는 조상들이 클라레(옛날 영국땅이었던 프랑스 보르도 지방의 적포도주)를 음미하듯 과실주를 마셨다. 이제껏 내가 들은 가장 재미있는 와인 평가는 "안목 있는 구시렁거림과 간결한 칭찬이 혼합된 결실"이란 말이다.

　우리 가족에겐 꿈결 같은 나날이었다. 혀에 닿은 엘더베리 열매의 쓰고도 달콤한 육질을 생각하면 만감이 교차한다. 어머니의 인자했던 얼굴, 자식들을 향한 수줍은 마음씀씀이, 우리를 괴롭히는 죄책감 등. 살아 있는 나는 자식을 향한 어머니의 그 한결같고 애타는 사랑에 대해 흐르는 눈물을 주체할 수 없다. 민간에서 전승되는 이런 비법과 자기 희생적인 미덕이 사라진 오늘의 영국에서 엘더베리 와인은 어머니를 떠올리게 하는 추억이 되었다. 두 누이와 나는 가난한 집에서 엄격한 통제를 받으며 자라났다. 마테우스 로제Mateus Rosé라는 포르투갈 와인이 출시되었을 무렵, 우리 세대는 엄청난 변화를 겪으며 어린 시절부터 몸에 밴 상냥하고 예의바른 품성을 잃게 되었다. 1963년 무렵 그 포르투갈 와인과 더불어 영국의 예의범절은 하나둘 무너져갔다. 필립 라킨은 1963년을 "채털리 금지(D. H. 로렌스 소설 『채털리 부인의 연인』은 오랫동안 판매금지 상태였다) 가 시효를 다하고 / 비틀즈의 첫 음반이 나온 무렵"이라고 묘사했다. 이 어서 그는 다음과 같이 노래했다.

> 흥분한 트럼펫이 소리 지르고, 심벌즈에
> 키스하는 은빛 떨림은 흥겨운 소란을 몰아왔다—
> 바로 바쿠스와 그의 무리들이었다!
> 출렁이는 포도밭으로 향할 때처럼
> 이글거리는 얼굴에 푸른 잎의 왕관을 쓴 그들이 왔다.
> 기뻐하는 계곡을 지나 미친 듯 춤을 추면서
> 그대를 위협하는구나! 울적하도다!

아마도 키츠Keats라면 '계곡'valley과 '울적'melancholy으로 운율을 맞추진 않았을 것이다. 나는 그냥 한적한 거리에 있다가 갑자기 불어난 개울 속으로 무작정 뛰어들었다. 그 상쾌한 기운과 향기가 온몸을 적시는 가운데 나는 꿈같은 선물을 벌컥벌컥 들이켰다.

바쿠스의 사제 1

나는 장학금을 받는 행운아가 되어 케임브리지 대학에 진학했다. 이런 횡재를 하면서도 나는 와인 때문에 가난에 허덕여야 했다. 나는 지상 곳곳에서 임무를 수행하고 있는 바쿠스의 사제들을 무시하면서 맹목적으로 와인을 마셔댔던 것이다.

케임브리지 대학에서 공부하는 동안 여름 방학이 되면 때때로 데스먼드와 함께 지냈다. 거의 모든 책을 읽었을 만큼 독서량이 많았던 데스먼드는 아일랜드 출신의 재기발랄한 사람이었다. 당시 그는 프랑스 파리의 퐁텐블로 근처에서 요양 중이었다. 데스먼드는 의사로부터 일절 술을 마시지 말라는 처방을 받았는데, 그가 바쿠스의 사제라는 사실을 깨닫는 데는 그리 오래 걸리지 않았다. 데스먼드는 의사의 처방에 대해 저녁때는 1등급 와인을 마시고 점심때는 2등급 와인을 마시라는 말로 받아들였고, 저녁때 1945년산 샤토 트로타누아Château Trotanoy를 마시는 것이라면 의사도 허락하리라고 여겼다. 이 프랑스 와인은 필록세라Phylloxera(포도나무뿌리진디) 전염병을 피해 용케 살아난 포도나무에서 수확한 포도로 빚은 것이었다. 저녁식사 후에 홀로 샤토 트로타누아를 마시노라면 허약체질을 개선하는 데 이 와인이 효능이 있다는 것을 느낄 수 있다. 데스먼드는 이 와인이 젊은 손님인 나의 건강상태를 모욕한다고 생각했다. 나의 소박한 미각과 느릿한 혈액순환은 분명 보졸레Beaujolais를 갈구하고 있었기 때문이다. 나는 그가 내놓은 와인을 기꺼이 마셨고, 그의 삶이 처량한 의학적 조치를 따라야 한다는 생각에 슬퍼졌다.

저녁식사 후 데스먼드가 서재에서 끌어안고 있던 그 와인 병에 대해 나는 호기심을 떨쳐낼 수 없었다. 수수께끼 같은 이름, 빛이 바랜 상표,

프랑스를 담은 신성한 와인 샤토 트로타누아

병을 잡을 땐 불끈 힘이 들어가는 연약한 두 손, 이 모든 것들이 신비감을 자아냈다. 어느날 그가 안락의자에서 잠이 든 것을 확인하고 나는 가만히 그의 보물을 빼냈다. 말로 표현할 수 없는 기회가 내게 주어진 것이다. 그런 느낌은 뛰어난 와인 향이 잔에서 피어나거나 입술이 운명적인 키스를 예감하고 파르르 떨릴 때와 같았다. 향기나 식물이나 약이 아닌, 프랑스를 담은 신성한 와인과 사랑에 빠지려는 찰나였다. 데스먼드의 손아귀에서 꺼낸 그 병에는 영롱한 마호가니 빛의 액체, 흥분시키는 향기, 여러 가지가 어울린 기묘한 맛이 담겨 있었다. 이 모든 것들보다 더 값진 것은 포므롤Pomerol(프랑스 보르도의 도르도뉴 강 우측에 위치한 지역으로 고급 와인을 생산한다)이라는 지역과 트로타누아 양조장이라는 오래되고 아련한 이름이었다. 지역·시대·문화를 바탕으로 산출된 이 와인이 함축하고 있을 의미에 나는 압도당하고 말았다.

이후로 나는 프랑스 와인을 즐기는 법에 대해 배웠다. 하지만 와인의 주원료가 되는 포도에 대해서는 여전히 까막눈이었다. 다른 땅에 이식돼 다른 지역명으로 명성을 얻은 포도가 원 재배지의 포도와 비슷한 맛을 내는가를 판별할 소양도 갖추지 못한 상태였다. 그러나 와인에 빠지게 된 순간부터 나는 와인의 품격을 결정하는 요소가 토양임을 주장하게 되었다.

내가 말하는 '토양'은 석회석과 표층토 및 부식토의 혼합물만을 의미하는 것은 아니다. 장 지오노(『나무를 심은 사람』을 쓴 프랑스 소설가), 조반니 베르가(근대 이탈리아의 소설가이자 극작가), D. H. 로렌스 등이 즐겨 묘사했던 '지역'이야말로 나의 토양 개념과 흡사했다. 열정이 숨쉬는 곳이

요, 삶이라는 연극의 무대이자, 변방의 신들이 활약하는 곳이 바로 토양인 것이다. 프랑스의 지명에 이름을 남긴 메르퀴레Mercurey(로마신화에서 상업과 교역의 신 메르쿠리우스를 말함)나 쥘리에나스Juliénas 같은 이교도 신, 성 아무르St. Amour나 성 요셉St. Joseph 같은 기독교 계통의 성인들 모두 포도나무의 수호자이다. 이들은 자신의 캐릭터를 바위에서 빨아들인 미네랄뿐만 아니라 공동체를 지탱하는 희생제의에서도 얻어왔다.

오늘날 뭘 모르는 술꾼들은 같은 것, 믿을 만한 것, 쉽게 기억할 수 있는 것을 기준으로 와인을 고른다. 와인이 어디서 왔건 맛만 괜찮다면 문제될 게 없다는 식이다. 그리하여 백악질 토양, 점토흙, 이회토泥灰土, 자갈과 같은 지질만을 따지거나 토양을 완전히 무시한 채 상표와 포도품종으로만 와인을 고르는 경향이 있다. 그들에겐 새로이 와인을 경험한다는 것은 발효된 포도주스를 마시는 일과 같은 것이다. 내가 퐁텐블로에서 경험한 것은 이와는 차원이 달랐다. 나는 나의 코로 트로타누아의 코를 문지르며 포도밭을 정면으로 바라보고 있었던 것이다. 술잔 안에는 포도가 자란 토양이 있었고, 그 토양엔 영혼이 숨쉬고 있었다.

와인비평은 문학평론가 조지 세인츠버리George Saintsbury가 창안한 것이다. 그는 1920년 『어느 와인저장실 장부의 기록』Notes on a Cellar Book이란 책을 출판했다. 그 책에는 개량종 포도가 하나도 언급되지 않는다. 장부는 저자의 음주생활 전반을 알게 해주는 포도밭, 마을들, 포도 수확연도를 기록할 뿐이다. 세인츠버리는 독자들에게 '맛에 대한 기록'을 제공하지 않는다. 그런 정보는 '와인 속어'일 뿐이라며 가볍게 무시한다. 그에게 와인은 개별적인 존재로서 종류나 상표로 이해될 수 없는 것이었고, 따라서 각각의 맛은 한 장소와 그곳에 깃든 전통의 표시로서 아무도 흉내낼 수 없는 것이었다. 내 생각에도 진지한 명상의 길을 열어가려면 와인을 이런 방식으로 접근해야 한다.

나폴레옹은 "앞날을 심사숙고할 때 샹베르탱Chambertin(프랑스 부르고뉴 지역에서 생산되는 고급 적포도주로 '부르고뉴 와인의 왕'이란 별칭을 갖고 있다) 한잔보다 앞날을 장밋빛으로 만드는 것은 없다"고 했고, 우리는 즉각 그의 감상에 수긍하게 된다. 하지만 그가 만약에 "앞날을 심사숙고할 때 피노 누아르Pinot Noir 한잔보다 앞날을 장밋빛으로 만드는 것은 없다"라는 말을 했다고 가정해보자. 이 경우 '심사숙고하다'contemplate란 단어는 그 반향을 불러일으키지 못할 것이다.

데스먼드는 파리 몰리에르 거리에서 좀 벗어난 곳에 싸구려 아파트를 가지고 있었다. 태양빛은 결코 아파트 마당의 안뜰로 들어오지 못했다. 낮에는 마늘 굽는 냄새가 나고 저녁엔 귀가하는 사람들의 외침이 요란스럽게 들리는 방에는 창이 어두운 골짜기를 향해 열려 있었다. 파리를 방문할 때마다 나는 그 집의 안쪽 방에 거주했는데 그 방엔 창문이 없었다. 덩그러니 놓여 있는 침대에서 나는 하루 종일 누워 있곤 했다. 나는 퐁텐블로의 어두운 서재에서 프랑스 와인에 빠졌을 때처럼, 그 어두운 방에서 프랑스 문학에 빠져들기 시작했다. 나는 문학과 와인을 하나의 사상을 달리 표현하는 두 가지 방식으로

'부르고뉴 와인의 왕'이라 불리는 고급 적포도주 샹베르탱

이해했다. 보헤미안 시인은 도시의 다락방에 '인공 낙원'을 꾸미면서도 정신의 끈은 정원과 연결되어 있다. 그 정원은 그가 도망쳐 나온 '자연 낙원'인 까닭이다.

그런데 왜 그는 정원에서 도망쳐 나와야 했던가? 발자크와 졸라가 생생하게 묘사했던 전원생활에 없는 그 무엇이 도시에 있단 말인가? 나는 보들레르, 베를렌, 네르발, 랭보의 양장본 책들을 읽고 아폴리네르, 레리스(프랑스의 작가이자 인류학자), 엘뤼아르, 퐁주(프랑스의 시인이자 평론가)의 작품을 허얗고 수수한 갈리마르 판본으로 읽고 나서 프랑스 파리에 대한 하나의 생각이 떠올랐다. 파리란 도시는 고독과 사교가 동시에 범람하는 곳이고, 에로틱한 꿈이 환멸과 공존하는 곳이며, 평범한 소시민들의 삶을 구성하는 악다구니와 볼거리들이 불현듯 쓰라린 회한으로 의식을 긴장시키고 괴롭히는 곳이란 생각이 들었고 이를 데스먼드와 결부지었다. 파리에서만 발견될 수 있는 이것은 자아 그 자체였고 이 자아를 찾아 데스먼드는 여러 해 전에 여기로 왔으리라고 나는 짐작했다. 2차대전이 끝난 뒤 데스먼드는 탕진하고 남은 재산과 온갖 별난 섹스 취향을 가지고 파리로 왔다. 자신의 자아와 직면하기 위해서였다. 방탕한 사생활과는 별개로 마음이 따뜻했던 데스먼드는 한 착한 여인의 보살핌을 받을 수 있었다. 그녀는 데스먼드와 그의 실패한 결혼생활에서 태어난 자식들을 위해 퐁텐블로에서 가정을 꾸렸다. 거기에 얹혀사는 나 역시 보살핌을 받아야 할 아이들 중 한명이었다.

아마도 파리에서 내가 찾고자 했던 것도 자아일 터였고, 랭보가 상상의 바다에 띄운 「술 취한 배」bâteau ivre에 실어보냈던 것과 데스먼드가 파리의 한복판 침침한 골방에서 맞딱뜨린 것도 자아였으리라.

파리에서 더부살이 생활을 하던 나는 매일 백포도주 한잔을 마시며 하루를 마무리했다. 이런 규칙적인 생활은 뮈스카데 Muscadet에 대한 내 미각을 발달시켰다. 나는 늘 이 백포도주 한 병을 냉장고에 준비해두곤 했다. 하루는 데스먼드가 민달팽이 색깔의 이 백포도주를 보고 화들짝 놀라더니 곧

사랑과 믿음이 결코 식지 않은
백포도주 퓔리니-몽라셰

장 근처에 있는 니콜라Nicolas(프랑스의 와인 체인점)로 뛰어가 퓔리니-몽라셰Puligny-Montrachet(부르고뉴 퓔리니-몽라셰 마을에서 생산되는 화이트 와인) 한 병과 얼음 몇 조각을 사가지고 왔다. 이 백포도주는 내가 트로타누아를 훔쳐마실 때와 같은 계시를 보여주었는데, 잔 속에서 떠오른 한송이 버터 같은 꽃잎이 사과맛 나는 수정빛 열매를 둘러싸고 있었다. 나는 이 와인 맛의 오묘함과 명료함을 그 토양의 영혼과 결부시켜보았다. 비록 하이픈으로 연결된 '몽라셰'의 의미를 알기까지는 꽤 시간이 걸렸지만, 이 와인의 이름은 대단히 매력적이었다. 퓔리니-몽라셰와 비교해보았을 때 이전에 내가 마셨던 백포도주는 시시하기 짝이 없었다. 퓔리니-몽라셰 마을을 냄새로 느낀 순간은, 트로타누아 생산지를 직접 방문해 한잔했을 때 느낀 것보다 더 강렬했다. 케임브리지로 되돌아올 때 나는 부르고뉴 백포도주에 대한 사랑과 그 특성에 대한 믿음을 함께 가지고 왔다. 비록 그 와인을 양조하는 데 쓰이는 포도에 대해 알지 못했고, 내가 애착을

느끼는 그 지역의 생활방식과 전통적인 포도재배법도 알지 못했지만, 그 화이트 와인에 대한 사랑과 믿음은 결코 식지 않았다. 나는 첫눈에 사랑에 빠진 사람처럼 사랑하는 대상에 대한 완전하고도 영광스런 지식을 갖게 되었는데, 나의 감각 말고 다른 어떠한 정보도 필요하지 않았다. 물론 내가 부르고뉴를 계속 찾아가보지 않았더라면 그 와인에 대한 나의 사랑은 막연한 설명에 불과했을 것이다. 나는 그곳이 부유한 관광객들에 의해 짓밟혀 앓는 과정을 지켜보았을 정도로 그곳에 대해 잘 알고 있다. 하여튼 데스먼드는 내 삶에 뿌리박힌 청교도적인 속박을 떨쳐내게 해준 마음 따뜻한 난봉꾼이었다.

바쿠스의 사제 2

대학 시절 나는 바쿠스의 사제라 할 수 있는 또다른 사람을 우연히 알게 되었다. 보통의 사제들과는 달리 피킨 박사는 말수가 적었다. 그는 학생들을 세심하게 챙기는 지도교수로 고리타분한 방식으로 제자들의 환심을 사려고 하지 않았다. 나는 그에게 성가신 존재였다. 긴급외출 허가를 받고자 불쑥불쑥 그를 찾아가면, 그는 멀찍이서 의심의 눈초리로 바라보곤 했다. 어떤 범죄에 내가 그를 끌고 들어가는 것은 아닌지 궁금해하는 표정이었다.

피킨 박사는 나를 애주가의 세계에서 다음 단계로 나아가도록 이끌어준 인물이었다. 그와 함께 저녁식사를 하던 어느날, 그는 약간 남아 있던 부르고뉴 와인을 내게 권했다. 우리는 선 채로 작은 부엌에 있었는데 불현듯 그가 나를 쳐다보았을 때 그의 둥근 얼굴이 한순간 신성한 빛으로

소량 생산되는 특등급 와인이면서 가격이 비싸기로 유명한 로마네-콩티

반짝였다. 그는 말하길, "네가 방금 마신 부르고뉴 와인은 썩 좋은 술이라고 할 수 없다. 그 지역은 상업적으로 바뀌면서 파괴되고 말았지. 그래서 너희 젊은 세대들은 우리가 익숙한 부르고뉴를 알지 못한다. 부르고뉴 로마네 마을에는 작은 도멘Domaine(보르도 지방에서는 포도원과 양조장을 샤토라 부르고, 부르고뉴 지방에서는 도멘이라 한다)이 있는데 네가 그곳에 들르면 반드시 '도멘 드 라 로마네-콩티'Domaine de la Romanée-Conti를 마셔봐라. 그 와인은 줄기와 열매의 완벽한 균형으로 맛을 내고, 와인의 향취에는 포도밭의 땅 기운이 살아 있다. 이제는 아무도 그런 와인의 양조법을 모른다"고 했다. 그러고 나서 그는 고개를 돌렸다. 마치 그가 사도직을 수행하면서 너무 많은 말을 한 게 아닌가 후회하는 것 같았다.

피킨 박사의 이 말을 들었던 해는 1964년이었다. 그해에 로마네-콩티는 다른 특급 와인들에 비해 2배 정도 비쌌다. 다른 모든 분야와 마찬가지로 이 분야에서도 피킨 박사의 견해는 옳았다.* 수세기에 걸쳐 생 비

---

* 조지 세인츠버리George Saintsbury(1845~1933) 역시 피킨 박사와 같은 견해를 피력했다. "부르고뉴 와인 중 클로-부조Clos-Vougeot를 최고로 치는 것은 하나의 유행이다. 클로-부조의 맛이 탁월하다고 할 수도 있지만 나는 1858년산 로마네-콩티의 맛에 필적할 만한 와인을 아직 마셔본 적이 없다. 이 와인은 맛과 향기의 강렬하고 섬세한 결합은 물론, 감칠맛과 빛깔, 그리고 술이 가질 수 있는 좋은 특질을 모두 갖췄다."(『어느 와인저장실 장부의 기록』, 54~55쪽)

방St. Vivant의 수도사들이 지켜온 4에이커에 달하는 포도원은 코트 도르 Côte d'Or에서 최고의 포도원이라는 평가를 받게 되었다. 파괴되어 사라질 위험에 처했다가 신성한 힘이 개입하여 복원되기를 반복한 세월이 그간 700여년이었다. 나는 피킨 박사의 로마네-콩티에 대한 짧은 품평을 잊지 않았다. 그래서 온갖 와인 시음회장에서 나는 그의 품평을 되풀이했다. 내가 로마네-콩티를 맛본 것은 그때로부터 40년 뒤, 로마네-콩티 가격이 다른 부르고뉴 와인 가격의 50배에 달하던 때였다.

어느날 나는 부르고뉴 와인에 대한 영국 시장의 독점적 권리를 확보하고 있는 런던 판매회사(Corney and Barrow) 주최의 전문 와인 시음회장엘 갔다. 나는 병원 같은 시음회장에서 긴 얼굴의 조용한 와인 전문가들 틈에 끼였다. 깨끗이 정돈된 하얀 탁자 위에는 와인 통과 잔들이 죽 늘어서 있었고, 탁자가 있는 각각의 벽에는 와인 나오는 꼭지와 개수대가 있었다. 나는 숙련된 전문가들의 목젖이 떨리는 것을 보았다. 그리고 와인이 입 안으로 들어가 입천장을 적시며 나오는 소리를 놀라움 속에서 들었다. 전문가들이 와인을 개수대에 마구 뱉어냈던 것이다. 수백 모금의 와인이여!

이때 처음으로 와인평론가들의 고통을 이해하게 되었다. 와인의 가격이 병당 1500파운드라는 사실을 알고 평가판에 '매우 좋음'이라고 쓰면서 어떻게 그것을 내뱉을 수 있단 말인가. 와인평론가들이 품평을 하기 위해 주택대출금 한달 이자와 맞먹을 와인을 개수대에 쏟아버릴 때 그들의 이마에는 주름살이 생겨났다. 나는 오랫동안 그랑 에세조Grands Échézeaux(프랑스 부르고뉴 지역의 적포도주)를 말로 표현하고자 머리를 쥐어쨌다. 그때 내게 떠오른 문구는 "생상스의 첼로 협주곡 2번—바람의 요정같이 베일에 싸인 깊고 오묘한 테너 음조"였다. 적어놓은 그 '표현'을 잠깐 동안 물끄러미 바라보았다. 가식적이라는 느낌이 들어 지워버리고 대신에 '매우 좋음'이라고 썼다. 은유와 솔깃한 분석으로 뒤범벅이 된 천박한 와인 품평의 문장들보다 그 '한마디'가 더 많은 것을 의미할지는 나도 모르겠다.

왜 이런 와인을 구입할까? 와인 판매회사의 아담 브렛-스미스가 말하길, "간단하죠. 로마네-콩티는 당신이 믿고 마실 수 있는 유일한 와인이에요. 선물거래 가격과 요즘 가격을 비교해보세요"라고 했다. 2003년엔 3500파운드로 여섯 병을 살 수 있었다. 1년이 지난 어느날 내가 그 술을 마셨을 때는 같은 여섯 병이 8400파운드였다. 2004년에 여섯 병을 사는 가격으로 2003년에 열두 병을 사면 여섯 병을 더 사고도 1400파운드가 남는다. 그리고 부자들에게서 뭔가 빼앗았다는 행복감을 덤으로 만끽할 수 있다. 그런데 문제는 7000파운드를 어떻게 구하냐는 것이다.

확신하건대 피킨 박사는 와인에 돈을 허비했을 리 없다. 어쩌면 그가 왕성하게 활동하던 시절엔 로마네-콩티를 구입하기가 쉬웠는지도 모른다. 실제로 피킨 박사는 알뜰한 습관이 몸에 밴, 독신 대학교수의 이미지 그 자체였다. 그는 학문에 몰두하기 위하여 일상생활에서 한 걸음 물러난 상태를 고수했다. 와인은 그에게 학문의 동반자였다. 그가 와인에서 얻는 기쁨은 돋보기에서 반짝이는 지식과 불가분의 관계를 맺고 있었다.

나는 피킨 박사로부터 와인은 쾌락의 원천이 아니라 지식의 원천임을 배웠다. 쾌락은 지식의 토대 위에 있다는 것이다. 식탁에 오르는 다른 먹을거리와 달리 와인은 와인을 만드는 사람들만큼이나 다양하게 존재한다. 다양한 양조기술, 기후, 포도, 토양, 문화로 인해 와인은 애호가들이 가장 맛을 예측하기가 힘든 술 가운데 하나이다. 와인에 대한 기존의 지식으로 딱히 이룬 것(다시 말하자면 즉각적으로 이룬 것)은 없다. 피킨 박사는 일본의 아악雅樂, gagaku, 형식 논리학의 의미론, 안달루시아 애가哀歌, qasida의 운율구조, 전두엽 피질에 나타난 양자효과 등에 대한 지식을 독학으로 획득했듯이 스스로 와인에 대해 알아나갔다. 그가 말하길, 사색은 언제나 체계적으로 해야 하며 와인은 섣부른 평가에 현혹되지 말고 마셔야 한다고 했다. 그래야 가치 없는 견해에 지배되는 그릇된 질서를 무너뜨리고 새로운 지식을 구축할 수 있다는 것이다. 바쿠스가 우리 대학에서 제대로 평가받을 수 있었던 까닭은 피킨 박사와 같은 사람들이 있었기 때문이다.

바쿠스의 사제 3

나는 피터하우스 대학으로 자리를 옮겨 연구원으로서의 필수과정을 밟게 되었다. 그 당시 나는 피킨 박사가 알면 탐탁찮게 생각했을, 기타에서부터 여자친구까지 보헤미안적인 삶에 필수적인 모든 것을 가까이했다. 피터하우스 대학에는 환상적인 와인저장실이 있었다. 그곳에는 시장가격보다 훨씬 저렴하게 판매되는 특급 클라레 와인(보르도 레드 와인)이 일년 내내 진열된 채 주인을 기다리고 있었다. 내가 피터하우스 대학으로 옮긴 때는 5월 혁명(나는 그 정치적 격동을 파리에서 목격했다)이 끝나고 분위기가 어수선하던 1969년이었다. 그때 나는 내 공부가 그러한 사건과 매우 밀착되어 있음을 알았다. 마르크스 사상에 토대를 둔 정규과목이 다소 늘어났던 것이다. 피터하우스 대학의 와인저장실 관리업무는 나중에 의욕적인 어느 미국계 좌파에게 맡겨졌고, 그는 계급 특권과 자본주의 부패의 상징인 와인을 경매로 신속하게 처분해버렸다.

피터하우스 대학에서 첫해를 다 보낼 무렵, 데이비드 왓킨이라는 지적 부랑자를 만났다. 건축사학도인 그는 깃을 세우고 넥타이를 매는 독특한 옷차림으로 유명했다. 사람들은 그가 사악한 반동분자요 사회 발전과 개발의 적으로서, 현 교육의 문제를 해결하려는 동료 연구원들의 의지를 무너뜨리는 데 신명을 바치는 사람 같다고 했다. 이러한 소문들이 나를 부추겨 나는 잘 알지도 못하는 왓킨 박사를 망설이지도 않고 찾아갔다. 그는 '성 베드로 테라스'의 지정된 방에서 지내고 있었다.

왓킨 박사는 곧바로 나를 몬시뇨르에게 소개해주었다. 대학에 소속된 전임 가톨릭 성직자인 몬시뇨르 길비는 내게 세번째 바쿠스 사제가 된 인물이다. 첫 대면 때 그는 제인 오스틴(1775~1817) 시대의 영국 국교회 목사 차림새로 고개를 숙이고 아무렇게나 앉아 있었다. 그는 나를 보더니 마치 고해성사를 듣고 있다가 방해를 받은 그런 표정을 지었다. 몬시뇨르는 위아래로 나를 한번 훑어보고 나의 보헤미안 옷차림이 못마땅하다는 듯한 표정을 짓다가 '돌아온 탕자'를 환영하는 것처럼 일어나 내 손을 잡았다.

왓킨 및 몬시뇨르와 깊이 사귀게 된 후로 나는 그들이 노련한 배우임을 알게 되었다. 그들은 세상의 도덕적·미학적 혼돈상태를 이해했기 때문에, 그런 세상에 대처하는 방법은 스스로 삶의 본보기가 되는 것임을 깨닫고 있었다. 우리 삶의 터전은 혼돈에 싸여 있으므로 최우선적으로 혼돈을 쓸어내고 그 자리에 고전주의 사상이 싹틀 수 있는 정신적·도덕적·미학적 질서를 세워야 한다는 것이 몬시뇨르의 가르침이었다. 무질서와 일탈 혹은 부패는 질서의 반대개념이고, 자유는 질서를 표현하는 하나의 방식이자 질서가 지향하는 궁극의 목표라고 했다. 만남이 잦아지고 서로 가까워진 이후 나와 데이비드 왓킨은 자주 클라레를 마시곤 했다. 이는 술병에서 솟아나는 신성한 질서를 마시는 행위이자 우리를 짓누르는 혼돈에 조종을 울리는 행위였다. 데이비드 왓킨의 방은 현대세계 너머에 있는 안식처였다. 그는 클라레가 없으면 어떠한 안식처도 완벽한 곳이 아니라고 믿었고, 신사는 저녁식사 후 부르고뉴 와인을 마시지 않는다고 믿었다. 피터하우스 대학의 와인저장실에는 절묘하게도 1962년산 샤토 팔메Château Palmer, 같은 해의 샤토 레오빌 라스카스Château Léoville Lascases와 1961년산 그랑 에셰조가 있었다. 데이비드는 판매대에 클라레가 없을 때만 부르고뉴의 그랑 에셰조를 사 마셨다. 데이비드 왓킨은 친구임에도 불구하고 내가 스승으로 여긴 사람이다. 피터하우스 대학을 떠날 때 나는 1961년산 클라레 몇 상자를 챙겨서 런던으로 향했다.

　몬시뇨르는 바쿠스의 사제였지만 또한 예수의 사도였고 모든 유형의 질서를 신봉하는 신도였다. 그는 그의 특별한 탁자 앞에 있을 때보다 예배소에서 무릎을 꿇고 있는 시간이 더 길었다. 그는 저항하는 것이야말로 진리의 본질이라고 믿었기에 저항자들로 구성된 작고 매력적인 모임에 참가하고 있었다. "내 아버지 집에는 많은 집들이 있나니"라는 말씀에 그는 한 가닥 의심도 품지 않았다. 이런 까닭에 그는 죽음이 사회적으로 재앙이 될 수 없다고 여겼다.

그의 주장에 의하면 결국 두 가지 소리가 우리를 눈물의 골짜기로 몰아넣는다고 한다. 하나는 산 것의 냄새를 맡은 사냥개의 울부짖음이고, 다른 하나는 클라레의 병마개가 튕겨나가는 소리다. 그는 정치적으로 둔감했으며 음악적 소양도 별로 없었지만 클라레에 대해서만은 정확히 알았다. 속삭임과 키스 사이 어디쯤에 속할 거품 이는 와인의 양조비법은 병 모양과 밀접한 관계가 있다고 했다. 이러한 사실은 보르도의 영어식 이름 클라레를 잘 설명해준다. 프랑스 가스코뉴가 영국의 영토였을 때 '클라레'란 영어식 이름이 가스코뉴의 레드 와인들에 붙여졌던 것이다.

몬시뇨르 길비는 클라레를 마실 때는 식후가 좋다고 생각했다. 와인은 든든한 뱃속으로 흘러들어갔다가 대화 때 다시 올라와야 하기 때문이라는 것이다. 이는 그리스인들의 향연에서 유래한 발상이며, '술과 진리' oinos kai aletheia라는 말과도 상통한다. 이 말이 로마인들에게 퍼져 "술에는 진리가 있다"in vino veritas라는 말로 바뀌었다. 내게 클라레는 벌컥벌컥 들이마시는 술이 아니라, 좋은 벗들과 함께할 때 사색을 촉발하는 아우라가 있는 술이다. 물론 좋은 벗과 함께 마신다는 말이 클라레를 홀로 마시는 상황을 배제하지는 않는다.

몬시뇨르 길비 집안은 진gin 생산으로 유명하며 1875년에 획득한 메도크Médoc의 '크뤼 부르주아' 등급 와인을 생산하는 샤토 루덴Château Loudenne 양조장을 운영하고 있다. 1875년은 로칠드 가문이 샤토 라피트 Château Lafite(보르도 지역에서 최상급의 와인을 생산하는 5대 샤토 중의 하나)를 인수한 직후였고, 그 지역 전체가 필록세라Phylloxera(포도나무뿌리진디) 전염병이 창궐하여 포도밭이 폐허로 되기 몇년 전이었다. 몬시뇨르는 자신의 삶을 예수께 바치겠노라고 서약하는 순간에도, 클라레를 마시고 교양있는 대화를 나누노라면 자신의 영혼이 고양되리라는 점을 추호도 의심하지 않았다. 그런 까닭에 바쿠스 사제라는 그의 두번째 성직은 첫번째 성직과 자연스럽게 맞물리는 것이었다. 그는 와인 목록만을 보고서도 괜찮은 와인을 정확히 골라냈다. 그가 고르는 와인은 그의 가족들이 생산하는 샤토 루덴처럼 상표와 와인 어느 것에 대해서도 허풍을 떨지 않는 것이었다. 즉 구매자의 수중에 있는 돈과 그 사람의 와인에 대한 무지를 겨냥하지 않는다는 말이다. 샤토 루덴과 더불어 혀끝을 후리는 샤토 빌조르주Château Villegeorge, 감칠맛이 특색인 샤토 포탕삭Château Potensac과 같은 크뤼 부르주아 등급의 와인은 신선한 맛과 미소를 짓게 하는 파급력을 지녀 와인의 진정한 매력을 일깨워준다. 단순한 이름의 오메도크Haut-Médoc나 수수한 이름의 메도크도 이런 와인에 속한다. 몬시뇨르 길비에 따르면, 술을 마시는 사람이 술의 영혼을 만나는 순간은, 질박한 클라레가 우리 내면에 펼쳐놓는 바로 그런 풍경 앞에서이다. 영혼을 지닌 와인은 대화 상대자로서의 술, 즉 우리의 말을 경청하는 술이다. 몬시뇨르가 내게 가톨릭의 교리와 위계질서를 설명할 때 그의 얼굴에는 기쁨이 충만해 있곤 했다. 나는 몬시뇨르가 한 말에 공감할 수 없었지만 세월이 지나『정중한 거절』Gentle Regrets이란 저서에서 그의 인격과 철학을 언급한 바 있다. 그는 언제나 자신의 구세주가 서 있는 지평선을 똑바로 보고, 자신에게 주어진 좁은 길을 따라 앞으로만 나아간 인물이었다.

1945년산 샤토 라피트 와인

나는 런던으로 가지고 온 1961년산 클라레 와인 중 한병만 마시고 그대로 두었다. 결혼생활이 파경에 이르면서 유일한 자산이었던 그 와인들은 노팅힐 집의 와인저장실로 옮겨졌다. 이혼 비용과 세금을 충당하기 위해 그 와인들을 경매에 부치려고 했지만 상표가 떨어져나가고 없었다. 그러나 때마침 절친한 친구이자 동료로서 부르고뉴 백포도주를 좋아하던 안토니아 프레이저가 그녀의 남편이 될 해롤드 핀터를 부추겨 1961년산 클라레를 사도록 했다. 해롤드 핀터는 그 많은 양을 모두 산 다음 고맙게도 나를 초대했고 우리는 샤토 크루아제-바주Château Croizet-Bages 한병을 나누어 마셨다.

그러나 케임브리지 시절에 건진 최고의 보물 하나가 여전히 내 수중에 있었다. 당시 나는 우연찮게 1945년산 샤토 라피트 한병을 구할 수 있었다. 1945년은 최고의 클라레 와인이 생산된 해였다. 사실 그 와인은 맛이 너무나도 탁월해 나눠 마실 만한 사람을 찾을 수 없었다. 그러나 그 와인은 맛이 너무나도 빼어나 혼자서는 마실 수 없었다. 그래서 나는 그 술병을 부적처럼 지니고 다니며 인생의 우여곡절을 헤쳐나갔다. 인생에서 나는 자주 수렁에 빠졌고 그래서 많은 술을 마셨다. 그러나 어느 한순간을 기점으로 나는 꾸준히 도약할 수 있었다.

내가 윌트셔의 작은 양 목장을 방문했을 때는 가을이었다. 여주인은 목장을 처분하고자 했고, 드디어 나는 머물 집을 찾게 되었다.

한달 후 그 농장은 내 것이 되었다. 내게 찾아온 뜻밖의 행운을 자축하고자 나는 홀로 앉아 내 보물을 마셨다. 경이로운 분위기에서 내 시선은 유서 깊은 목장을 가로질러 명성 있는 말馬 샘에게로 향했다.

라피트 와인 맛을 표현해보려는 시도는 부질없는 짓이었다. 코와 혀, 입천장에서 각각 느끼는 맛과 향을 언어로 포착한다는 건 불가능했다. 그래서 미국의 와인평론가 로버트 파커 씨와 관련된 새로운 관행을 비웃지 않을 수 없었다. 그는 승리를 향해 힘찬 레이스를 펼쳐나가듯 각각의 술병에 점수를 매긴다. 한 병의 클라레를 점수로 평가한다는 것은, 베토벤의 7번, 차이코프스키의 6번, 모차르트의 39번, 그리고 브루크너의 8번과 같은 교향곡들이 90점에서 95점 사이의 점수대에 분포하도록 채점하는 것과 같다.

보르도의 5대 샤토 중 하나로 최고의 와인이 생산된 1945년의 샤토 라피트

나는 1945년산 라피트 와인에 대해 내가 왜 그토록 열광했는지 그 이유를 밝히고자 한다. 그 와인의 가치는 값으로 환산할 수 없을 뿐만 아니라 다른 무엇으로도 대체할 수 없는 것이었다. 그 와인은 끊임없이 내 생각을 정리해 드러나게 했고, 사물의 세계에 질서를 세우게 했으며, 용서하는 마음으로 지난 실패를 감싸안게 했다. 또한 성공이라는 강박관념을 떨쳐버리고 미래를 바라보게 했다. 주면 반드시 받게 되고, 행운은 타인과 공유하지 않으면 쪼그라들게 된다는 사실을 나는 깨우쳤다. 나는 나 자신에게서 냉소와 분노의 감정을 씻어낼 필요가 있었다. 내가 얻은 축복을 더욱 소중히 여겨야 했다. 그런 축복의 맛과 향은 내가 마신 그 와

인 속에서 더욱 익어갔다. 이제 나는 나만을 고집했던 치기어린 유아시절을 거쳐 가족들과 함께 가난했지만 여유롭게 보내던 저녁시간을 회상하게 된다. 그때는 어김없이 초파리들이 항아리에 엉겨붙었고, 어머니는 집안의 잡다한 일로 인해 한가할 틈이 없었다. 내 마음이 온유해질 때면 술을 나눠 마시던 특별한 사람들을 곧장 만나게 된다는 사실이 놀랍지 않은가?

2 프랑스 와인 기행

와인, 세계화에 맞서는 지역의 생산물

행복은 미덕의 산물이며, 미덕은 용기·절제·판단력·정의라는 네 가지 경첩에 걸려 있다는 고대의 경구는 도덕적 가르침의 마르지 않는 원천이다. 그런데 이 경구는 사람이 어떻게 처신해야 하는지를 알려주긴 하지만 세상을 좋아하게 하는 법을 가르쳐주지는 않는다. 자연의 질서를 거스르며 살아가는 우리는 이제 다르게 살아야 한다는 무조건적인 명령에 직면해 있다. 머리와 다리가 떨어져나간 고대 아폴론 조각상 앞에서 릴케는 "너희는 너희의 삶을 변화시켜야 한다"는 가르침을 얻었다. 이제 우리는 불구가 된 지구 도처에서 이 가르침을 깨닫는다.

삶을 변화시키기 위해 우리는 이탈리아의 슬로푸드 운동Slow Food

Movement과 프랑스 와인 산업이 강조하는 것들을 실천해야 한다. 즉 세계적인 것에 맞서 지역적인 것을 옹호해야 한다는 것이다. 모든 것들이 과잉 생산돼 넘쳐나는 상황에서 다국적 기업이 거둔 승리는 빛 좋은 개살구에 불과하다. 사치품의 세계화는 상품 자체의 가치를 떨어뜨릴 뿐이지만, 기본적인 먹거리의 세계화는 모든 것들의 가치를 붕괴시킨다. 세계화를 통제하는 방법은 세계적으로 확장된 민주주의뿐이라는 조지 몬비어트George Monbiot의 견해*에 우리는 동의하지 않을 수도 있지만, 적어도 그의 주장이 모태로 삼는 전제만큼은 반드시 수용해야 한다. 즉 물질적·지리적·사회적·정신적 특성을 띠는 지역의 인적자원들은 계속 고갈되고 있다는 것이다. 이러한 고갈은 무책임 속에서 진행되고 있다.

그렇다고 투덜대기만 하는 사람을 내가 지지하는 것은 아니다. 그들은 지구 온난화를 들먹이며 인간의 소비를 비난하고, 상황을 부풀리며 인간의 쾌락을 억누른다. 생태계 문제로 투덜대는 사람들과 달리, 나는 에너지를 낭비한다는 이유만으로 여행을 반대하지는 않는다.

영국 맘스베리 지역에서는 지역의 특산 음식이 하나의 경제권을 형성하고 있다. 그것이 가능했던 까닭은 농부들이 법을 어기면서 물물교환을 했기 때문이다. 저온 살균을 하지 않은 우유, 검인증 도장이 찍히지 않은 달걀, 지정되지 않은 곳에서 도살한 돼지, 목을 비틀어 죽인 닭고기 등을 판매하는 것은 위법이었지만 맘스베리 주민들은 이런 규제에 얽매이지 않았다. 하지만 과도한 규제를 골자로 한 지역 특산 와인에 관한 법령

---

*조지 몬비어트George Monbiot, 『합의의 시대: 새로운 세계를 향한 선언』*The Age of Consent: A Manifesto for a New World*(런던 2003).

은 이러한 위법을 묵과하지 않는다. 대단히 의욕적인 이 지역 주민이 '노아의 방주'Noah's Ark 근처에 포도나무를 심었다. 그는 거기서 수확한 리슬링(독일 포도 중에서 최고의 품질로 인정받는 포도), 쇼이레베Scheurebe(독일의 신품종 포도로 실바너와 리슬링의 교배종), 그리고 그밖의 변종들로 상큼하고 '달지 않은 백포도주'dry white wine를 생산하기 시작했다. 그는 과학적인 방식으로 혼신의 힘을 쏟아 와인을 빚었다. 노아의 방주에 들어가는 아홉번째 짐승인 까마귀를 기려 와인의 이름을 '클라우드 나인'Cloud Nine으로 지었다. 그는 자랑스럽게 '식사 때 마시는 영국 와인'English Table Wine으로 시장에 내놓았다. 그런데 유럽연합 지침European Directive은 이 와인을 폐기하거나 기소를 감수해야 한다고 경고한다.

문제를 야기한 요소는 '와인'wine이 아니라 '영국'English이라는 단어였다. 이 와인은 지역성 즉 현재의 우리를 있게 한 지역성을 상기시켰다. 지역성이야말로 우리가 본능적으로 매달리는 대상이자, 쌓인 추억들을 하나로 묶어주는 고리역할을 한다. 영국인들은 자신만의 와인을 가질 수 없었다. 대영제국United Kingdom이라는 말을 사용해야 하는데, 이 용어 속에는 무기력하고 관료제에서 벗어나지 못한 세태가 짙게 배어 있다. 또한 이 용어는 하나의 구체적인 공간을 지칭하지 못하고 그저 하나의 개념으로만 연명할 뿐이다. 대영제국은 강력한 지배력을 갖는 하나의 문자를 공유하지만 영국이란 지역은 대외적으로 없는 것이다. 색슨족이 지배하던 시대에 그러했듯, 영국인들이 와인을 양조해 상표로 드러내는 행위는 죄가 된다. 조지 몬비어트는 로열티 지급에 관한 국제협약이 조상들로부터 물려받은 천부적인 권리를 보호하려는 전지구적 민주주의를 방해하는 요소라고 했다.

내게는 이념적 정직이 개인의 취향과 일치한다. 와인을 마시며 정신적 고향으로 삼은 나라를 찾아감으로써 세계적인 것에 맞서 지역적인 생산물을 옹호할 수 있는 것이다. 변종포도들의 이름을 알리고 지구상에 퍼져 있는 와인들을 되돌아보며, 나는 프랑스의 각 지역과 포도원을 향해 떠날 것이다. 그곳은 이름만으로 기억되는 것을 바라지 않는다.

프랑스와의 첫만남

여행경비가 학생으로서는 꽤 부담스러웠기 때문에, 나는 프랑스를 실감나게 체험할 수 있는 모든 방법을 동원하곤 했다. 기차와 유람선을 타고 파리를 둘러보는 데는 하루 온종일이 소요된다. 그 당시에는 누구도 환경을 무절제한 남용의 희생물이라고 생각하지 않았다. 사람들은 '노동자 계급'을 생각하며, 억압하는 부르주아에 대한 저항을 모색하느라 바빴다. 파리 북 역 Gare du Nord 근처의 한 카페에서 한잔의 키르(리쾨르를 가미한, 식사 전에 마시는 백포도주)로 보상을 받으며 지속했던, 파리로의 느린 여행은 거리를 가늠케 하는 충분한 증언과 같았다. 내가 아는 모든 곳에서는 프랑스어를 제외한 다른 언어가 통용되지 않았다. 한두 곳의 아랍인 거주구역에서만 오늘날 우리가 목격하는 붕괴 조짐이 보였다. 그런 것과는 무관하게 당시의 프랑스는 소용돌이에 휘말려 있었다. 프랑스 문화와 그 정체성을 거론하는 자들은 인종주의자, 파시스트, 푸자드주의자 Poujadiste(사회·경제 발전에 반대하고 편협한 주장만 하는 자)로 비난받았다. 사르트르는 『누벨 르뷔 프랑세즈』 *La Nouvelle Revue Française*라는 잡지에 부르주아의 폐해를 비난하는 글을 쓰느라 바빴고, 푸코는 『말과 사물』을 막 출간하려던 참이었다. 68혁명은 '다른 행성에서 불어오는 산들바람'처럼 대기중에서 꿈틀댔고, 프랑스는 명문가의 후손이 물려받은 유산을 전당포에 저당잡히듯 곧 파산할 것만 같았다.

그런 격동의 시절 나는 자주 베리트 거리에 있는 한 건물의 지붕 밑에 앉아 반역의 기운이 점점 짙어지고 있는 길거리의 모습을 지켜보곤 했다. 나는 파괴적인 학생사회와는 약간 거리를 둔 채 나만의 세계에 빠져들었다. 학생사회의 파괴성은 루이 포웰Louis Pauwels(1920~97, 프랑스의 저널리스트이자 작가)이 1968년의 상황을 그린 소설 『고아들』Les orphelins에 잘 드러난다. 나는 진정한 프랑스를 형상화하는 데 힘쓴 문학작품의 숲으로 들어갔다. 아울러 창가에 놓인 작은 스토브에서 가장 프랑스적인 음식을 요리하기도 했다. 돈이 생기면 니콜라Nicolas(프랑스의 와인 체인점)로 달려가 와인을 사곤 했다. 와인은 나의 낡은 스쿠터가 결코 가본 적이 없는 프랑스 곳곳을 상상하게끔 했다.

프랑스 와인이 최고가 된 이유

나는 프랑스가 겉보기와는 달리 정치적 단일체가 아니라는 사실을 알게 되었다. 샤를 모라스Charles Maurras가 언급하여 이목을 집중시켰던 '실체적réel 국가'와 '법률적légal 국가'란 개념은 아직도 논쟁중에 있다.* 내게

---

* 샤를 모라스가 쓴 『나의 정치적 구상』Mes idées politiques(파리 1937)을 보라. 프랑스 민족주의의 지적 토대를 제공한 그는 비시 정권의 지지자로 반유대주의 정서를 거침없이 드러내어 합리적인 사상가 명단에서 제외되어왔다.

실체적 국가란 정신의 산물이다. 샤사뉴와 퓔리니 두 지역에 걸쳐 펼쳐져 있는 몽라셰의 작은 양조장들은 인접한 슈발리에-몽라셰와 바타르-몽라셰의 와인과 겨루기 위하여 샤르도네Chardonnay(부르고뉴 백포도주를 만드는 대표적 포도품종) 포도를 사용하여 와인을 생산했다. 물질주의자들, 와인 학자들, 자칭 와인 품평가들은 이 와인에 갖가지 해설을 늘어놓았다. 돌출한 쥐라기의 석회암이 이회토를 뚫고 들어가 그 지역 특유의 토양이 되었다는 것이다. 그러나 이런 사실은 별로 중요치 않다. 훌륭한 와인이란 하나의 문화적 산물인 것이다. 그러나 이런 주장은 개신교도, 무신론자, 진보를 신봉하는 사람들을 설득할 수는 없다. 가톨릭 교회가 프랑스에 베푼 시혜들 중 하나는 다 죽어가던 고대의 신들에게 안식처를 제공했다는 사실이다. 성자와 순교자의 옷을 입히고, 그 신들이 천상에서 가져와 우리에게 준 술로 그들을 추도하게 했던 것이다. 이것이 바로 프랑스 와인이 최고가 된 이유이다.

퓔리니의 모든 토양은 대대로 땅바닥에 짚을 깔아 땅이 비옥하다. 세월이 흐르는 동안 성자들과 속인들은 포도를 신성화하는 작업에 매진했다. 최근에 나는 퓔리니 와인을 마시고 그것이 생산되는 마을을 찾아갔다. 비록 그곳에 직접 발걸음을 들여놓지는 않았지만, 나는 에이커 단위로 그 지역을 속속들이 알고 있다.

경작지 우선주의자들과 정비공장 주인들 사이에 벌어진 논쟁이 있다. 경작지를 중시하는 사람들은 와인을 토양의 '표현물'로 이해해야 한다고 주장한다. 반면에 인근의 정비공장 소유주들은 중요한 것은 토양이 아니라 포도라고 믿는다. 조너선 노시터 감독의 영화 〈몬도비노Mondovino: 와인 전쟁〉(와인 연구가이기도 한 감독이 세 대륙에 걸쳐 와인을 다룬 다큐멘터리 영화. 억만장자인 나파 밸리의 3대에 걸친 가족사를 근간으로 해서 소작농과 산업자본가 사이에 전개된 전쟁을 다루고 있음)은 이 논쟁에 대한 대중적인 관심을 불러일으킨 바 있다. 와인의 맛이 구체적으로 어떠하건 그것은 이미 프랑스의 분신이다. 프랑스가 이제 다문화의 '법률적 국가'의 틀에 갇혀 있을지라도, 프랑스는 내게 정신의 고향이자 내 육신의 일부가 뿌리내린 나라이다.

와인을 토양의 '산물'이라고 하는 것은 근본적으로 오도된 표현이다. 블라인드 테이스팅blind tasting이 사람들을 현혹시키는 이유도 그러하다. 눈을 가린 채 키스함으로써 알지 못하는 여인의 덕성을 알아낼 수 없듯, 당신은 블라인드 테이스팅을 통하여 특정한 와인의 우수성을 감식할 수 없다. 블라인드 테이스팅에서는 프랑스의 수많은 와인을 애초에 평가대에 올리지도 않는다.

블라인드 테이스팅

30년 전에 스티븐 스퍼리어Steven Spurrier라는 영국인 와인 판매업자는, 파리에서 열린 블라인드 테이스팅 장에서 고전적인 프랑스 와인들 사이에 캘리포니아산 와인을 내놓았다. 거기에 집결한 프랑스 와인 전문가들은 자신들이 미국 와인을 더 선호했다는 사실에 경악을 금치 못했다. 한 여성 평가자는 자신의 평가표를 되돌려달라고 요청할 정도였다고 한다. 다른 평가자들도 스퍼리어 씨가 의도적으로 절차에 농간을 부렸다고 비난했다. 한동안 스퍼리어 씨는 프랑스의 양조업계에서 '환영받지 못

보르도의 5대 샤토 중 하나인 샤토 마고

하는 사람'persona non grata으로 따돌림을 당했다. 그 블라인드 테이스팅의 30주년 기념행사가 최근에 있었다. 그런데 샤토 마고Château Margaux(프랑스 보르도의 5대 샤토 중 하나. '와인의 여왕'이라는 별칭을 가지고 있음)의 사장 폴 퐁타예의 주도로 전통있는 프랑스 와인 생산업체 세 곳은 이 대회에 참가하지 않기로 뜻을 모았다. 이 기념행사는 캘리포니아에서도 환영을 받지 못했다. 우승한 샤르도네 와인의 생산자 제임스 바렛이 크로아티아 이민자 그르기치와 언쟁을 벌였기 때문이다. 바렛이 그르기치의 경쟁자가 되고 난 후 피할 수 없는 사건이었다. 바렛과 그르기치는 행사에 동시에 초대될 수는 없는 인물이었다. '원한'을 잔뜩 품은 그들이 서로를 물어뜯을 수 있기 때문이었다. 실제로 그 에피소드는 원한을 설명하는 타산지석으로, 그리고 인간의 본성 가운데 죄에 물든 오만의 한 예로 인식된다.*

오만을 치유하는 최고의 묘약은 와인이라고 나는 생각한다. 그러면서도 약간 당황스러운 것은, 와인이 퐁타예 씨, 바렛과 그르기치 씨에게는 효험을 발휘하지 못했다는 사실이다. 이는 그들이 와인의 진정한 의미를 이해하지 못했다는 증거이기도 하다. 오만 때문에 우리가 못하는 일은 경쟁자의 성공을 축하해주는 것이다. 성공의 가능성이 잠재된 세상

---

*이 이야기는 조지 테이버George M. Taber의 책 『파리의 판단』*The judgement of Paris*(뉴욕 2005)에서 언급되고 있다.

은 성공의 싹이 없는 세상보다 낫다. 와인이 영향력을 발휘하는 상황에서 성공은 와인 마시는 사람을 선호한다. 와인은 영원의 관점sub specie aeternitatis(스피노자의 개념으로 우주 전체를 이성적 구조로 보려는 관점)에서 세상을 바라보게 한다.

  블라인드 테이스팅은 와인이 전적으로 감각기관에 의해 전달되는 물질임을 전제로 한다. 사전 정보는 맛을 감식하는 데 영향을 끼치지 않는다는 말이다. 와인이 지닌 고유한 맛과 향만으로 와인을 알아낼 수 있다는 생각은, 한자漢字를 알지 못하면서 소리만 듣고 한시漢詩를 이해할 수 있다는 생각과 같다. 단어의 의미를 이해하는 사람에게 각각의 단어가 다르게 들리는 것처럼, 와인이 만들어진 고유한 시간과 공간을 아는 사람들에게 각각의 와인은 다른 맛을 낸다. 1976년에 샤토 무통-로칠드 Mouton-Rothschild(프랑스 보르도 메도크 지방에서 생산되는 특등급 포도주로 5대 샤토 중 하나)를 누른 카베르네 쇼비뇽Cabernet Sauvignon 와인은 '스택스립'Stag's leap(수사슴의 도약이라는 뜻으로 미국의 대표적인 와인)이었다. 1972년 위니아스키가 설립한 양조장에서 빚어진 이 와인은 포도밭의 어린 나무에서 수확한 포도로 빚어졌다. 이 양조장이 속한 주에서는 자기만의 방식을 고집하는 헝가리 출신의 한 백작이 19세기 들어 최초로 와인 산업을 시작했다. 무통이 1등급으로 되기 전 무통의 와인 병에는 다음과 같은 문구가 새겨져 있었다. "1등급이 아니다, 2등급엔 만족하지 않는다, 나는 무통이다." 이 문구는 자긍심이 매우 강한 로앙Rohan 공작이 한 말, 즉 "나는 왕이 아니다, 나는 왕자이기를 거부한다, 나는 로앙이다"에서 유래한 것이다.

부르고뉴 지역의 와인들

토양은 하나의 도덕적 관념이며 부르고뉴 공국도 이에 해당된다. 풀리아그니쿠스Puliagnicus라는 라틴어 이름과 몽라셰Montrachet라는 이름도 이에 해당된다. 그 주변에 있는 많은 이름들(레 샬뤼모, 레 르페르, 르 클로 데 메, 레 폴라티에르)도 도덕적 관념을 지닌다. 토양의 넓은 의미에는 메지에르에 있는 시토회 수도원의 철저한 감독 아래 수백년에 걸쳐 확립된 포도재배법도 포함된다. 또한 마른 돌담과 목재로 만든 문으로 둘러싸인 포도밭, 새벽부터 황혼까지 한줄기의 빛도 허투루 흘려보내지 않는 몽라셰 마을의 초원도 토양에 속한다. 이 모든 것들과 그 이상의 것들이 와인에 녹아들어 있기에, 알렉상드르 뒤마Alexandre Dumas(1802~70, 『몽테크리스토 백작』을 쓴 프랑스 작가)의 말대로 우리는 무릎을 꿇고 숭배하는 마음으로 와인을 마셔야 한다. 와인은 그리스 사람들이 아이도스aidōs(염치)라 일컫는 미덕, 즉 남이 나보다 더 소중하다는 깨달음의 정수이다.

부르고뉴를 방문하는 사람들은 중세시대에 형성된 도시와 마을, 은총의 그림자에 덮인 수도원과 성당의 아름다운 풍광에 넋을 잃는다. 그들은 그 풍광으로부터 부르고뉴의 대공이 아주 막강한 세력가로 성장했던 역사와 그곳의 종교를 읽어낼 것이다. 방문객들은 그 땅이 바로 신성한 터전이라는 사실도 깨닫게 될 것이다. 와인을 성찬식의 성체로 받드는 수도사들이 직접 포도밭을 가꾸었기에, 땅은 수백년에 걸친 축복과 찬미와 기도 속에서 생명을 키워낼 수 있었다. 베네딕토회의 중심이 클뤼니에 있는 부르고뉴 수도원이었고 시토회가 시토와 클레르보에 자리하고 있을 때, 유럽에서 부르고뉴는 수세기 동안 기독교 포교활동의 심장이었

프랑스 와인 지도

다. 오늘날에도 부르고뉴 사람들에게 포도나무는 식물이라기보다 영적인 어떤 것이다. 포도가 자라는 땅은 지상이라기보다는 천상인 것이다.

기원전 4세기 그리스 식민주의자들에 의해 처음 조성된 이래로, 프랑스의 포도밭은 프랑스 역사의 압축판이었다. 교회가 로마시대의 오래된 포도밭에 새로이 묘목을 심고 경작지를 복원하는 일에 적극 개입했던 까닭은, 부르고뉴를 차지한 권력자의 재정적 이해와 관련이 있다. 14세기에 부르고뉴 공작인 대담한 필립공Philip the Bold은 '신뢰할 수 없는' 가메 포도Gamay grape(보졸레 적포도주를 만드는 품종, 적당한 산도에 탄닌과 알코올 함

2. 프랑스 와인 기행 97

유량이 낮은 편임)를 없애는 한편, 피노 누아르Pinot Noir(부르고뉴 지방이 원산지인 최고급 포도)를 제외한 모든 포도품종을 금지함으로써, 부르고뉴 적포도주를 최고급 와인으로 탈바꿈시켰다. 그는 자신이 출시한 와인의 명성을 유지하기 위해, 플랑드르 공작의 미망인이었다가 자신의 아내가 된 마르게리트에게 그녀의 포도밭에서 수확한 포도에 우수한 B급 포도를 혼합하는 것도 못하게 했다. 그러나 한 세기가 지난 후에 대를 이은 선량한 필립공Philip the Good은, 골짜기에 포도나무를 심지 못하게 하고 배수가 잘되고 포도밭 토질로서 적당한 코트 도르Côte d'Or와 코트 샬로네즈Côte Chalonnaise 지역의 포도밭만을 경작하게 함으로써 와인 생산에 부정적인 영향을 끼쳤다. 그의 세금징수원이었던 니콜라 롤랭은 죽음을 앞두고 자신이 살아생전 부르고뉴 주민들을 가난하게 살도록 방치했다며, 그 유명한 '오스피스 드 본'Hospice de Beaune(1443년 가난한 환자를 돌보기 위해 설립한 병원)을 설립하였다. 그는 이 병원에 자신의 포도밭을 기부했고, 그곳에서 생산된 와인은 해마다 시 청사에서 경매를 통해 팔려나갔다. 한바탕 축제의 장으로 뿌리내린 이 경매행사를 계기로 부르고뉴 사람들은 자신들의 역사와 지역의 특산품 그리고 성인들에 대한 각별한 애정을 환기하게 되었다. 이는 방문객들에게 부르고뉴 와인은 술이 아니라 문화라는 사실을 느끼게 해준다. 술의 신 디오니소스처럼 해마다 새로워지는 문화 말이다.

    프랑스 혁명은 시골에 대한 교회의 지배력을 무력화해 작은 수도원들의 토지 포기를 이끌어냈다. 교회 소유였던 땅은 시골의 소상공업자와 농부들의 손으로 넘어갔다. 그런 격변 이후 나폴레옹 상속법이 발효되어 땅 주인이 죽으면 그 '땅'은 분할되었다. 그 결과 오늘날 클로 드 부조Clos de Vougeot의 125에이커의 땅이 80명의 주인들에 의해 분할 소유되는 진풍경도 벌어졌다. 규모가 큰 도매상인들은 와인 판매 쪽으로 관심을 돌려 많은 부동산들이 주식회사의 소유가 되었다. 그러나 포도밭의 소유관계는 대부분 분명한데, 대체로 시골에 거주하는 농부 가족들이 소유했다. 포도농사가 가업家業인 이들 농부는 전승되는 전통적인 포도재배법에 대해 자부심이 대단했다. 그런 까닭에 부르고뉴 적포도주는 다양한 맛을 내는데, 너무도 다양하여 상이한 맛들이 단일 포도품종으로 빚어졌다는 사실마저 믿기지 않을 정도다. 부르고뉴 와인의 참맛을 만끽하려면 최소 5년 동안은 숙성시켜야 한다. 그 기간이 지나면 술병 안에서 미묘한 변화가 발생한다. 포도는 우선 술병에서 물러나며 차츰 자취를 감춘다. 포도는 처음엔 마을, 그 다음에는 포도밭, 마지막엔 땅의 살갗인 흙을 남겨두고 홀연히 사라진다. 맛과 향 그리고 대대로 전승된 부르고뉴 와인의 특성은 가문의 모습으로 나타나기에 역사적인 의미를 지닌다. 부르고뉴 와인의 향기가 술잔 테두리에서 솔솔 풀려나올 때 역사는 활기를 띤다. 오래된 부르고뉴 와인은 무덤을 덮는 부엽토 향내를 풍긴다. 사향이 발효될 때 나는 부드럽고 달콤한 냄새는 땅에 묻혀 썩어가는 죄인의 마지막 숨결이다.

코르통이라는 그 유명한 구릉지를 찾아가보자. 그곳엔 명성이 자자하고 참으로 탁월한 코르통-샤를마뉴Corton-Charlemagne라는 화이트 와인을 빚는 포도원이 있다. 언덕배기에 있는 이 포도원은 알록스-코르통과 페르낭-베르줄레스 사이에 있다. 코르통은 알록스에서 가장 유명한 포

부르고뉴의 특등급 백포도주 코르통-샤를마뉴

도밭이고, 베르줄레스 섬Ile des Vergelesses(다른 포도밭과 분리돼 있어서 붙여진 이름)은 페르낭에서 가장 유명한 포도밭이다. 775년에 샤를마뉴 황제가 솔리외 수도원에 기증한 샤를마뉴 포도밭은 알록스 위쪽이 아닌 페르낭 위쪽 코르통 언덕의 완만한 경사면에 펼쳐져 있다. 그 아래쪽에는 피노 누아르 포도가 재배되는 베르줄레스 섬(일 데 베르줄레스) 포도밭이 있으며, 그 두 곳 사이에 '레 누아레'Les Noirets라는 아담한 포도밭이 끼여 있다. 그곳 포도원에서 출시된 와인은 샤를마뉴와 같은 특등급도 아니고, 일 데 베르줄레스와 같은 1등급도 아니다. 그저 소박한 마을 페르낭에서 양조한 와인일 뿐이다. 그러나 그 포도밭에서는 샤르도네 품종의 포도를 수확하여 깨끗한 향기와 진한 여운을 지닌 고품격 백포도주를 생산한다. 운 좋게 코르통-샤를마뉴 한 병을 구한 사람들도 페르낭-베르줄레스에 대해 들어본 경우는 흔치 않다. 레 누아레에 대해 들어본 사람은 더 적다.

발효는 때론 빠르게 때론 천천히 단계별로 진행되면서 각 단계마다 특별한 부산물을 산출한다. 백포도주를 양조하는 과정에서는 사과산과 젖산이 생성되는 단계가 특별히 중요하다. '사과'를 뜻하는 라틴어 말루스malus에서 유래한 사과산malic acids은 신선도를 높여준다. 반면에 '우유'를 뜻하는 그리스어 락토스laktos에서 유래한 젖산lactic acids은 진한 버터의 특성을 강화시킨다. 참나무 통을 사용하면 젖산 발효를 촉진하고 참나무 특유의 바닐라 향을 첨가할 수 있다.

이와는 반대로 포도의 신선한 맛이 입 안을 자극하는 푸른 빛깔의 화이트 와인들이 있다. 이 중에서 가장 유명한 와인은 샤블리Chablis라는 '원산지 상품명'을 획득한 것으로 부르고뉴 북쪽에서만 생산되는 화이트 와인이다. 오래된 참나무통에서 숙성했는데도 샤블리는 미네랄 성분이 있어서 냇가의 조약돌처럼 반짝인다. 조개요리나 하얀 소스를 바른 닭요리에 하이든의 3중주곡을 들으며 마시는 와인보다 더 절묘한 와인은 없다. 하지만 밤이 깊어갈 때 가만히 책상에 앉아서 홀짝이는 샤블리에 곁들일 수 있는 환상적인 안주는 또 한잔의 샤블리뿐이다.

샤블리는 샤르도네 포도로 빚은 와인 중에서 사과산 함유가 가장 낮다. 그러나 톡 쏘는 맛을 지닌 다른 와인들과 달리, 샤블리는 제인 오스틴의 소설(『엠마』) 속 주인공 엠마처럼 절대순수와 함께 그윽한 특성을 지닌다. 엠마가 그랬듯 샤블리는 숙성되기 위해 밀봉된 채로 수년 동안 보관되어야 한다. 샤블리는 네 등급, 즉 프티 샤블리, 샤블리, 프르미에 크뤼, 그랑 크뤼로 분류된다. 특등급인 그랑 크뤼는 욘강Yonne의 오른쪽 제방 근처에서 생산되며 농염한 향이 일품이다.

나는 미켈란젤로에게서 모성애에 수반되는 비애와 거룩한 고통을 배웠다. 모차르트에게서는 가장 견디기 힘든 슬픔도 기쁨으로 전환할 수 있다는 희망을 배웠다. 도스토예

푸른 빛깔의 백포도주 중 가장 유명한 샤블리 그랑 크뤼

2. 프랑스 와인 기행 **101**

프스키는 내게 용서와 그 용서를 통하여 영혼이 어떻게 정화되는가를 가르쳐주었다. 내가 와인을 통하여 배운 것은 내 안에서 솟아나왔다. 와인은 내가 알게 된 것의 가교일 뿐, 결코 그 원인은 아니었다.

아끼던 1945년산 라피트Lafite 와인을 자축하며 마시던 무렵 나는 중대한 결심을 해야 했다. 학문세계에 한 발을 내딛게 했던 보스턴 대학의 비전임half-time 교수직을 그만둬야 하는가를 고민하게 된 것이다. 시기적으로 맘스베리 인근의 허물어진 양 목장에서 고독하게 생활하던 때였다. 당시 나의 일은 목장을 수리하는 것이었고, 저녁마다 브리스톨의 아담한 양조장에서 구한 부르고뉴의 1등급 몽타니Montagny(샤르도네 포도품종으로 빚은 백포도주)를 마시는 것이었다. 이때 내 선택을 거들었던 와인은 비세-수-크뤼쇼Bissey-sous-Cruchaud라는 작은 마을의 도멘 데 무아로 Domaine des Moirots 와인이었다. 무아로는 계단식으로 정리된 들판 아래쪽의 습지로 와인 병에는 이 산뜻한 풍경이 그려져 있었다. 도멘 데 무아로는 사냥개처럼 민첩하게 효능을 발휘해 이미 내 마음에 굳어진 선택을 취하도록 했다. 그때 이래로 나는 어김없이 도멘 데 무아로 한 상자를 와인저장실에 보관한다.

10년 만에 미국으로 되돌아왔다. 아내는 해변에 위치한 집을 물려받았는데, 우리는 그 집을 팔고 버지니아에 있는 한 농장을 구입했다. 농장에 딸린 집은 18세기에 지어진 대저택으로 25년 이상 버려져 있었다. 목장 한쪽에 휑하니 서서 허물어져가던 집은, 마치 남부연합군의 전사자들을 추모하는 기념비 같았다. 나는 한달 이상 인근의 통나무집에 머무르며 나에게 부과된 낯선 과제에 대해 요모조모 생각해보았다.

새로운 환경에서 새로운 결심을 해야 했다. 운명의 주인이 돼야겠다는 나의 갈망이 없었더라면, 순진한 아내와 아이들이 고통을 겪는 일도 없었을 것이다. 이젠 어떻게 살아갈까, 내가 태어난 영국과 내 영혼의 안식처인 프랑스를 떠나 미국에서 어떻게 살아갈 것인가 하는 문제가 나를 물고 늘어졌다. 그 와중에 나는 버지니아 주의 워싱턴 시에 있는 가게에서 백포도주 마르사네Marsannay를 발견하였다.

디종 교외에 있는 마르사네는 1987년 이래로 원산지 상품명을 획득했고 특이하게도 빨강·하양·분홍이라는 세 가지 색깔로 자신을 등록했다. 코트 드 본의 맛을 모방한 마르사네 백포도주는 동일한 특질을 지녔으면서도 그것보다 값은 훨씬 더 싸다.

캘리포니아산 값싼 샤르도네 포도품종에서 벗어날 수 있는 사람만이, 마르사네 백포도주가 지닌 장점을 감식해낼 수 있다. 나는 유서 깊은 저택 현관에 앉아 붉게 타오르는 가을이 나무들을 차례로 점령해가는 언덕을 바라보며 마르사네 와인을 마셨다. 밀짚과 같은 색깔의 마르사네 와인은 그곳에서 내게 하나의 길을 제시했다. 그것은 오솔길에서 분기된 샛길로서 새로운 직업, 새로운 친구들, 가족을 위한 집 한채를 구하는 일이었다.

위쪽의 마르사네와 아래쪽의 몽타니 사이에 있는 코트Côtes 지방에는, 잘 정제된 부르

코트 드 본의 맛을 모방해 같은 특질을 지녔지만 값이 훨씬 싼 마르사네 백포도주

고뉴 백포도주를 생산하는 마을이 많다. 옥세-뒤레스, 생 로맹, 생토뱅, 지브리 등이 그런 지역들이다.

　나는 '종속적 존재에 관한 문제'를 다루며 심사숙고할 때 와인을 생산하는 두 군데의 도움을 받았다. 한 군데는 거의 알려지지 않은 곳인 반면, 나머지 한 군데는 백포도주에 비해 적포도주가 유명한 곳이었다. 거의 알려지지 않은 곳은 마랑주인데 코트 도르 아래 위치한 인적이 뜸한 늪지대로서 마을이나 종교적 관구가 아닌, 단지 와인을 생산하는 활력 넘치는 곳일 뿐이었다. 다른 한 곳은 주민들 사이에 토속적인 신이 숭배되면서 그 신의 이름이 전승되는 곳이었다. 메르쿠리우스는 로마의 만신전Pantheon에 늦게 이름을 올린 신이다. 그의 이름은 '교역하다'trade는 의미를 지닌 라틴어 '메르카리'mercari에서 유래했다. 그는 상인들의 신으로서 그리스의 신 헤르메스Hermes와 유사한 특성을 지녔지만, 그 관련성은 피상적일 뿐이다. 로마 아벤티누스에는 메르쿠리우스를 모시는 신전이 있다. 로마인들이 갈리아 지방으로 세력을 확장해가자 정착촌에는 메르쿠리우스를 숭배하는 신전이 우후죽순처럼 생겨나기 시작했다. 그곳에서 드리는 기도는 인간의 탐욕과 신의 장난이 얽힌 강렬한 것이었는데, 마치 오늘날의 주식시장을 방불케 했다.

　이 사원들 중 하나는 자신의 이름을 코트 샬로네즈의 한 마을에 부여하였다. 그 마을은 한때 쇠락했지만, 현재는 생마르탱 수 몽테귀라는 이름 속에서 인접지역과 함께 발전하고 있다. 이곳은 와인 애호가의 지도에서 꽤 유명한 지역이며, 신이 기도를 들어주는 날이면 신을 기리기 위해 와인을 싸게 파는 지역이다. 한해에 생산되는 3백만병 정도의 메르퀴레

Mercurey 중에서 1/10은 백포도주이고, 그 중에서 1/10 정도는 '프르미에 크뤼'(1등급)로 판정받는다. 만일 당신이 이러한 라벨이 붙은 술병을 발견한다면, 그러한 행운을 선물한 거래의 신께 감사해야만 한다. 1등급 메르퀴레 블랑은 진정한 부르고뉴 백포도주에 깃든 조화와 사과향으로, 당신이 지불해야 할 가격에 형이상학적 어려움을 안길 것이다.

진정한 부르고뉴 백포도주 메르퀴레 블랑

포 지역에서의 나날들

블루리지Blue Ridge(미국 남동부의 애팔래치아 산맥에 속한 지맥)의 초원에서 나는 미국의 도시에서는 이미 사라진 원시의 고독과 대면한 적이 있다. 고독은 얼굴을 드러내지 않은 채, 도시의 창문 너머에 있는 가지런한 잔디밭을 활보했다. 이 고독은 자유가 통치의 원리이던 한 사회가 사라지고 난 빈자리였다. 프랑스에서 평등과 박애는 자유를 질식시켰기 때문에, 프랑스의 고독이야말로 진정한 고독이다. 이러한 고독은 안락한 공동체에서 벗어나 무기력하고 하릴없고 무언가에도 의탁할 수 없는 상태이며, 자유를 선택한다고 벗어날 수 있는 것은 아니었다. 포Pau(프랑스 남서부 아키텐 주에 있는 도시)에 있는 대학 부설 중학교college의 외국인 강사를 맡아 가브드포 강Gave de Pau의 상류 지역에서 보내던 때가 그랬었다. 나는 레뷔Le Bue라 불리는 오래된 농가에서 살았는데, '뷔'는 사어가 다 된 베아른 Béarn(스페인에 인접한 프랑스의 옛 지방명) 말로 '안개'라는 뜻이다. 정말로 그 집은 자주 안개에 둘러싸였고, 겨울 문턱에서는 줄기차게 내리는 비로 모든 게 흠뻑 젖곤 했다. 나는 그곳에서 피아노도, 라디오도, 축음기도 없이 홀로 지냈다.

하지만 나는 음악으로부터 단절돼 있었기 때문에 오히려 음악을 더 많이 생각할 수 있었다. 음악의 본질과 의미에 대한 질문보다 더 어렵고 중요한 철학적인 질문은 없다고 나는 생각하게 되었다. 한편의 악곡이 슬픔을 표현한다고 말하는 것은 무엇을 의미하는가? 우리는 어떻게 그런 판단을 하게 되는가? 그리고 그것은 왜 문제가 되는가? 나는 멜로디라는 개념과 씨름했다. 멜로디란 무엇인가? 음악이 멈추었지만 멜로디가 계속되는 상황은 어떻게 가능한가? 하모니에 관한 문제도 마찬가지였다. 화음과 '동시성'의 차이는 무엇인가? 두 목소리가 조화를 이룰 때 그 결과는 두 종류의 음인가, 아니면 하나의 음인가? 음악의 깊이에 대해서도 이런 질문을 할 수 있다. 왜 우리는 베토벤이 작곡한 4중주곡들이 심오한 의미를 내포하고 있다고 말하는가? 그것을 이해할 수 없는 사람들은 무엇을 놓치고 있는가?

와인은 나로 하여금 이런 문제들에 관심을 쏟도록 했다. 내가 사는 '레뷔'는 피레네 산맥과 연결된 더할 나위 없이 아름다운 쥐랑송 언덕에 위치해 있었다. 간혹 날씨가 화창한 겨울 낮이면 나는 창가에 앉아 계단식으로 경작되는 포도밭을 내려다보곤 했다. 포도밭들은 포도나무의 잔물결로 언덕을 주름지게 하다가 가파르게 다가오는 수평선 너머로 사라져 갔다.

사람들이 포도나무를 심을 때는 평화 상태지만 유전 개발자에게 땅을 팔 때는 평화도 끝난다. 이곳의 땅 밑에서 천연가스가 발견되었을 때 주민들의 평화는 깨어지고 말았다. 라크Lacq(피레네 산맥 북부에 있는 프랑스 최대의 천연가스 산지)에 건설된 제련소에서 뿜어져나오는 연기는 포도나무들을 고사시키고 말았다. 멀리 떨어진 곳들만이 이런 재난을 피할 수 있었다. 천연가스가 바닥을 드러내자 쥐랑송은 다시 최대의 와인 생산지라는 명성을 되찾아가고 있다. 이곳은 그로 망상Gros Manseng 품종으로 빚은 달지 않은 백포도주와, 그로 망상과 프티 망상을 혼합해 빚은 스위트 와인이 생산된다. 스위트 와인은 여름이 끝날 무렵 포도나무 줄기를 꺾어 햇빛에 말리는 포도 건조법에 기반을 둔다. 달콤한 맛과 예리한 신맛이 섞인 쥐랑송 와인은 짭짤한 요리에 잘 어울린다. 사실 콩피두아 Confit d'oie(거위고기 조림)의 기름기를 제거하는 데 쥐랑송보다 더 효과적인 와인도 없다. 시골사람들은 향긋한 쥐랑송을 식사 내내 계속 마신다. 이 와인을 아는 사람이라면 누구라도 "강렬한 유혹자만큼이나 반동적이고 오만하며 매혹적인 왕자"라는 콜레트Colette(1873~1954, 프랑스의 여성 소설가)의 쥐랑송 평가에 동의할 것이다.

포Pau 지역은 『엡타메롱』Heptameron('7일간의 이야기'란 뜻으로 1559년에 출간)의 저자이자 나바르의 천사 같은 왕비 마르그리트 생전에 휴머니즘의 본산지였으며 그녀의 손자 앙리

짭짤한 요리에 잘 어울리는 쥐랑송 와인

치하에서는 개신교도의 집단 은신처가 되었다. 개신교도였던 앙리 4세는 프랑스 왕이 되자마자 가톨릭 편에 서야 한다는 부담감을 가졌지만 낭트 칙령을 발표하여 칼뱅주의를 합법화하기도 했다. 또한 그는 자신의 출생지에 모든 것이 용인되는 일종의 별천지를 만들었다. 웰링턴의 반도전쟁Peninsula Campaign(1808년부터 1814년까지 웰링턴이 이끄는 영국·포르투갈·에스파냐 군이 이베리아 반도에서 프랑스의 나폴레옹 군대에 대항해 벌인 전투)이 일어나자 나폴레옹 휘하의 많은 장교들은 포Pau에 이르러 휴식을 취하고 안정을 찾았는데, 그런 인연으로 그들은 쥐랑송 언덕에 정착하게 되었다. 내가 살던 집 여주인도 그런 장교의 후손이었다.

향긋한 쥐랑송은 앙리 4세의 세례식과 나바르 왕국의 궁중의식에 쓰였으며 라마르틴Lamartine(1790~1869, 프랑스의 시인)이 종교적 사색을 불러일으키는 와인이라고 호평한 적이 있다. 이웃인 불레 씨가 일요일 오후만 되면 마시는 53년과 55년산 회색빛 와인에 맞서보고자 나는 향긋한 쥐랑송을 구한 적이 있다. 향이 깊게 배어 있는 그 와인은 농부의 찬사를 받았다. 하지만 어떠한 쥐랑송도 불레 씨의 와인을 당해내지 못할 듯하다. 달지 않은 55년산 와인은 내가 왜 음악철학에 몰두해야 하는가를 알려주었다.

나는 학생들에게 강의를 시작하면서 곧장 질문을 던지곤 했다. 음악에서 왜 취향이 중요한가? 베토벤의 소나타에 대해 아무것도 모르는 사람이 결국 놓치게 되는 것은 무엇인가? 교향곡들이 왜 그토록 중요한가? 왜 우리는 비틀즈 그룹에 관심을 가져야 하는가? 영국의 포크송들이 지닌 특별한 요소는 무언가? 그 무렵 피에르가 아버지의 와인저장실에서 훔쳐온 55년산 쥐랑송 한 병을 배낭에서 꺼내놓았다. 그애는 나 혼자서만 마시라고 했다. 망상Manseng 포도는 밀감류의 강렬한 맛이 오래 지속되는 와인을 만드는데, 와인이 병에서 10년 이상 숙성되면 황금빛을 띠며 기막힌 향을 발산한다. 거품이 이는 달콤한 맛이 혀를 자극한 다음, 파도가 밀려난 모래밭처럼 입천장을 깨끗이 해 끝이 개운한 와인이다.

쥐랑송에서 가장 가까운 적포도주 생산지는 마디랑Madiran이다. 수습기간 나는 터무니없이 싼 가격과 남성다운 진한 맛에 반해 마디랑 와인을 즐겨 마셨다. 중세시대에 마디랑은 산티아고 데 콤포스텔라Santiago de Compostela(에스파냐 갈리시아 자치구의 수도로서 성 야곱의 순교지로 알려져 있다)로 가는 순례자들이 지참하곤 하는 와인이었다. 그들은 에스파냐 북부의 고통스런 와인을 마시느니 차라리 자기가 마실 와인을 짊어지고 순례길에 올랐던 것이다. 마디랑은 시골에서 수확한 탄나Tannat 포도로 빚은 온화하고 향긋한 맛을 지닌 적포도주다. 와인 빛깔은 강렬한 자주색을 오랫동안 띠다가 병에서 몇년 숙성시키면 어머니 볼처럼 부드럽고 유연해진다. 피레네 산맥 산자락에서 살던 시절 내가 즐겨 마셨던 적포도주는 마디랑이었고, 내가 보르도의 마법에 걸려든 때는 이후 케임브리지로 돌아와서였다.

피레네 산자락에 살던 때 나는 스쿠터를 타고 베아른Béarn과 페이 바스크Pays Basque 주변을 돌아다녔다. 때때로 더 멀리 랑그도크Languedoc(프랑스 남부의 옛 지방명)까지 갈 때는 교회 주변에서 멈춰 침묵에 빠져들기도 했고, 어느 한 교회에서는 주변에 사는 사람들과 한때를 보내기도 했다. 프랑스는 68혁명과 군사적 실패, 자생적 반역과 이민자에 대한 적대감, 사회주의적 정부의 등장으로 몹시 지쳐 있었다. 프랑스에서 포도밭은 샤를마뉴(서유럽의 정치적 통일을 달성한 왕)와 생 루이(루이 9세, 프랑스 왕 중에서 유일하게 성인聖人으로 추대됨)가 통치하던 시대에 널리 확산되기 시작했다. 프랑스 곳곳에는 성자로 추앙받는 수호자들이 출현하여 그들의 이름을 지명에 남겼다. 신앙심과 지방어가 상호작용하여 상토 시도니오 Sanctus Sidonius가 생상스Saint-Saëns로 바뀌었다. 지상의 생장구St. Gengoux 로부터 천상의 생텍쥐페리St. Exupéry에 이르기까지 이들 이름은, 하나의 장소·신앙·언어에 토대를 둔 한 국가의 고고학적인 실체를 드러내고 있었다. 이 모든 것들이 프루스트에 의해 아름답게 구현되었으니 그의 작품에서 콩브레의 사제curé of Combray는 '폐허'에 묻힌 '실체적 국가'로서의 프랑스를 상징한다.

랑크도크 지역의 와인들

보졸레 지방의 생타무르St. Amour는 놀랍게도 로마의 군인 아모르Amor에서 유래했다. 아모르는 기독교인으로 순교한 군인이었다. 프루스트의 독자들은 젊고 매혹적인 마르퀴 드 생 루Marquis de St. Loup를 기억할 것이다. 그는 최고의 환상적인 인물, 즉 불가능한 갈망을 추구하는 존재로 소개된다. 그러나 생-루Saint-Loup(loup는 '늑대'란 뜻이다)라는 실존인물이 있었고 그 이름을 딴 지역도 있다는 사실을 알게 되면 놀라움을 금치 못하게 된다. 비록 당신은 프루스트의 귀여운 마르퀴로부터 키스를 받을 수는 없어도, 그 지명을 딴 와인은 마실 수 있을 것이다.

13세기 티에리 루Thieri Loup는, 몽펠리에 근처에 살았던 한 여인의 사랑을 독차지하려고 각축을 벌이던 삼형제 중 한 명이었다. 하지만 그 여인은 누구에게도 자신을 내맡기려 하지 않았고 이를 목숨을 내걸며 증명하려 했다. 이 사실을 알게 된 티에리는 십자군에 지원함으로써 자신의 순정을 증명하고자 했다. 티에리는 파란만장한 자신의 인생사를 이야기꾼에게 팔지 않고, 언덕마루에 있는 외딴집에 은둔하면서 여생을 기도에 전념하며 조용히 살았다. 그의 형제들도 비슷한 삶을 살았다. 당연히 그는 성인으로 추앙받았고 그의 이름은 그가 거주했던 언덕의 이름으로 남았다.

피크 드 생 루Pic de St. Loup는 랑그도크의 와인 생산지역에서 최북단에 위치한 마을이다. 이곳에서 재배되는 시라Syrah, 무르베드르Mourvèdre, 카리냥Carignan과 같은 포도품종은 이 지역의 허브향 대기에 의해 농축된다. 시원한 밤과 뜨거운 낮, 거기에 백악질의 하층토가 상호작용함으로써 미디Midi(프랑스 남부지역을 통칭하는 말) 지방에는 새로운 포도재배법이 생겨나게 되었다. 피크 드 생 루는 랑그도크의 이런 혁신적 제배법의 원산지가 된 곳이다.

랑그도크 전 지역에서는 포도재배법 실험이 계속 진행되고 있는데 원산지 명칭 통제Appellation Contrôlée 규정과 지역 주민들의 본성이 이런 실험을 하게 했다. 주민들은 이교도, 템플기사단, 알비파Albigenses의 일원으로 지내오면서 '성스러운 땅' 즉 이상향에 대한 열망이 아주 강렬했다. 랑그도크는 관료사회와는 언제나 벗어나 있었다. 그리하여 그곳 주민들은 자기 고장에서 생산되는 와인을 즐겨 '지방주'라 불렀다. 이 '지방주'는 공장에서 양조한 와인, 즉 내가 젊은 시절에 프랑스를 여행하면서 마신 '흔해빠진 와인'이 아니라, 시골의 흙과 지역 특성을 살린 전통주를 빚으려는 열정의 산물이었다. 그러나 와인에는 원산지 명칭 통제 규정이 엄격히 적용된다. 원산지 명을 상품명으로 하는 와인 생산자들과 경쟁하던 '지방주' 생산자들에게는 공인받지 못했다는 사실이 강렬한 경쟁심을 유발했다. 페즈나Pézenas 근방의 코트 드 통그Côtes de Thongue의 와인 생산자들이 그런 처지에 있는 양조업자들이다. 새로운 변종포도를 옛 땅에 심으며 서로를 격려하고 있는 그곳의 양조업자들은 자신의 주위에서 번창하고 있는 유명한 와인들과 경쟁하고 있다.

와인을 기반으로 한 랑그도크의 경제는 한때 필록세라Phylloxera 전염병으로 인해 황폐화되었고 전 지역에서 포도와 포도주가 사라지고 말았다. 이러한 상황의 직접적인 결과로 암울하고 힘든 농부층이 생겨났다. 그들은 제3공화국의 관리들을 처벌하고, 가능하다면 그들의 와인저장실에 접근할 수 있기를 열망했다. 1907년에 베지에르Béziers, 페르피냥Perpignan, 카르카손Carcassonne, 님Nîmes의 주민들은 랑그도크의 모든 읍장들에게 읍장이란 장식띠를 벗고 읍사무소 문을 닫으라고 요구했다. 확실한 대책은 의회 와인저장실에 있는 와인을 반출하여 항의자들의 갈증을 해소해주는 것이었다. 그러나 예상과는 달리 클레망소Clemenceau 총리는 군대를 출동시켰다. 그 결과 다섯 명의 주민이 사망하고 백 명이 넘는 부상자가 발생했으며, 지도자인 마르셀랭 알베르는 몽펠리에 교도소에 수감되었다. 이런 정부의 행태를 본 랑그도크의 농민들은 포도밭에 아무것도 심지 않고 반세기 동안이나 방치해버렸다.

랑그도크 농부들이 원산지 명칭 통제 규정의 몇가지 조항을 준수하고 그 지역이 다시 활기를 회복한 때는 그 이후였다. 1982년에는 레드 와인과 로제 와인용 포도를, 1986년에는 화이트 와인용 포도를 심은 곳은 포제르Faugères였다. 포제르의 인구는 대략 3천명 정도인데 한 세기 전의 4천 750명보다 줄어들었다. 와인 생산량은 여전히 10만 리터에도 못 미치며 그 정도 양으로는 수출하기에 역부족이다. 우연히 당신은 포제르 적포도주를 가게에서 발견할지도 모른다. 그럴 때 당신은 포제르 농민의 오랜 고통을 생각하여 그 와인을 사야 한다.

그러나 더 오래된 와인 생산지는 랑그도크 주변부에 분포한다. 이 생산지에는 오랜 세월 다져진 도로와 뿌리내린 포도나무들이 즐비하다. 론 강은 동쪽으로 흐르고, 서쪽으로는 피레네 산맥, 카오르Cahors, 베르주라크Bergerac, 보르도가 있다. 루아르 강은 생몽St. Mont, 마디랑, 코르비에르Corbières, 콜리우르Collioure 등에 바싹 붙어 북쪽으로 흐른다. 긴 세월이 흐르는 동안 변종포도들은, 성인들과 그들의 성골함이 보존된 도시들에서 사라져갔다. 의도적으로 변종포도를 심는 정책이 때때로 시행되기도 했지만 대부분의 경우 변종포도는 보이지 않는 손에 의해 대지에 터를 잡아나갔다.

론강 유역의 와인들

랑그도크에서 다시 와인을 출시하기 전에는 론 계곡에서 생산된 와인이 파리 술집의 고풍스런 와인 장식장에 진열되곤 했다. 론 북부에서 생산되는 최고급 와인은 이제 부르고뉴 와인의 가격과 맞먹을 정도다. 론 북부의 적포도주는 시라Syrah 포도로 빚어지는데, 때론 백포도주용 비오니에 Viognier 포도를 약간 섞기도 한다. 론강 옆의 중앙 산악지대에 의해 형성된 말안장 모양의 에르미타주Hermitage 지역과 그곳에 인접한 코트 로티Côte Tôtie에서 생산되는 적포도주는 그 무엇과도 비교할 수 없는데, 10년 이상 숙성된 와인에서만 느낄 수 있는 맛을 낸다. 에르미타주의 유구한 전통과 매력은 조지 세인츠버리의 『어느 와인저장실 장부의 기록』 Notes on a Cellar Book에서 발췌한 다음의 글에서도 잘 나타난다. 그는 40년간 숙성된 에르미타주에 대해 자신이 마셔본 가장 '남성적인' 와인이라고 했다.

그것은 이제껏 마셔본 대부분의 에르미타주보다 더 진한 갈색이었다. 그 갈색 안에는 신성한 기운이 감도는 장밋빛으로 넘쳐났다. 그러나 그 향기는 향내가 거의 나지 않는 십자화 같았다. 맛에 대해 말하자면 일단 그 와인에 입술을 댄 사람이라면 디오니소스 찬가를 부르지 않을 수 없다. 이 경우 술좌석에서 흔히 쓰는 '끝내준다'는 말은 결코 술판의 끝을 의미하지 않는다. 그 와인은 너무도 다양하고 오묘한 맛을 지녀 사람을 놓아주지 않기 때문이다. 당신이 그 와인에 대해 명상할 수 있다면 그 와인은 당신의 명상을 따라갈 것이다. 그 불꽃은 그 지역의 백포도주 안에서처럼 강렬하진 않지만, 언제나 에르미타주 안에 있을 것이며 결코 부족함이 없을 것이다. 또한 그 불꽃은 성가시게 조르지도 않고 특별한 에르미타주의 감촉을 방해하지도 않을 것이다.

여러 해 전부터 에르미타주 적포도주는 쉽게 구할 수 없게 되었다. 적절한 가격의 론Rhône 적포도주를 찾으려면, 당신은 남쪽으로 내려가 성 요셉 포도원의 고향인 아르데슈Ardèche로 가야 한다. 말라르메는 그의 인생에서 예술과 궁핍이라는 두 가지 큰 영향을 끼쳤다는 이유로 아르데슈를 자주 찾아갔다. 성 요셉 와인은 실제로 가난한 사람을 위한 와인은 아니지만 비싸지 않다. 이 와인은 부드러운 과일향이 나지

유구한 전통을 지닌 남성적인 레드 와인 에르미타주

만 상대적으로 밋밋해 기껏해야 시라 와인의 미묘한 고추향이 조금 날 뿐이다. 남쪽으로 내려가면 일반적으로는 설명할 수 없는 것들을 보게 된다. 대단히 많은 마을들이 '코트 뒤 론 마을들'이라는 상품명을 사용하는데, 그 가운데 원산지 상품명을 공인받은 마을은 거의 없다. 어떤 마을은 공인을 받기 위해 로비활동을 벌였는데, 크로즈-에르미타주Crozes-Hermitage, 코르나스Cornas, 리라크Lirac, 바케라스Vacqueyras, 지공다스Gigondas, 최근의 라스토Rasteau 마을이 그런 경우에 속한다. 이 마을들 외에도 많은 마을들은 등록되지 않은 자기 마을의 고유 상표를 부착해 와인을 판매하고 있다. 그 좋은 예가 사블레Sablet, 브레젬Brézème, 생제르베Saint-Gervais 등이다.

바케라스Vacqueyras 와인은 론강 남쪽의 와인들이 그러하듯 포도를 혼합해 만든다. 포도를 혼합했다는 이유로 이 와인은 '남프랑스 사투리'로 된 이름을 얻게 되었다. 바케라스 와인은 6년 정도 지나야 숙성되지만 보통 숙성되기 전에 병으로 팔린다. 숙성된 와인을 잔에 채우면 뿔피리 소

리가 새어나오기도 한다. 이 지역의 샤토뇌프Châteauneuf 와인은 맛이 수시로 변해왔는데 그 까닭은 포도밭의 위치가 시대에 따라 변화를 거듭했기 때문이다. 각각의 샤토뇌프는 변종포도들을 다양하게 섞어서 빚는다.

론 북쪽지방의 달지 않은 백포도주 중에서 콩드리외Condrieu만큼 널리 호평을 받는 와인도 없다. 하지만 이 와인의 역사는 불행으로 점철되어왔다. 변방의 반란을 진압한 로마 황제 베스파시아누스Vespasianus(재위

섬세한 살구향과 감귤이 지닌 풍부한 신맛의 환상적인 조화가 특징인 콩드리외 백포도주

70~79)는, 반란이 와인을 과하게 마시는 습관에 기인한다며 포도밭을 모두 없애버리라고 명령했다. 그러나 프로부스 황제Probus(재위 276~282)는 사태의 본질을 정확히 파악해 반란은 와인이 좋고 그런 와인을 자유롭게 구입할 수 있는 지역에서는 발생하지 않을 것이라고 생각했다. 그리하여 그는 281년에 달마티아Dalmatia(크로아티아 남서부, 아드리아해 연안에 있는 지방)가 원산지인 비오니에Viognier 포도나무를 수입하여 버려진 땅에 심도록 했다. 이 품종은 병충해에 대한 면역력이 약하고 서리 때 꽃을 피우는 경향이 있어 재배하기가 여간 어려운 게 아니었다. 포도원 농부가 직면한 또다른 문제는 콩드리외 지역의 화강암 토양과 포도밭의 가파른 경사였다. 2차대전 후 이곳은 주민들이 도시로 빠져나가 1965년까지 단지 8헥타르의 포도밭만 명맥을 유지해나갔다.

이제는 상황이 달라져 이주의 방향이 뒤바뀌었다. 농장 장려금과 사회

적 이동은 프랑스 변두리 지방의 위축된 날개를 펴게 했다. 콩드리외 지역은 활용할 수 있는 200헥타르의 땅 중에서 100헥타르가 넘는 곳에 포도나무를 심어 1년에 50만병의 와인을 생산하게 되었다. 콩드리외 와인이 유명하게 된 이유는 많지만 그중에서도 섬세한 살구향과 감귤이 지닌 풍부한 신맛의 환상적인 조화, 그리고 여러 음식에 잘 어울리는 특징이 대표적이다. 콩드리외 와인은 더 북쪽에서 생산된 어떤 와인에도 뒤지지 않는 세련되고 자극적인 맛을 지니고 있다. 비오니에 포도로 빚었기 때문에 우리는 이 와인에서 강렬한 키스의 꽃향과 사악한 벌침에 쏘인 얼얼함을 함께 맛볼 수 있다. 이 지역의 기갈Guigal이라는 유명한 생산자가 특별히 품질을 보증한 와인은 부르고뉴 1등급에 맞먹을 정도로 비싸서 구매자를 놀라게 한다.

그러나 아르데슈Ardèche에 있는 강을 가로지르면 콩드리외와 토양은 다르지만 기후조건이 비슷해 비오니에 포도를 재배하는 곳이 있다. 거기에서 생산된 '아르데슈 언덕의 지방와인'vin de pays des Côteaux de l'Ardèche은 수출되기도 하며 모태인 콩드리외와 대등하지는 않지만 그것과 비교된다는 사실만으로도 우수함을 알 수 있다. 콩드리외에 필적할 수 있는 와인은 (와인의 마법에 걸린 토머스 제퍼슨이 방문한 적도 있는) 샤토 그리예Château Grillet 포도원에서 생산된 와인이다. 원산지 상품명을 정식으로 획득한 이 포도원에는 8에이커의 땅에 오로지 비오니에 포도나무만 있다. 유명한 식도락가 퀴르농스키Curnonsky(1872~1956. 본명은 Maurice Edmond Sailland, 식도락의 왕자로 알려짐)는 샤토 그리예를 일컬어 프랑스에서 가장 뛰어난 5대 백포도주 가운데 하나라고 했다.

과거에 나는 베리 브라더스Berry Brothers 와인을 마시며 그것이 론의 백포도주이기를 기대했었다. 그 이유는 베리 브라더스 회사가 예전에 통에 담긴 에르미타주 백포도주를 수입했기 때문이고, 또다른 이유는 이 회사가 오랫동안 맺어온 샤푸티에Chapoutier 양조장과의 관계 때문이었다. 샹트 알루에트Chante Alouette라고 불리는, 샤푸티에 양조장에서 생산된 에르미타주 백포도주는 가장 힘겨웠던 시절에 나를 담뱃갑에서 나는 냄새와 가을의 맛으로 달래주었다. 또한 가장 주목할 만한 백포도주 성 요셉, 즉 도멘 페라통Domaine Ferraton에서 생산된 레 올리비에Les Oliviers를 얻게 된 것도 베리 브라더스를 통해서였다. 페라통 가문의 제4대가 경영하는 이 포도원은 세심한 장인정신과 편법을 배제하는 끈기, 론 계곡과 그 토지에 대한 애착 등으로 유명하다. 레 올리비에 와인은 거르지 않고 병에 담기 때문에 찬란한 빛깔 및 아몬드 향이 사람들의 눈과 입술, 코를 사로잡고 잔에서 벗어나지 못하게 한다. 오묘한 향기로 독특한 맛을 살린 이 와인은 부드럽게 속삭이는 목소리와 온전한 시골 분위기를 되살렸다는 점에서 대량 생산되는 도시풍의 샤르도네와는 아주 다르다. 이런 특성으로 이 와인은 푹 찐 가금류 요리나 섬세한 맛을 내는 음식과 잘 어울린다.

론 지방은 프랑스에서 가장 일찍 와인을 생산한 지역에 속할 것이다. 이곳 포도원들은 지도에도 선명하게 나타나 있는데, 이는 소규모 생산자들이 오랜 작업을 통해 이룬 결실이다. 그중 단지 1~2에이커의 포도밭만 경작하던 어떤 사람은 실험을 거듭하고 끈질기게 일해 한때 국가적인 영웅으로 대접받기도 했다. 그러나 건강 열풍의 여파로 1990년에 '에뱅 법안'Loi Evin이 통과되자 와인 생산자들은 자신의 와인을 광고하지 못하게 되었다. 이 법안은 주류계의 부호들에겐 오히려 사업을 번창시키는 좋은 기회를 제공했다. 그들은 안정적인 규모로 시장을 점유하고 있었기에 굳이 광고에 의존할 필요가 없었던 것이다. 프랑스 내에서의 광고 금지령은 상품을 세계화하는 계기가 되었다. 상품의 세계화가 갖는 가장 큰 미덕은 지역적 특성을 중시하게 된다는 것이다.

원산지 상품명을 공인받은 소규모 포도밭은 당시 전지구적인 소용돌이에서 비켜나 있었다. 프랑스 남부의 포도밭은 지중해 연안에서 에스파냐의 카탈루냐 지방과 인접한 피레네 산맥의 동쪽 끝 아래까지 뻗어 있다. 800에이커에 달하는 이곳 포도원에서는 그르나슈 누아르Grenache Noir와 카리냥Carignan과 무르베드르Mourvèdre 포도로 적포도주와 로제 와인을 만드는데, 향내를 위해 시라Syrah와 생소Cinsault 포도를 섞는다. 이곳 콜리우르Collioure 적포도주는 강렬하고 맛과 향이 진하며 풍부한 과일맛이 나는데, 그 부드러운 느낌은 프랑스 조각가 아리스티드 마욜 Aristide Maillol(1861~1944)의 관능적인 누드 여인상이 주는 인상과 같다. 마욜은 콜리우르에서 살았으며 그의 묘비는 클로 샤타르Clos Chatard 포도원 옆에 세워져 있다. 잘생긴 엉덩이와 잘 숙성된 와인을 상상하며 입 안에서 '마욜'이라는 이름을 혀끝으로 굴려보라! 그 순간 당신이 느끼는 것이 바로 콜리우르의 맛이다. 이 콜리우르 와인의 부드러운 탄닌 성분, 진한 루비 색감, 체리 브랜디 여운은 당신에게 재생의 묘약이라는 확신을 줄 것이다.

품위있고 온순하며 언제나 고통을 감내해야 했던 가엾은 말 바니의 죽

콜리우르 와인의 부드러운 탄닌 성분, 진한 루비 색감, 체리 브랜디 여운은 당신에게 재생의 묘약이라는 확신을 줄 것이다.

음을 생각나게 한 것도 한잔의 콜리우르였다. 죽기 며칠 전 그 말은 배드민턴 운동장에 있던 내 앞에서 쓰러졌다. 말은 고통을 경감시켜주는 어떠한 도움도 받지 못한 채 어둠 속에서 두 번 울부짖고는 죽었다. 콜리우르가 아닌 어떤 와인도 바니에 대한 기억을 그렇게 생생하게 되살리지는 못한다. 나는 콜리우르 와인이 앞에 있을 때면 언제나 그 말의 미덕을 떠올리곤 한다. 그는 관절염을 앓았으면서도 반쯤 눈을 감고 무리의 선두에 서서 마지막까지 결연히 앞으로 나아갔다. 콜리우르 포도원 중 가장 유명한 곳은 아담한 도멘 라 투르 비에유Domaine La Tour Vieille이다. 그곳에서 생산된 1998년산 퓌 앙베유 Puig Ambeille는 아셰트Hachette 출판사에서 간행한 와인 안내책자에서 별 셋이라는 높은 평가를 받았다. 또한 2002년산 라 피네드La Pinède는 부드럽고 풍부한 과일향이 있는 와인으로, 알코올 함유량 14.5%로 도수가 높지만 고약한 냄새는 나지 않는다. 콜리우르의 와인들은 바니가 그랬던 것처럼 힘과 부드러움, 사나움과 온유함을 겸비하고 있다.

'나는 존재한다'는 말에 담긴 심각한 불일치, 즉 한편으로는 초월성을 강조하고 다른 한편으로는 그것을 부정하는 불일치는, 인간이라는 존재의 형이상학적 위치일 것이다. 바니가 죽었을 때 아내 소피의 말 키티는 걸음을 멈추었지만 아내는 무덤덤했다. 하지만 다음날 그녀는 나에게 애정어린 관심을 표했다.

보르도 와인

옛 영국을 생각할 때 자연스레 떠오르는 것은 보르도 와인이다. 한때 영국 영토였던 보르도에서 생산된 와인은, 절제되고 침착한 과일향으로 인해 영국인의 기질과 잘 어울린다. 수백년 동안 지속된 완고한 영국인들의 외골수다운 면모가 '클라레'(보르도의 영어식 명칭. '자홍색' 혹은 '피'란 뜻을 가지고 있으며 보르도의 레드 와인을 가리킴)란 이름 안에 녹아들어 있다. 비록 호메로스는 앞을 볼 수 없었다고 전해지지만 그가 '와인처럼 검붉은 바다'라고 표현할 때는 클라레처럼 진한 와인을 마음속으로 그렸을 것이다. T. S. 엘리엇의 장시 「리틀 기딩」Little Gidding의 일부를 읽어보자.

> 우리는 결코 탐험을 멈추지 않으리라
> 그리하여 우리의 모든 걸음이 도달할 마지막 지점은
> 바로 우리가 첫발을 내디뎠던 곳이 되리니
> 처음으로 그곳에 대해 알게 되리라.

T. S. 엘리엇이 우리의 정신적 여행에 대해 언급한 이 유명한 구절은 와인을 찾아가는 우리의 여행과도 절묘하게 잘 들어맞는다. 클라레로 시작하여 낯선 열매, 이국적인 풍경, 호기심을 자아내는 삶의 방식, (특산품 와인을 제외하고) 내세울 만한 것이 하나 없는 마을들을 우리는 찾아나선다. 호주의 시라즈Shiraz, 아르헨티나의 템프라니요Tempranillo, 루마니아의 카베르네 소비뇽Cabernet Sauvignon, 그리스의 레치나Retsina 와인으로 몸과 마음을 연마하다가 마침내 우리는 '탕자'처럼 집에 돌아와 그간의 어리

석은 행동과 치기에 대한 용서를 구한다. 클라레는 따뜻하고 관대한 포옹으로 영국인의 갈증과 가스코뉴(보르도가 있는 프랑스 남서부의 옛 지명)의 음료 사이에 존재하는 끈끈한 유대를 새롭게 하며, 조용하고 깨끗한 향기로 회한에 사무친 상념을 달래주거나 내면의 확고한 결심을 더욱 견고하게 만든다. 클라레는 영국인을 낳고 영국인을 키운 와인이다. 나는 다른 와인을 마시다 새삼스레 그 사실을 깨닫는다.

1855년 파리 대박람회에서 이루어진 등급 분류와 상관없이 클라레는 값이 쌌다. 소유권 변동과 생산기술의 변화에도 불구하고 클라레 와인의 등급은 150년 전과 마찬가지로 오늘날에도 여전히 믿을 만한 길잡이 역할을 한다. 내가 쥐랑송에서 케임브리지로 돌아왔을 때였다. 킹스칼리지에서 일요일 밤에 디저트로 마시던 와인은 1949년산 샤토 라투르Château Latour였다. 내 한달치 수입에 맞먹는 와인이 냉소를 퍼붓는 사회학자들의 목구멍으로 들어가다니! 나는 한쪽 구석에서 나이 지긋한 E. M. 포스터와 담소를 나누었다. 오랫동안 자유주의자로서 그가 추구했던 꿈을 들으며 함께 낙담하기도 하고, 알렉산드리아와 카바피Cavafy(1863~1933, 그리스의 시인)에 대한 그의 추억을 듣기도 했다. 미래의 내 모습은 클라레의 아련한 향기에 둘러싸여 있는 모습이지만, 이는 나와 포스터가 망명자일 수밖에 없는 그곳에서 벗어나야만 가능한 풍경이었다. "오로지 연결하라"는 그의 유명한 말이 내 마음을 울린 순간은, 우리가 다른 사람들이 앉은 탁자에서 단절되던 때였다. 우리는 그저 무례한 손아귀에 붙들린 와인 병을 바라볼 뿐이었다. 포스터는 기품있는 사람이어서 한때 자신이 아끼던 와인을 관대하게 바라보았다. 그의 관대함은 케임브리지 '사도들'

사이에서 배태된 정신을 거부하게 했다. 그들이 블룸스베리 그룹(2차대전 전까지 런던 블룸스베리 지역을 중심으로 활동한 예술가 그룹)의 화실과 침실을 샅샅이 뒤진 것은 그곳의 가치를 인식했다는 뜻이 아니라 그곳을 파괴했다는 뜻이다.

나는 특별연구원 자격으로 한동안 케임브리지에서 체류하다가 그곳을 떠났다. 그때 클라레와 인연을 맺은 이후, 줄곧 내 의식에서 떠나지 않는 질문은 "영국에는 무엇이 남아 있는가? 어떻게 그러한 유산을 보존할 수 있는가?"였다. 이러한 화두는 매혹적인 철학의 오솔길로 나를 안내했다. 그 오솔길은 헤겔의 미네르바 올빼미가 날아다니는 유령의 숲을 지나, 영국의 관습법이 닦아놓은 개활지로 향했다. 나는 열띤 토론과 평가 과정을 거쳐 하나의 관념을 발견했다. 그것은 '공동의 인격'이라는 관념으로서, 플라톤이 기술한 바에 따르면 '폴리스의 정신'과도 같은 것이다. 영국의 공동체 정신은 클라레 잔의 밑바닥에서 빛났는데, 나는 오랜 역사를 지닌 나의 조국과 나의 정신적 고향에서 자란 이 와인을 분리해 생각할 수 없었다.

보르도 와인은 하나이면서 여럿이다. 무수히 많은 토지를 대표하는 각각의 와인은 자신만의 개성과 정신을 드러내면서도 병, 역사, 오랫동안 지속된 관습법을 공유하고 있다. 내 마음속에서 보르도 와인 병들이 놓이는 순서가 있다. 그러나 이 순서는 1855년의 와인 등급화에 따른 것으로, 관습과 전통이 신성시하던 와인을 모아놓은 것일 뿐이다. 각각의 와인 병은 (어쩌다 작은 언덕도 포함되긴 하지만) 한낱 창고 크기에 불과한 좁은 구역을 일컬어 샤토château라 새기며 자신의 유별난 권위를 주장한다.

그러면서도 위계질서에는 합류하지 않겠다고 한다. 심지어 영어식으로 와인 이름을 표기하기도 한다. (샤토 탈보, 샤토 캉트낙-브라운, 샤토 레오빌-바르통, 샤토 스미스-오-라피트 등이 그것이다.) 헨리 제임스Henry James가 『프랑스를 통과하는 소박한 여행』*A Little Tour through France*에서 샤토 퐁테-카네Ch. Pontet-Canet를 "프랑스의 이성, 프랑스의 완벽성과의 접촉"이라고 칭찬한 사실은, 미각이 엉망인 뉴잉글랜드 청년의 증언처럼 느껴진다.

보르도 와인 덕택에 내가 만족스런 시간들을 보냈다고 말할 수는 없다. 하지만 주목할 것은, 1855년의 와인 등급화가 사회적으로 그리고 문화적으로 중대한 영향을 끼쳤다는 사실이다. 그런 이벤트 이후로 그라브Graves 지역의 와인들, 즉 생테밀리옹Saint-Émilion과 포므롤Pomerol도 등급 판정을 받았고, 그사이 '크뤼 부르주아'급의 여러 와인들도 등급 목록에 추가되었다. 이렇게 프랑스 와인업계는 프랑스 문화의 가장 중요한 신화를 영속시켜갔다. 그 신화에 따르면 부르주아는 이류 시민으로서 귀족과 예술가의 다채로운 감수성에 비해 볼품없고 편협한 포장지에 불과하다는 것이다. 와인 우월의식에 빠진 사람은 플로베르, 사르트르, 푸코를 평범한 프랑스인이자 하찮은 존재로 만들려고 애썼다.

이는 비슷한 문제를 안고 있는 부르주아 계급의 모습이기도 하다. 우리는 어떻게 비웃음을 사지 않고 상류계급에 들어갈 수 있을까? 그 한 가지 방법은 '2등급 와인'을 찾는 것이다. 분류등급을 준수하는 보르도 지방의 업체들이 최근 출시한 와인들은 포도를 일찍 수확해 더욱 '선진적인' 방법으로 숙성시킨 것이다. 나는 2등급 와인 중 샤토 브라네르-뒤크뤼Ch. Branaire-Ducru와 샤토 마제르Ch. Mazeyres를 추천하고 싶다. 샤토 마제르는 포므롤이 한때 클라레 와인(보르도 레드 와인) 중 최고였다는, 충격적이면서도 입수 가능한 증거를 내놓고 있다. 또 이 와인은 나로 하여금 포므롤 중 최고였던 1945년산 트로타누아를 떠올리게 한다.

인생을 흥미롭게 만들어주는 것은 주로 프티 샤토petits château(소규모 와인 양조장)이다. 1954년 볼품없는 등급을 받았던 생테밀리옹은 이후 '프르미에 그랑 크뤼 클라세'premiers grands crus classés라는 최상급 등급을 받았지만, 그 때문에 이 와인은 사기 어렵게 되었다. 반면에 해마다 '그랑 크뤼'라는 상위등급을 잃게 되는 와인들은 사기 쉬워졌다. 그런 와인들 중 하나인 샤토 바라유 뒤 블랑Ch. Barrail du Blanc은 내게 위로와 우정을 돈독히 해주는 와인으로서 크리스마스 때 산타클로스를 무서워하던 친구와 함께 마신 와인이기도 하다. 나의 애마 샘 더 호스Sam the Horse가 차지한 풀밭보다 크지 않은 포도밭에서 생산되는 이 와인은 메를로Merlot 포도와 카베르네 프랑Cabernet Franc 포도의 결합물로서, 아주 조화로운 과일향으로 코를 섬세하게 자극한다. 저녁식사 후에 이 와인을 쭉 마셔보라. 그러면 당신은 와인 잔에 아른거리는 따뜻한 저녁 불빛과 더불어 자줏빛 연못에서 헤엄치는 요정들 및 사티로스(디오니소스를 따르는 반인반수)를 보게 될 것이다.

보르도 메도크 지방의 '크뤼 부르주아 등급' 와인인 샤토 시삭Château Cissac과 샤토 포탕삭Château Potensac은 아주 귀한 대접을 받아왔다. 그 와인을 생산하는 포도원은 카베르네 소비뇽 포도가 주를 이루는 가운데 다른 포도들을 혼합해 은은한 검은빛이 감도는 클라레 와인을 생산한다. 공인된 원산지 상품명으로 널리 알려진 메도크는 비싼 값으로 구매자들의 속물근성을 자극하지 않기에 구하기가 어렵지 않다. 메도크 와인은 과즙과 탄닌의 적절한 배합, 섬세한 향으로 널리 명성을 떨치고 있다. 오메도크Haut-Médoc에서 생산되는 샤토 빌조르주Château Villegeorge는 진한 자줏빛 와인으로, 케임브리지 대학 특별연구원으로 근신하며 지내던 시절 나는 운좋게도 1961년산을 마셔볼 수 있었다. 이 글을 쓰고 있는 지금도 나는 샤토 시삭과 샤토 포탕삭 그리고 샤토 빌조르주, 이 세 가지 와인을 입에 머금고 굴리는 것같이 생생하게 느낀다.

만일 당신이 그라브 백포도주를 특별히 좋아한다면, 아주 싼 샤토 피크-카유Château Picque-Caillou를 사서 마시는 것도 좋을 것이다. 샤토 오-브리옹Château Haut-Brion(보르도 5대 샤토 중 하나) 인근 모래 섞인 자갈층 토지에 위치한 샤토 피크-카유 포도원은 1780년에 조성되었는데, 그 이름과 맑은 암홍색에서 암시되듯 조약돌처럼 깨끗한 와인을 생산한다.

샤토 라포리-페라게Ch. Lafaurie-Peyraguey라는 1등급 소테른Sauternes 와인은 『다시 찾은 브라이즈헤드』Brideshead Revisited에서 소설의 배경이 되는 와인으로 독자에게 알려져 있다. 양조되어 1년이 경과한 라포리-페라게는 인근의 샤토 디켐Ch. d'Yquem에 비해 가격은 1/3정도거나 그 이하이다. 물 한모금을 마시며 감지덕지하는 사람도 있고, 와인 한병을 사며 수백 혹은 수천 파운드를 지불하는 부자들에게 분개하는 사람들도 있다. 만일 당신이 부자라면 그 돈을 훌훌 털어버리는 것이 가장 현명할 것이다. 그런 결단은 당신을 짓누르는 짐을 떨쳐낼 수 있어 우선 자기자신에게 이롭다. 아울러 당신의 돈에 눈독을 들이는 사람이 있어 당신이 줄 수 있는 것보다 더 많은 돈을 바라기 때문에, 애초에 싹을 자른다는 의미에서 돈을 버리는 게 좋다. 돈을 버리는 게 우리 모두를 위해서 좋은 까닭은, 당신이 잘못을 범한 하류층 어딘가에 우리가 있기 때문이다. 가장 해악을 끼치며 돈을 낭비하는 부류는 낡은 차나 집과 같은 쓰레기 더미를 늘려가는 것이다. 부자라면 엄청나게 비싼 와인을 사 마시고 이를 오줌으로 전환시켜, 태초의 흐름 속으로 돈을 되돌리는 게 좋다.

누가 어떤 경우에 달콤한 와인을 마시고자 하는가? 여기에 하나의 고귀한 선례가 있다. 오디세우스의 모험은 시련·도피·희생·향연을 거쳐 '달콤한 와인'glukon oinon으로 세계를 되돌린다. 만일 당신이 달콤한 와인을 좋아한다면, 호메로스의 예를 따라 전작을 하지 않은 상태에서 저녁식사 후에 마셔보라. 외눈박이 키클롭스나 소용돌이 카리브디스 또는 저항하는 사이렌과 함께 식사를 미리 할 수 있다면 더 나을 것이다. 보수적인 가치를 중시하는 사람은 머리카락이 쭈뼛거리는 모험을 함으로써 삶을 풍성하게 만든다. 용을 처치해야 했던 힘든 하루를 보내고 달콤한 보르도 한 병으로 휴식을 취하는 게 무슨 잘못이란 말인가?

불행하게도 현 세태는 우리에게 관대하지 않다. 식사 때 바르삭Barsac 와인을 마시는 것에서 그런 태도가 생겨났다. 어린 시절엔 시골의 커다란 집에서 천방지축으로 살아보라고 부추기는 사람들은 소테른과 바르삭 와인을 '푸딩 와인'이라고까지 부른다. '푸아그라'를 먹으면서 소테른을 마시는 관행은 미트포드Mitford(미국 드라마) 같은 가식적인 이야기에도 못 미친다.* (구운 돼지고기나 바삭바삭한 과자나 디저트 없이) 저녁식사를 하고 그

---

*배리 스미스Barry Smith는 다음과 같이 흥미로운 말을 덧붙인다. "소테른에 가장 근사한 안주는 로크포르Roquefort(푸른곰팡이 치즈)다. 치즈의 짜고 신 얼얼한 맛과 와인의 달콤

자리에서 시원하고 담백한 황금빛 와인을 마시는 게 훨씬 나을 것이다.

뛰어난 품질의 스위트 와인을 생산하는 보르도 포도원은 시롱강이 가론강으로 흘러드는 지점에 있다. 시롱강의 냉기가 도는 물줄기는 따뜻한 가론강에서 피어나는 수증기를 냉각시켜 '안개 자욱하고 농익은 과일향이 진동하는' 지역을 형성한다. 보트리티스 시네레아botrytis cinerea(고귀한 부패) 즉 귀부균貴腐菌은 포도알에 기생하며 포도를 쪼그라들게 한다. 이런 포도는 한 알씩 여러차례에 걸쳐 따기 때문에 수확량이 적을 수밖에 없다. 포도 수확량은 따뜻한 가을 날씨가 어느 정도 지속되는가에 따라 달라진다. 귀부병이 기생하지 않으면 뛰어난 품질의 와인 생산도 물거품이 되고 만다. 와인 가격이 터무니없이 비싸더라도 놀라지 마시라.

그렇다면 다시 라포리-페라게를 마셔야 한다. 등급에 따라 분류된 소테른 와인은 이켐Yquem 와인과의 비교평가를 피할 수 없다. 만일 이켐 한 병을 사기에 충분한 돈을 가졌다면, 와인 애호가들은 이켐을 사지 않고 여섯 병이 담긴 샤토 쉬뒤로Ch. Suduiraut(강렬한 1등급 와인임)나 라포리-페라게 반 상자를 살 것이다. 이켐이 본래의 비싼 가격을 유지할 수 있었던 까닭은, 와인에 대해 알지도 못하면서 덮어놓고 최상품만을 사려고 덤비는 돈 많은 속물들이 세상에 득실거리기 때문이다. 하지만 여자와 말에 관한 한, 차상위급이 정말로 좋은 법이다.**

하고도 빛나는 향기가 섞여 두 가지를 뛰어넘는 오묘한 맛을 빚어낸다."
**이런 재미있는 현상의 한 측면은 경제학에서 '베블런재'Veblen goods 이론이라고 한다. 즉 '과시적 소비'에 대한 이론가인 소스타인 베블런에 의해 명명된 이러한 재화는 가격이 상승함에 따라 수요도 증가한다. 프리츠 앨호프Fritz Allhoff가 편찬한 『와인과 철학: 사색과 음주에 관한 심포지엄』*Wine and Philosophy: A Symposium on Thinking and*

쉬뒤로는 대부분의 와인 애호가에게 잘 알려지지 않은 세번째로 좋은 소테른 와인으로서, 1년 동안 숙성시키면 부근에서 생산되는 유명한 와인과도 견줄 만하다. 샤토 브리아트Château Briatte는, 그 소유주인 루드M. Roudes의 자존심이자 기쁨이지만 분류된 등급도 없고 가격을 끌어올릴 만한 특별한 요소도 없다. 하지만 그 포도원은 수령이 오래된 나무에서 수확한 포도를 가지고 불로장생의 묘약과도 같은 와인을 생산하여 파리 콩쿠르에서 금메달을 수상한 바 있다. 만일 당신이 쉬뒤로 와인에서 꿀에 절인 듯한 달콤한 맛과 목장에서 나는 향긋한 풀내음을 느낀다면, 브리아트의 반 가격에 그 와인을 매입할 수 있다. 어느날 저녁 나는 쉬뒤로를 애마 샘 더 호스와 함께 마신 이후로 이 와인을 즐겨 마신다.

내가 스쿠터를 사기 전 낡은 500cc AJS를 탈 때였다. 도르도뉴의 리부른 근처에서 앞바퀴 타이어가 그만 찢어지고 말았다. 아침이 밝을 때까지는 기차가 운행되지 않는다는 말을 듣고 나는 어쩔 수 없이 나무 아래 침낭을 깔았다. 날이 저물어가는데 근처 들판에서 농부 한 사람이 일을 하고 있었다. 그는 내 행색이 수상했던지 경계하며 조심스럽게 다가왔다. 내가 자초지종을 말해주자 그는 되돌아가더니 한 시간쯤 지나 빵과 파테pâté(갈아놓은 생선살이나 고기를 밀가루 반죽으로 입혀 구워낸 요리)와 와인 한 병을 가지고 왔다. 농부가 가지고 온 와인은 최근에 복원한 포도원에서 그의 이웃이 생산한 앙트르-되-메르Entre-Deux-Mers였다. 그는 자신있게 주장하길, 새로 심은 나무의 포도로 빚었기에 이 와인은 세계 어느 백

Drinking(옥스포드 2008)에 실린 저스틴 와인버그Justin Weinberg의 「이것이 얼마나 비싼지 맛을 보라」Taste How Expensive This Is를 참조하라.

포도주에도 뒤떨어지지 않을 것이라고 했다. 진정한 애국자에 언제나 설득당하는 나로서는 그의 판단을 믿지 않을 수 없었다. 한적한 여름날 밤 멀리 도르도뉴 강 물줄기가 달빛에 반짝이며 흐르는 베르 마을 외곽에서, 나는 마음속 깊이 고마움을 느껴 아주 쉽게 이 와인에 대한 생각을 바꾸었다. 그전까지 내게 이 와인은 '예수 대학' 식료품 저장실에 진열된 가장 싼 와인에 불과했다.

베르는 백포도주를 생산하는 지역이 아니라 19세기 이래 적포도주로 명성을 날리며 1931년에는 공인된 원산지 상품명까지 획득한 곳임을 나는 그 당시 알지 못했다. 가론강 뒤쪽 왼편에 위치한 더 유명한 그라브와 구분되는 '그라브 드 베르'Graves de Vayres는 맛이 풍부하고 향이 진한 와인을 생산해왔다. 이곳의 와인은 자갈밭 토양에서 수확한 포도로 빚기 때문에 미네랄이 풍부한 편이다. 여기에 속하는 샤토 벨-에르Château Bel-Air는 카베르네 포도를 주원료로 한 뛰어난 와인이다. 그 투명한 포도알 안에서는 미네랄이 반짝이고 쇠와 가죽 냄새가 난다. 그런 자극적인 거친 맛을 순화시키기 위해 몇년 동안 병에서 숙성시킬 필요가 있는데, 그 기간을 기다릴 만한 가치가 충분히 있는 와인이다. 그라브의 감칠맛 나는 와인들과 뚜렷이 구별되는 그라브 드 베르는 소박한 만찬, 즉 우리 가족들이 월트셔에 살 때 농장의 이웃들을 위해 차렸던 그런 수준의 만찬을 위해 생산된다.

나는 보르도에서 북동쪽으로 있는 베르주라크Bergerac에도 들렀다. 그곳은 보르도 변종포도들을 원료로 해서 싸지만 괜찮은 와인을 생산하고 있었다. 베르주라크는 노동운동가들이 로이 젠킨스Roy Jenkins

(1920~2003, 영국의 정치가로서 많은 진보성향의 법안을 입법했다)의 삶을 흉내내고자 할 때 즐겨 마시는 와인으로 알려져 있다. 베르주라크는 이제 원숙해져서 애주가라면 이 와인에 관심을 가질 법하다. 베르주라크는 구호가 요란한 현장에서 당신을 빠져나오게 해 심신을 안정시켜주는 와인이다. 나는 2003년처럼 기후가 좋은 해의 샤토 그리누Château Grinou를 좋아한다. 이 와인은 혀에서 느껴지는 강렬한 향과 둥글고 진한 단맛이 나는 생테밀리옹의 깊이와 과육을 지니고 있다. 샤토 그리누는 하루도 거르지 않고 마신다 해도 결코 질리지 않을 것이다. 하루 종일 정치적 구호를 외친 다음에 이 와인을 마시면 금방 심신의 안정을 되찾을 수 있을 것이다. 샤토 그리누 백포도주는 세미용Sémillon 포도의 풍부한 과육과 소비뇽 포도의 신선한 풀냄새가 완벽하게 결합하여 빚어낸 모범적인 와인이다. 그리누에 인접한 라 투르 모네스티에La Tour Monestier 지역에서는 세미용-소비뇽 혼합물에 20% 정도의 뮈스카델Muscadelle(사향배)을 섞어 깔끔하게 마무리한 다양한 베르

세미용 포도의 풍부한 과육과 소비뇽 포도의 신선한 풀냄새가 완벽하게 결합하여 빚어낸 샤토 그리누 백포도주

14세기까지 유럽 전역으로 수출되던 검은색의 카오르 와인

주라크 백포도주를 선보이는데, 살구향과 여러 독특한 향이 첨가된다.

나는 카오르Cahors 와인도 좋아한다. 아름다운 도시 카오르는 로트Lot 강변에 자리잡고 있으며, 장엄한 석조다리가 그 강을 우아하게 장식하고 있다. 중세시대 카오르 지역의 와인은 강줄기를 따라 바다까지 배로 운반되었다. 14세기까지 '검은색 카오르'는 유럽 전역으로 수출되었던 것이다. 카오르 와인의 명성은 보르도 와인만큼 자자했다. 어두운 와인 색깔은 궁궐의 마상시합에서 패한 자가 흘리는 피를 연상시킨다.

와인 색깔이 점점 밝아지는 이유는 현대적인 양조방식 때문이다. 하지만 카오르는 여전히 가장 검은 와인에 속한다. 겉으로 드러난 카오르의 주성분은 변종포도인 탄나Tannat와 (그 지역에서는 옥세루아Auxerrois라 불리기도 하는) 말벡Malbec 포도인데, 이런 변종포도들에 메를로 포도를 혼합하면 깊은 맛과 강한 탄닌 성분, 마른 살구맛을 지닌 카오르 와인이 완성된다. 그러나 이 와인을 즐기는 사람에게는 천상의 음료이지만, 그 맛에 익숙하지 않은 사람에게는 쓸개즙처럼 느껴진다. 프랑스 남서부에서 생산되는 많은 와인들과 마찬가지로, 카오르 와인은 지역과 토양이 그 맛을 좌우한다. 말벡과 탄나는 무역을 통하여 이제 세계화되었다. 특히 말벡은 아르헨티나에 그 발판을 마련하기도 했다. 아르헨티나에서는 말벡 포도로 부드럽고 맛이 풍부한 남아메리카 최고의 와인을 생산한다. 이 포도의 응축된 탄닌 성분은 철이 풍부한 카오르 지역의 하층토 때문에 더욱 강화되었고, 그 결과 서서히 숙성해야 속이 들여다보이는 와인이 되었다.

툴루즈 북쪽 프롱통 근처에 살아 그곳의 와인에 익숙한 내 친구들은,

보르도의 5대 샤토로서 왼쪽부터 샤토 무통-로칠드, 샤토 라피트, 샤토 라 투르, 샤토 마고, 샤토 오-브리옹이다.

카오르를 그저 수수할 뿐 특별히 인상적이지 않은 와인으로 여긴다. 이런 평가는 카오르의 가치를 잘못 판단했다기보다는, 프롱통이 지닌 특별한 미덕을 강조한 것이라는 생각이 든다. 프롱통 와인은 뱀파이어의 이빨에 물린 사랑스런 목처럼 화려하게 잘 익고 과즙이 풍부한 그런 와인이다. 하지만 프롱통 와인의 생산지는 카오르보다 더 변두리 지역에 속한다. 프롱통 지역에서는 네그레트Negrette 포도가 전혀 낯설지 않은 품종으로서, 아마도 템플 기사단이 9세기 전에 들여온 듯하다. 영양분은 빈약하지만 미네랄이 풍부한 프롱통의 붉은빛 석질 토양은, 알맹이가 작고 검은 딸기맛이 나는 네그레트 포도와 궁합이 잘 맞는다. 이 포도에 시라 포도나 카베르네 포도를 혼합하여 향을 첨가한 프롱통 와인은 베르주라크처럼 맛이 부드러우면서도 값이 싸다.

루아르 강 유역의 와인들

파리에서 프랑스 남서부로 향하는 포도원 순례 초기에 나는 루아르 강 왼쪽 제방을 따라 걸어갔다. 포도주 향이 진동하는 마을이나 늙은 귀족이 들어박혀 있는 성채의 담을 따라 돌기도 하고, 때론 높은 곳에 있는 전망대에서 꿈꾸고 있는 듯한 들판을 바라보기도 했다. 건축물, 경관, 식물들, 힘차게 흘러가는 넓은 강줄기는 프랑스의 이념idea으로 반짝이는 듯했다. 루아르 강 동북쪽 끝에 위치한 오를레앙은, 루아르 강이 신비한 분위기를 지닌 하나의 독립국가라는 인상을 제공한다. 프랑스 사람들은 존재할 권리를 얻기 위해 이곳에서 투쟁했고, 잔 다르크의 순교로 마침내 승리하여 권리를 쟁취했다. 루아르 강은 영국이 저지른 가장 치욕스런 범죄를 상기시켰고, 언젠가 나도 프랑스인이 되리라는 불가능한 희망을 불러일으키게 했다. 나는 베레모에 긴 외투를 입고 지탕 담배를 피우며, 여행하는 내내 상징주의 시집을 주머니에 넣고 다녔다. 그러한 내게 AJS 사의 모터사이클은 배반의 증표였고, 오Aux 지방의 흐느적거리는 안개 속을 지나며 그 배반의 증표에 안녕을 고했다.

이후 나는 샤토 여행에 매달려 보르도의 마을들을 낱낱이 찾아다녔다. 길은 크게 확장되었고, 고속열차는 거리를 단축시켰다. 문명의 발달이 없었더라면 사람들은 지금 자신이 사는 곳에 있지 못했을 것이다. 하지만 변화의 소용돌이에도 불구하고 자신의 지역에 충성을 바치는 사람이 있다. 그들 가운데 으뜸은 카베르네 프랑(적포도주를 만드는 포도품종으로 카베르네 쇼비뇽과 유사하지만 색이 더 밝고 탄닌이 적게 들어 있다)에 무조건적인 지지를 보내는 사람들이다. 우리는 달팽이 빛깔의 뮈스카데Muscadet

에서 녹색의 상세르Sancerre에 이르기까지 루아르 지역의 백포도주를 이미 알고 있다. 그곳 시골 사람들이 자기 지역의 적포도주를 선호하는 까닭은, 카베르네 프랑이 지닌 특별한 갈자줏빛 색깔과 사향 냄새 때문이다. 루아르는 새로운 와인 경제에서 아주 높은 가격에 거래되는 레드 와인 몇종을 생산한다. 그 와인 대부분은 소뮈르Saumur와 투르Tours 사이에서 생산된 것이다.

1차 세계대전이 끝난 후 이곳 포도원들은 방치되었고 루아르 와인은 세계시장에서 별로 영향력을 발휘할 수 없었다. 세계시장에서는 오랫동안 거래되던 와인보다 새로운 것이, 토속적인 성인의 이름을 딴 포도보다는 변종포도들이 인기를 누렸다. 카베르네 프랑의 명성은 루아르에 의해 부여받은 것이다. 내 경험에 따르면, 최고의 와인은 부르게유Bourgueil와 그곳에 인접한 생 니콜라 드 부르게유St. Nicolas de Bourgueil에서 생산된 것이다. 그중 어떤 와인은 루아르 강변 위쪽의 노란 석회질 경사면에서 생산되고, 부드럽고 과즙이 풍부한 어떤 와인은 그 아래에 있는 자갈이 많은 토양에서 생산된다. 그 포도밭들은 주로 대서양에서 불어오는 시원한 바람을 맞는 곳에 위치해 있다. 서쪽에서 불어와 강을 거슬러 동쪽으로 몰려가는 바람은 와인 생산에 큰 영향을 끼친다. 이곳 와인은 가장 유명한 클라레와 견줄 수 있을 만큼 뛰어난 특성과 세련된 스타일을 지녔지만, 와인 자체보다는 원료가 되는 포도로 더 잘 알려져 있다.

부르게유 와인을 마시는 법에 대해 두 가지 의견이 있다. 한쪽 의견에 따르면 과일향과 탄닌 성분이 많기에 와인을 숙성시키지 않고 차갑게 해서 마셔야 한다는 것이다. 깊은 병에 담겨 복합적인 맛을 내는 부르게유 와인을 마실 때는 코를 쿵쿵거리지 말아야 한다고 주장한다. 다른 의견에 따르면, 부르게유 와인은 검은 딸기색 포도주액을 수작업으로 얻었기 때문에 탄닌이 풍부하며, 최고의 맛을 내려면 수년간의 숙성기간이 필요하다고 주장한다. 후자의 방식으로 양조된 와인이 야닉 아미로Yannick Amirault 포도원의 부르게유 라 프티 카브Bourgueil La Petite Cave이다. 면적이 40에이커인 이 포도원은 부르게유와 생 니콜라에 걸쳐 있으며, 공인된 원산지 상품명으로 두 지명을 사용한다. 그 지역에서 카베르네 프랑은 '브르통'Breton으로 알려져 있으며, 'M. 아미로의 브르통'이라는 이름은 온화한 지역에서 잘 자라는 포도에 대한 특별한 친밀감을 나타내는 말 같다.

 루아르 적포도주의 심장부는 시농Chinon 성터 부근의 5천 에이커 땅으로서, 이곳은 프랑수아 라블레François Rabelais(1483~1553, 프랑스 소설가)가 『가르강튀아』와 『팡타그뤼엘』에서 묘사한 것과 같은 시골풍경으로 둘러싸여 있다. 시농은 라블레가 그려낸 대로 결코 일반화할 수 없는 불가사의한 지역이어서, 부드러운 와인을 생산할 뿐만 아니라 깊고 오묘한 맛을 지닌 와인도 생산한다. 이 와인을 숙성시키면 다른 어떤 지역의 최고급 와인에도 뒤지지 않는다. 『팡타그뤼엘』의 어느 지점에서 박뷕Bacbuc은 파뉘르주Panurge에게 은으로 된 책을 주는데, 이 책에는 이탈리아 팔레르노의 포도주로 가득 채워져 있었다. 박뷕은 "이 철학을 삼켜라"라고 명령한다. 그 책의 내용물을 마신 팡타그뤼엘의 수행원 둘이 술의 신에 대한 열광적인 찬사를 서로에게 쏟아붓는다. 그들은 철학적 말장난을 하면서 엉덩이를 얼굴로 바꾸고 얼굴을 엉덩이로 바꾸는 바쿠스의 능력에 대해 찬미한다. 저자인 라블레 자신은 갸름하고 재기발랄하며 호감을 주는 얼굴이어서 엉덩이로 바뀔 수 있는 그런 얼굴의 소유자는 아니었다.

라블레의 초상화가 들어간 샤를 조게 시농 와인 상표

시농의 와인은 이곳 토박이였던 라블레를 닮았다. 시농의 시원하고 깨끗한 적포도주는 그 위대한 철학자의 반짝이는 이마를 연상시킨다. 내가 알기로, 라블레 철학을 따르는 샤를 조게Charles Joguet가 만든 최고급 시농 와인 상표에는 라블레의 얼굴이 새겨져 있어, 가르강튀아와 팡타그뤼엘의 영원히 유효한 이런 가르침을 전한다. "현재의 자신을 즐겨라, 그러면 다른 사람 역시 그대를 즐기리라!"

샤를 조게는 아버지의 사망 소식을 듣고 포도원으로 돌아오기 전 전후의 파리에서 회화와 조각을 공부했다. 샤를 조게를 보통의 프랑스 지식인이라고 말할 수 없는 까닭은, 그가 '인공 낙원'을 위해 행운과 신앙, 가족을 경멸했기 때문이다. 그의 가장 큰 욕망은 지금 자신에게 속한 땅을 계속 소유하는 것이었다. 그와 그의 어머니는 대대로 전해져온 보잘것없는 유산을 복원하기 시작했다. 동시에 그는 카베르네 프랑이 합당한 평가를 받고 있지 못한 이유를 밝히고자 했고, 그 이유를 지역화의 실패라고 결론지었다. 공산품은 자유롭게 공간을 이동해 다니며 하나의 가격을 형성한다. 하지만 제품의 가치는 그것이 특정한 지역에 소속될 때만 생겨난다. 이는 사람이나 와인에 그대로 적용된다. 부르고뉴에서는 모든 집단이 우위를 차지하기 위하여 각축을 벌인다. 그러나 1937년 이래로 '시농'이라는 공인된 원산지 상품명이 생겨나자 그곳의 와인 생산자들은 각자의 '토지'를 구별하여 경쟁하기보다는 통합하려는 모습을 보였다.

샤를 조게는 포도나무가 들어찬 몇몇 지역을 물려받아, 특유의 색깔을 지닌 포도원으로 탈바꿈하는 데 착수했다. 1983년에 그는 미셸 피나르Michel Pinard라는 사람과 포도원을 공동으로 운영하기 시작했고 곧바로 두 명의 친구를 더 합류시켰다. 샤를 조게의 모험정신이 결실을 맺어 생산되는 와인은 여러 면에서 주목을 받고 있다. 샤를 조게가 실험을 감행할 수 있었던 까닭은 땅에 대한 무한한 사랑이 그에게 있었기 때문이다. 아울러 자신을 만든 땅에 정착한 자연스러운 결과로서, 그는 가족을 사랑하고 친구를 신뢰하게 되었다.

우리가 속한 장소를 아름답고 성스럽게 가꾸며 살아가는 삶은, 바쿠스가 간절히 바라는 인간의 삶이다. 나는 그런 삶을 프랑스 모든 곳에서 목격했다. 바야흐로 세계화의 기류는 마을과 포도원에 이름을 부여한 성인들을 그 땅에서 추방하고 있는 실정이다. 그리고 프랑스 아이들도 성인들이 묻힌 거룩한 땅에서 쫓겨나고 있다. 하지만 성인들을 기억하는 술병 안에는 무언가가 여전히 살아서 호흡하고 있다.

전해진 바에 따르면 4세기 미라Myra의 주교였던 성 니콜라스는 모태 때부터 신을 찬미했다고 한다. 독실한 행동으로 그는 일찍부터 어린이의 수호성인이 되었다. 그런 까닭에 그는 기독교 문화에서 파생된 전통 중 가장 혐오스런 산타클로스로 재포장되었다. 성 니콜라스는 사후에 덧씌

워진 이런 신성모독적 관습에서 원래의 모습으로 구출되어야 마땅하다. 니콜라스가 니케아에서 열린 첫 공의회 때 이단인 아리우스의 뺨을 때리긴 했지만, 이는 그의 온유한 삶 중에서 유일하게 예외적인 행동이었던 것 같다. 그는 이 사건 때문에 동료 주교들에 의해 곧바로 성직을 박탈당했다. 이 성인의 이름을 딴 생 니콜라-드-부르게유 와인은 부드럽고 섬세한 향을 지녀 미각의 축복이라고 하겠다. 나는 성상 파괴주의자들이 프랑스의 성지를 파헤치고 성스런 조각상들을 전당포 주인에게 가져갔던 1968년을 기억한다. 그후로 그 조각상들은 전당포 창가에서 먼지를 덮어쓰고 있다. 성상은 한때 프랑스를 구원할 것이라는 신뢰의 상징물이었다. 성상들은 과연 그 지위를 회복할 수 있을까? 지금 전당포 주인의 수호성인이 되어버린 성 니콜라스는 다시 복원되어야 한다. 성상 파괴주의자에 의해 신이 사라지고 환상이 깨진 프랑스가 여전히 존재하는 한, 우리는 와인의 힘을 빌려야만 프랑스라는 '실체적 국가'를 찾아갈 수 있다.

3 프랑스 바깥의 와인들

와인의 기원

비티스 비니페라Vitis vinifera라는 포도품종은 원산지가 소아시아로, 기원전 6천년경의 아득한 고대 때부터 있었다. 이 포도를 최초로 재배하기 시작한 곳은 흑해의 남쪽 혹은 (어느 고고학자의 말에 따르면) 흑해의 밑이라고 한다. 이때는 보스포루스 해협의 천연 댐이 터지지 않아 바닷물이 흑해로 들어오기 전이었고, 그곳에 터를 잡고 살던 사람들이 바닷물에 익사하기 전이었다. 와인은 인간의 문명처럼 오래되었다는 말은 설득력이 있다. 나는 더 나아가 와인이 곧 문명이며, 문명화한 국가와 문명화하지 못한 국가의 차이란 와인을 마실 수 있는가 없는가에 따라 결정된다고 말하고 싶다.

중동 전역에서 포도가 있는 곳이라면 와인이 생산된다는 사실에 놀랄 필요는 없다. 우리는 터키·레바논·시리아·이스라엘·북아프리카에서 와인 무역의 흔적을 찾을 수 있는데 이 무역은 단번에 아시리아·메소포타미아·팔레스타인으로 확산되어 파라오의 궁전에도 이 경이로운 음료를 공급하게 되었다. 이스라엘 민족의 이주와 관계없이 성서에서 언급된 지역에는 포도가 재배되었다. 포도나무는 자연경관을 구성하고 승리를 축하하는 의식에 쓰였다는 점에서, 인간을 위한 일종의 방어막 역할을 했다.

그리스와 페르시아의 도시국가들은 이런 와인 전통을 물려받았고, 그리스인들은 유별난 애국심으로 디오니소스 신화를 지어냈다. 그 신화에 따르면 아라비아에서 태어나 그리스로 이주한 그들의 신이 와인을 발견했다고 한다. 맹목적인 애국심에 빠진 그리스인일지라도 최고의 와인은 레반트Levant 해안의 비블로스Byblos(레바논 베이루트의 북쪽 지방)에서 생산된다는 사실을 인정했다. 레반트에서 시라쿠사Siracusa(이탈리아 시칠리아 섬에 있는 도시)와 트라키아Thracia(발칸반도 동부 지방)로 운반된 와인을 그들은 '비블로스 와인'이라고 불렀다. 이미 기원전 6세기에 헤시오도스가 언급한 적이 있듯, 이는 세계적인 상품명을 가진 와인이 교역된 첫번째 사례이다.

페니키아인들은 비블로스를 본거지로 삼고 지중해 전역에 걸친 와인 무역에 종사하면서 식민지 곳곳에 포도나무를 전파했는데, 카르타고와 남스페인이 비교적 빨리 포도나무를 받아들였다. 비블로스와 레바논의 다른 지역에서는 지금도 와인이 생산되고 있다. 레바논 중부 베카Beqa'a

계곡 주변에서 생산되는 와인은 그곳 호카르Hochar 가문에서 생산하는 샤토 무사르Château Musar의 명성 덕택에 아주 유명하다.

카르타고를 파괴한 로마인들은 그곳의 포도원은 놔두었기에, 나중에 이 지역을 정복한 이슬람 세력이 통치할 때까지는 포도원이 번창했다. 이슬람교도들이 지배한 이후에는 밥상에 올리는 건포도를 만들기 위한 용도로만 포도를 재배했다. 와인 양조전통은 프랑스 식민주의자들이 거주하던 카르타고 해안에서부터 복원되었는데, 프랑스 식민주의자들은 샤르도네, 시라, 카베르네 소비뇽만을 선호하여 시골의 뮈스카muscat 포도는 폐기해버렸다. 모로코와 알제리의 와인들 중 내가 젊은 시절에 깊은 인연을 맺은 특별한 와인이 있다. 그 와인은 바로 알제리의 수도 알제 근처의 트라피스트회Trappist(1098년 프랑스 시토에서 시작된 가톨릭 수도회) 수도원에서 빚은 분홍빛 로제 와인이었다. 수도원들은 가난한 사람들의 삶에 많은 도움을 주었지만 애석하게도 해체되는 운명을 맞고 말았다. 이슬람교도들이 파괴한 알제리 팁히린Tibhirine 수도원의 경우는 북아프리카의 재식민화 과정을 보여준 전형적 사례이다. 하지만 모로코에는 여전히 프랑스 문화가 잔존해 호텔 바와 여타의 장소에서는 애피타이저appetizer 역할을 하는 샤르도네 와인 등이 유통되고 있다.

포도 재배는 로마제국 이후에도 계속되어왔다. 부르고뉴의 거대한 포도원들은 샤를마뉴 시대에 이미 유명했고, 달마티아와 다뉴브 근처의 분지에 발달한 포도원들은 로마·몽골·헝가리·터키·오스트리아의 지배하에서도 계속 유지되었다. 일찍이 로마인들은 영국 땅에 포도나무를 이식한 바 있지만, 색슨족이 지배하는 시기에 이르러서야 와인이 농업생산의 중요 품목이 되었다. 서른여덟 곳의 포도원들이 '둠스데이 북'Domesday Book(서프랑크의 노르망디 공 윌리엄이 잉글랜드와의 전쟁에서 승리하여 잉글랜드 왕이 된 후 1086년 토지의 경작 면적, 가격, 소유자 이름, 노예와 자유민의 수를 조사하여 기록한 책)에 등록되어 있고, 1125년 맘스베리의 윌리엄William of Malmesbury(영국의 역사가)은 글로스터셔 언덕을 포도가 무성하게 자라는 곳으로 묘사하면서 그곳에서 생산되는 와인을 프랑스 와인보다 더 낫다고 평하였다. 최근 들어 켄트Kent에서 생산되는 스파클링 와인(1차 발효 후에 당분과 효모를 첨가한 뒤 병 안에서 2차 발효시킬 때 탄산가스를 용해시킨 와인)은 '블라인드 테이스팅'에서 샴페인보다 낫다는 평가를 받았다. 프랑스를 여행하는 영국인들이 이런 사실을 안다면 색슨계 시인 앨퀸Alcuin이 샤를마뉴 궁정에서 그랬던 것처럼 미약해진 모국의 와인에 대해 안타까움을 느낄 것이다.

와인 무역이 메소포타미아에서 이집트까지 남쪽으로 옮겨가면서 북쪽에 있던 그루지야와 아르메니아 쪽으로도 와인이 들어가기 시작했다. 이 지역들 역시 와인 애호가들의 관심을 받기에 충분한데, 그루지야의 검은 와인은 그 지역이 자랑하는 가장 매혹적인 품목에 속하기 때문이다. 이 와인은 부드럽고 달콤해서 무표정하고 뚱한 얼굴에도 웃음이 피어나도록 한다. 고대세계에서는 달콤한 적포도주의 인기가 높았다. 그 당시엔 단맛을 내기 위해 가열하거나, 포도주스로 만든 시럽을 와인에 첨가하곤 했다. 단맛이 더해진 결과, 이슬람교도들은 양심의 가책 없이 와인을 마시게 되었다. 터키 사람들은 아라비아어로 이러한 사실을 기록했다. 아라비아어에서는 과일주스를 언급할 때 '음료수'라는 의미의 크마르

Khmar 대신 '포도주'란 뜻의 샤랍Sharap을 사용한다. 그리스의 달콤한 마브로다프네Mavrodaphne(그리스의 펠로폰네소스 반도에서 생산되는 와인)처럼 그루지야 와인은 고대 와인 맛의 마지막 흔적이다. 이는 기독교인들과 이슬람교도들 모두에게 와인을 마실 수 있도록 한 유연한 타협의 흔적이기도 하다.

레바논 와인

레바논 사람들은 그들의 조상 페니키아인들이 와인을 세상에 처음으로 선보였다고 주장한다. 논란의 불씨는 아직도 꺼지지 않았는데, 와인 발생지를 약간 더 북쪽으로 이동해 물에 잠기지 않았을 당시의 흑해 밑바닥이라고도 하고, 동쪽의 비옥한 초승달 지대나 남쪽의 팔레스타인 구릉지라고도 한다. 페니키아인들이 처음으로 와인을 빚은 곳은 레바논 사람들이 주장한 곳일지도 모른다. 그들의 조상이 가장 먼저 와인을 생산해 무역의 경제적 토대를 닦은 것만은 확실하다.

이런 사실에도 불구하고 레바논은 2천년 동안이나 와인 애호가들의 지도에서 제외되어왔다. 샤토 무사르는 외따로 고립돼 있어 그곳에서 생산된 제품은 거의 수출되지 않았고, 해마다 레바논 국내에서 소비되는 와인만 약 3백만 병이었다. 근대에 들어 레바논 최초의 상업적 양조장이 들어선 곳은 샤토 크사라Château Ksara로, 1857년 예수회 수사들이 베카의 잘레Zahleh라는 기독교 마을 근처에 건설한 것이며 지금도 레바논에서 가장 크고 가장 대중적인 양조장이다. 기독교 공동체들이 오스만 제국의 종교 자치제 하에서 성찬식을 위한 와인을 생산할 권리를 취득한

1857년 이래로, 레바논에서는 분명히 와인이 생산되었다. 당시 기독교, 드루즈교Duruz, 수니파, 시아파 공동체에 속한 모든 사람들은 '아라크'araq라는 와인을 생산하기 위해 포도를 발효시키는 방식을 사용했다. 1972년에 샤토 크사라는 매각되었는데, 바티칸 교황청이 이익추구는 정치적으로 온당치 못하다는 이유로 자체 기업들을 해체했기 때문이다. 그후 샤토 크사라는 내부적 혼란과 외

레바논의 샤토 크사라 와인

부의 압력 때문에 경영상태가 좋지 않았던 몇해를 보냈지만 곧 예전의 명성을 회복할 수 있었다. 카리냥Carignan과 생소Cinsault와 같은 론Rône 변종포도를 가지고 생산된 적포도주와 로제 와인은 레바논에 들러 회포를 풀고자 하는 사람들을 결코 실망시키지 않는다.

    레바논 내전이 일어났을 때 나는 친구 한 명과 함께 베이루트를 방문하여 전황을 파악하고자 했다. 서베이루트로 들어가기란 힘들었지만 피할 수 없는 길이었다. 생 뱅상 드 폴 수도회 소속의 작지만 강단있는 수녀 한 분이 우리와 동행하였다. 그 수녀는 위험한 상황에 처해 있는 중동 전역의 이슬람교도와 기독교도에게 구원의 가르침을 줄 수 있는 분이었다. 여기저기에 산재한 요새들을 방문할 때마다 아무 말도 하지 못하고 어떠한 도움도 받지 못한 채 최후를 맞이하는 사람들을 우리는 목격했다. 또한 이러한 아비규환 속에서도 사랑이라는 무기가 존재한다는 사실도 알았다.

그곳 사람들의 입에서는 '증인'이라는 말이 떠나지 않았다. 그 말의 영향력은 그리스인들에게보다는 아라비아인들에게 더 컸다. 이슬람교도들의 정신에 항상 존재하는 '신앙고백'shahada(알라가 유일신이며 무함마드는 그 예언자임을 반복하여 외우는 이슬람교도의 신앙고백)은 이웃인 기독교도들에 계속 이어지고 있다. 기독교 신앙의 '증인'이 되는 길은 기독교 신앙을 외쳐대는 데 있지 않고, 더더구나 신앙의 적을 죽이는 데 있지 않다. 당신은 자비와 관용을 베풂으로써 기독교 신앙의 증인이 될 수 있다. 세상의 어떤 것도 이런 사상의 아름다움을 능가할 수 없다. 비록 수녀들의 활동을 구경하며, 그들이 장애인들을 돌보는 행위를 인간 에너지의 낭비요, 인간이라는 종의 진정한 관심사를 부정하는 행위로 이해한다고 해도 아름답기는 마찬가지다. 나는 니체처럼 나 자신이 연민의 대상이 되지 않으려고 발버둥쳤다. 하지만 수녀들의 자선은 필수불가결한 활동이며, 그들의 자비는 살고자 하는 공동 의지의 한 표현이었다. 이토록 선량한 수녀들이 가장 먼저 실현하려는 소망이 있는데, 인간이 범하는 야만적 살육이 어떠한 결과를 초래하든, 수녀들은 인간 영혼의 불빛을 밝히고자 한다. 이러한 행위야말로 자기 생각대로 생존자를 결정하려는 인간의 오만한 의지에 앞서 더욱 효율적으로 인간의 생존에 기여한다. 만일 '신의 일'과 같은 성스러운 일이 있다면 바로 이러한 일이다.

나는 나 자신이 연민을 받는 처지에 이르지 않기 위해 추구한 니체식 태도로부터 스스로 충격을 받았다. 나는 자비가 발하는 신비한 힘, 즉 샤를 페귀Charles Péguy(1873~1914, 프랑스의 시인)가 잔 다르크라는 인물을 고찰할 때, 제프리 힐Geoffrey Hill(1932년생, 영국의 시인)이 페귀라는 인물을 고찰할 때 휩싸인 신비감에 도달하게 되었다.* 나는 성 바울이 '아가페'라고 부른 '아래로 향한 사랑'을 목격하였고 그것은 불편한 경탄으로 내 안에 가득 채워졌다. 그때까지 내 삶을 지배했던 사랑이라면 위로 향하는 '에로스'가 전부였다. 이 기간에 나는 마더 테레사조차도 감당하기 어려웠던 '영혼의 깜깜한 밤'에 시달려야 했다. 우리는 궁극적으로 '필연적인 존재'인 신을 영접하지 못하고, 신에게 향하는 모든 길을 어지럽히는 '우연적인 존재'들에 걸려 넘어지곤 한다. 우리의 내면에 근원을 두고 있는 '위로 향하는 사랑'에 많은 희망을 거는 까닭은, '아래로 향하는 사랑'의 근원을 우리가 모르기 때문일 것이다.

서구 철학은 위로 향하는 사랑을 연구한 데서 시작되었다는 게 정설이다. 에로스는 플라톤을 매료시켜 그의 이론을 정립하도록 이끌었다. 그것은 바로 영혼과 영원성을 향한 열망에 대한 이론이자, 형상과 아름다움의 형식에 대한 이론이며, 인간의 유한성이라는 동굴을 뚫고 비추는 빛에 대한 이론이며, '영혼의 관심사'를 충족시키기 위하여 고안된 '폴리스'와 그것을 운영하는 제도들에 대한 이론이었다. 플라톤 철학의 모든 핵심에서 우리는 이런 이론에 근거한 그의 주장을 접하게 된다. 그 주장의 세부항목들은 일상적이고 유한성을 포용하는 아가페적 사랑을 폐지하는 대신에 에로스의 불꽃으로 채우고자 했다. 그리하여 그는 가족에 대하여 적대적이었고, 아이들은 집단적으로 양육되길 바랐으며, '젊은이

*샤를 페귀의 영향력 있는 시집 『잔 다르크의 자비의 신비』*Le mystère de la charité de Jeanne d'Arc*는 1910년에 출판되었는데, 페귀의 사후 10년간 잔 다르크를 성인화하는 길을 닦는 역할을 했다. 제프리 힐의 시집 『샤를 페귀의 자비의 신비』*The Mystery of the Charity of Charles Péguy*는 1983년에 출판되었다.

의 뺨에 피어나는 홍조'를 찬미하는 시를 썼다. 아리따운 아가씨의 치명적인 유혹은 플라톤의 심장을 쥐어짜고 욕망에 들뜨게 하였다. 플라톤은 욕망으로부터 벗어나 사랑을 통하여 천상으로 초월하는 것 말고 달리 욕망을 해소할 방도를 찾지 못했다. 우리가 천상에서 바라보는 대상은 개별적인 소년이 아니라 미의 형상 그 자체로서, 그 소년을 매개로 한 미에 대한 영원한 이데아일 뿐이다. 우리는 그 영원한 이데아를 성찰하면서 우리 자신의 궁극적이며 영원한 모습을 그리고 추구한다.

그리스 와인

와인은 우리의 긴장을 이완시킴으로써 우리가 심오하고 난해한 객체를 사색할 때나 자비에 대해 숙고할 때 도움을 준다. 하지만 와인은 욕망을 자극하듯 자비를 자극하지는 않는다. 고대의 어느 현자에 따르면, 바쿠스와 에로스는 절친한 동반자여서 자신들을 위한 숭배의식에서는 서로 협력했다고 한다. 우리는 바쿠스가 끔찍한 상태에서 삶을 시작했다는 사실을 기억한다. 어머니가 불탄 잿더미에서 구출될 때 태아였던 바쿠스는 제우스의 장딴지에 강제로 박힐 수밖에 없었다. 하지만 낙소스라는 자그만 섬에서 성장할 때 받은 교육은 바쿠스가 자신의 출생(출생이라기보다는 절개이다)에 얽힌 한계를 극복할 수 있도록 도왔다. 그는 인류의 애호자이자 교육자로서 인간의 슬픔을 달래준다. 또한 그는 우리들에게 타인의 흥을 깨는 자는 반드시 죽게 된다는 사실을 알려준다. 경건을 추구하는 깐깐한 잔소리꾼이었던 바쿠스에 대한 의식을 집전하기 위해 우리는 그가 지상에서 첫번째 과업을 수행했던 곳을 가끔은 찾아가야 한다. 숲이

남벌되고 강줄기가 마르며 호화주택이 들어서면서 그곳은 완전히 생소한 곳으로 바뀌었지만, 와인을 찾는 사람들은 자주 그곳으로 몰려든다. 그곳에서 와인은 헤시오도스(고대 그리스의 서정시인)가 언급한 그 상태로 남아 있다. 레바논의 샤토 크사라에서 맛본 것은 아가페지만 그리스 와인과 어울리는 사랑은 에로스라는 사실을 당신은 곧 알게 될 것이다.

적어도 이는 레치나Retsina(송진을 첨가한 그리스 백포도주)를 마시면 깨달을 수 있는 사실이다. 고대 때부터 그리스에서는 와인의 향을 강화하기 위하여 송진을 첨가하곤 했다. 초기 그리스 사람들은 디오니소스를 경배할 때 관행적으로 암포라Amphora(몸통이 불룩하고 두 개의 손잡이가 달린 고대의 항아리)에 송진을 채워두곤 했다. 디오니소스는 솔방울이 상징하는 다산과 관련되어 있기 때문이었다. 고대 그리스 와인은 송진의 멸균효과로 인하여 수출이 가능해졌다. 이 결과로 송진 맛을 지독히 싫어했던 플리니우스Gaius Plinius Secundus(23~79, 로마의 귀족 정치가이자 과학자)도 그리스 와인을 접하게 되었다. 비록 생산자들이 포도의 결점을 상쇄하려고 송진을 활용했을지라도, 그리스 와인은 디오니소스에게 바치는 엄연한 봉헌물이었다. 우리는 예

그리스의 송진 와인 레치나

키프로스의 라 콤만다리아 와인

전의 맛을 유지하는 레치나의 일관성을 보면서 플라톤이 가장 두려워했던 에로스의 속성을 떠올린다. 그것은 욕망으로 인해 타인의 육체를 바라볼 때 그의 영혼을 무시하는 일이다. 그리스 식당에서 올리브 요리를 즐길 때는 레치나를 한잔 마시고 식사하는 것이 무난하다. 이러한 과정을 거치면 당신의 생각은 어김없이 에로틱한 방향으로 나아가게 된다. 식사가 끝날 무렵 라 콤만다리아La Commandaria라는 키프로스산 와인 한두 잔을 마시면, 에로스가 그 순간부터 모든 상황을 책임질 것이다. 이 와인은 사포Sappho(기원전 6세기 그리스의 서정시인)가 에로스의 어머니 아프로디테에게 바치는 헌시에서 언급한 와인이기도 하다.

> 아프로디테의 숭배자여 오라, 황금잔에
> 신의 음료를 따르라, 감미롭게
> 욕망이 뒤섞인 그 넥타르를……

한편으로 에로틱한 사랑은 욕망과 뒤범벅이 되어야만 타오른다. 그러므로 플라톤이 욕망을 극복하는 데 대한 잘못된 처방을 내렸을지라도, 욕망을 두려워했던 것만은 정당하다. 에로틱한 사랑이 다른 속성을 띠게 되면 더이상 사랑이 아니다. 에로스가 지닌 위대한 힘과 설득력의 원천은, 자유롭고 책임감이 강한 한 사람으로 하여금 다른 사람에게 몰두하도록 만드는 데 있다. 이런 내 생각이 호응을 얻을 수 있음은 크레타의 세련되고 깔끔한 크세롤리티아Xerolithia 와인에서도 확인된다. '크세롤리티아'란 이름은 페자Peza의 계단식 포도원을 둘러싼 자연석 돌담에서 따온 것이다. 토종의 빌라나 Vilana 포도로 빚은 이 섬세한 연두색 와인은 적당한 산성과 달콤한 건초 향을 지니고 있어 신선하고 생기발랄하며 약간 거품도 인다. 이 크세롤리티아 와인은 관능적인 생각을 떨쳐버리게 하고 가슴에 애정을 불러들인다.

크레타의 크세롤리티아 와인

산토리니 섬에서 생산되는 탈라시티스 Thalassitis라는 독특하고 강렬한 백포도주에도 이런 기능이 있다.(부디 더 탁월한 효능을 지닌 키프로스 섬의 탈라세미아 Thalassemia와 혼동하지 마시라.) 크세노폰(소크라테스의 제자이자 역사가)의 작품 『아나바시스』 Anabasis에서 기진맥진한 선원들이 구조되는 상황에서 터뜨린 환호성 탈라사! 탈라사!(바다! 바다!)는 산토리니 섬의 탈라시티스 와인을 연상시킨다. 그 와인은 내가 40년 전에 이 섬을 처음 여행하면서 느꼈던, 이 섬의 아가씨들이 풍기는 깨끗하고 신비하고 짭짤한 맛을 낸다. 아가씨들이 뿜어내는 짠맛은 감히

산토리니의 백포도주 탈라시티스

범접할 수 없는 곳에 자신을 격리시켰다가 마침내 자기 전부를 내어주는 성행위의 맛이라 하겠다. 그것이 바로 섹스의 실체이자, 내가 섹스를 얘기할 때 플라톤과 달라지는 이유이다.

하지만 나는 다른 측면에서 에로스를 지지하기 위한 플라톤의 위대한 시도에 공감한다. 섹스의 윤리는 사회적·생물학적 인과관계에서 시작되는 것이 아니라 '욕망'에서 비롯된다는 플라톤의 믿음은 정당했다. 비록 성적 욕망이 자녀의 출산과 무관하거나 가족의 형성과 사회의 재충원과 관계가 없을지라도, 여전히 우리들에게는 도덕적 문제이며, 부끄러움 및 비난의 원천이자 대상이어서, 정당하게 이끌릴 때까지는 움츠러들게 마련이다. 플라톤은 욕망이란 한 개인에게 집중되는 것보다 그를 스쳐 별들에게로 향해야 옳다고 말한다. 이러한 주장은 터무니없는 말이어서 사랑하는 사람과 와인 한잔만 마셔도 완벽하게 반박할 수 있을 정도다. 와인은 당신을 움직여 다른 사람을 지나치게 하는 게 아니라 그 혹은 그녀에게 빠져들게 한다. 나는 사랑하는 그녀가 나를 향해 빛을 발하고 있는 그 눈에 나의 눈빛을 비추고 싶기에, 그녀 존재의 핵심인 눈을 들여다본다. "우리는 눈빛을 꼬아서 실을 엮어요 / 우리의 눈은 둘이자 하나인 실에 모아져요"라고 존 던John Donne(1572~1631, 영국의 시인)이 노래한 것처럼, 이는 납득할 수 있는 경험이다. 하지만 플라톤이 말한 추상적 지식에 대한 갈망이 아니라, 지금 이곳에 있는 한 사람에게 우리 자신을 흔쾌히 바치려는 결단이 있어야 이런 경험이 가능하다. 눈빛을 교차해 주고받는 것은 두 자아를 결합시키는 서막이며, 그런 방식으로 사물을 응시하는 것이야말로 성도덕의 토대가 된다.

　이러한 관점은 '아가페'와 '에로스' 사이에 내재한 유사성은 물론 차이도 밝혀낸다. 아가페와 에로스는 둘 다 조건없는 선물일 때에야 결실을 맺는다. 하지만 아가페의 선물이 반복적이며 쇄신하는 특성을 띠어 언제나 대상을 찾는 반면에, 에로스의 선물은 언제나 한 사람에게로 집중한다. 그리하여 에로스적 사랑은 적절한 시점에 상호 우호적인 상태에 도달할 때까지 시기하고 질투하며 미적거린다. 자비는 그 댓가로 아무것도 요구하지 않는 반면에, 에로틱한 사랑은 자신이 받고자 하는 것만을 준다. 에로스는 질시에 싸여 한없이 거절되는 아픔을 겪기 때문에 부끄러움을 통해 스스로를 보호한다.

미국 와인

이런 사랑은 구세계(유럽)에서 관찰되는 모습이다. 플라톤은 그런 일을 했을 수도 있고, 실제로 그렇게 했을 것이다. 섹스에 대한 신세계(미국)의 글은 눈빛을 뒤섞는다거나 심금을 울리는 그런 것들에 대해서는 언급하지 않는다. 신세계의 글들은 섹스를 쾌락의 차원에서 다루며, 모든 것을 비용-효과 분석의 틀에다 넣고 판단한다. 이는 『섹스와 이성』*Sex and Reason*에서 저지 리처드 포스너 Judge Richard Posner가 도입한 분석틀과 같다. 그 책은 허풍쟁이 알프레드 킨제이 Alfred Kinsey에 의한 섹스에 대한 악의적인 묘사가 미국문화를 얼마나 광범위하게 지배하고 있는가를 보여준다. 미국에서 정확히 언제부터 섹스가 타락하게 되었는가를 단정하기는 힘들다. 섹스의 타락시점을 꼽는다면 나는 금주법이 시행되던 시기를 지목하고 싶다. 그때는 청교도주의자들이 자신들의 요구를 관철시켰다는 승리감에 도취해 훨씬 중요하고 매혹적인 영역에서 경계심을 늦추던 시기였다. 10년도 채 지나기 전에 미국인들은 음주를 대하는 시각으로 섹스를 바라보게 되었다. 즉 섹스란 은밀히 해야 하는 것으로, 가능한

한 재빨리 낚아채듯 끝내야 한다는 것이다. 거기에 청교도주의의 영향이 들어가 있다. 왜 섹스를 금해야 하는가, 왜 섹스를 통제해야 하는가, 왜 은밀하게 해야 하는가? 섹스를 한번 근절시켜 보라! 만약 섹스에 대한 물리적 제재가 가해진다면, 외설물들이 쏟아지고 마약중독이 기승을 부리면서 에로틱한 사랑의 마지막 흔적마저도 파괴될 것이다.

스코틀랜드의 황무지나 아일랜드의 늪지대에서 애팔래치아 산맥의 비옥한 구릉지와 계곡으로 이주해온 미국인의 조상들에게는 포도와 단맛을 내는 원료가 없었다. 그리하여 그들은 호밀과 옥수수를 으깨어 발효시킨 뒤 증류하였고 마침내 그것은 술이 되었다. 월터 스콧 경Sir Walter Scott(1771~1832, 스코틀랜드의 작가)은 그 술을 자기 조상의 언어인 게일어로 '생명수'uisgeah라고 불렀다. 고향의 방식 그대로 빚어진 그 술은 내부를 불로 그을린 통에 보관되었다. 숯이 쓸모없는 가스를 제거하고 은은하고 신비한 향을 발하여 청순한 얼굴에 선명한 검은 눈썹과 같은 역할을 한다. 이렇게 하여 미국산 위스키 버번Bourbon이 출현했고 안정된 중산층 문화의 한 축을 담당하게 되었다. 이 중산층 사람들은 교외에 살며 '진정한 미국'을 상징했다. 하지만 이곳 주민들은 집에 틀어박혀 너새니얼 웨스트Nathaniel West와 윌리엄 포크너William Faulkner, 커트 보네거트Kurt Vonnegut의 소설 속에 존재하는 다른 미국, 즉 사람들이 술에 취해 있는 미국을 읽곤 했다. 미국의 정신이 선택한 안식처로서 버번은 술이 아니라 입에서 배로 곧장 주입되는 한 방의 '주사액'으로 생각된다.

미국의 작가 워커 퍼시Walker Percy는 『에스콰이어』란 잡지에 실린 글에서 버번을 호평하며 그 술이 현대사회의 '아노미 현상'을 감소시킨다고 했다. 신통치 않은 잡다한 요소들이 섞여 여성의 입 안에 감동을 불러일으키는 것이 바로 칵테일이다. 잔디밭에서 매일 오후마다 거행되는 결혼식에서 신랑이 한잔의 칵테일을 마시고 신부도 한 모금의 칵테일을 마시면 모든 번뇌는 그늘로 물러난다.

사색이 원활해지는 경지에 올라서기 위해 당신은 무엇을 마시는가? 모든 일에서와 마찬가지로 캔음료를 마시는 것은 애국에 대한 편협한 의무감에 의해 좌우된다. 콜라는 미국제품이기 때문에 마셔야 한다는 것이 그 예이다. 프랑스 와인을 상대로 미국인들이 잠깐 동안 피웠던 바람은 애국심에 근거한 분노에 시들고 말았다. 엄청난 양의 버드와이저Budweiser를 마시면서도, 미국인들은 버드와이저가 미국 술이라고 생각하며, 체코인들이 부데요비체Budějovice라는 맥주와 그 이름을 되찾기 위해 소송을 진행하며 싸우고 있다는 사실은 모른다.

그런데 미국인은 무엇을 마시는가? 대답은 간단히 미국산 와인이다. 아메리카의 발견은 필록세라(포도나무뿌리진디) 전염병을 유럽으로 옮기는 계기도 되었다. 그 결과 아메리카의 토종 포도나무를 들여와 유럽의 포도나무와 접붙임으로써 유럽 포도나무가 멸종되는 것을 막을 수 있었다. 하라즈디Harazthy가 19세기 중반 헝가리에서 미국으로 가져간 진판델Zinpandel 포도는, 이탈리아의 아풀리아Apulia 포도(미국에서는 프리미티보Primitivo 포도로 알려져 있다)를 제외하면 세계 어느 곳에서보다 캘리포니아에서 잘 자란다. 분홍빛을 띠는 백포도주 진판델은 유럽 백포도주 중에는 맞수를 찾을 수 없는 '블러시 와인'Blush Wine(캘리포니아의 엷은 핑크색 와인을 가리키는 말)이다. 피노 누아르Pinot Noir 포도만이 미국 나파Napa

3. 프랑스 바깥의 와인들 **155**

와 소노마Sonoma 계곡에 심은 중간급의 부르고뉴 포도와 어깨를 나란히 하는 정도다. 그러나 피노 누아르는 '신세계'의 포도나무와 접붙인 '구세계'의 포도이기도 하다.

고대에 바쿠스의 두 발은 영국의 푸른 산맥을 오르내렸다지만, 목마른 식민주의자들이 구조를 요청할 때까지 북미의 산맥에는 오르지 않았다. 까마득한 시절부터 북미의 포도나무는 신의 도래를 갈망하면서 자갈투성이의 구릉지에 뿌리를 내리고 계곡을 따라 뻗어나갔다. 그 포도알은 작고 단단하며 촘촘히 엉겨붙어서 처음에는 기대에 미치지 못하는 와인만을 생산했다. 신세계는 교배와 선택적 재배를 통해 단시간에 주요 품종이 된 변종포도들을 만들었다. 세계 곳곳이 세계화의 물결에 뒤덮일 때 미국은 그러한 홍수에서 탈출해 토종포도를 찾아낼 수 있었고, 그 포도로 자신을 만든 토양과 자신들이 만든 역사의 맛을 지닌 와인을 조심스레 생산했다.

발전된 기술로 와인을 생산한 사람들은 뚱한 표정의 뉴잉글랜드 청교도가 아니라, 버지니아의 교양있는 농촌귀족들이었다. 버지니아 식민지에서는 1619년에 이미 모든 사람들은 열 그루의 포도나무를 심고 가꾸어야 한다는 법안이 통과되었다. 버지니아 몬티셀로Monticello에 살면서 토머스 제퍼슨이 재배하던 노튼Norton이라는 버지니아 토종포도가 그 법안을 실행하는 데 사용되었다. 바쿠스의 사제들은 많은 개인 소유의 땅에 이 포도나무를 심었다. 제퍼슨은 1808년에 말하길 "유럽만큼이나 다양하고 훌륭한 와인을 미국도 생산할 수 있게 되었다. 그것은 유럽과 같은 품종은 아니지만 품질에서 결코 뒤떨어지지 않는다"라고 했다. 특이하게도 노튼 품종은 동부 버지니아의 습한 기후에 잘 적응했고, 그 덕분에 19세기 후반 들어 몬티셀로 와인회사의 유명한 '클라레'는 아주 성공적으로 세계적인 경쟁력을 가지게 되었다. 제퍼슨은 와인을 열렬히 변호하며 "와인은 위스키의 독을 없애주는 유일한 해독제"라고 예찬한 바 있다. 그러나 제퍼슨의 이러한 구별도 청교도주의자들의 닫힌 마음에 별다른 영향을 끼치지 못하여 와인은 금주법이 기세를 떨치던 기간엔 미국의 식품목록에서 자취를 감추고 말았다. 금주법이 무효가 되어 술의 신이 겸연쩍게 복귀하던 시절, 버지니아 노튼 포도는 캘리포니아의 세계화된 와인 때문에 아주 심한 타격을 받게 되었다. 캘리포니아는 전해 내려오던 많은 포도원들이 그대로 있었고, 바쿠스의 경건한 사제들이 캘리포니아 포도원들을 복구하기 위하여 최선을 다했던 것이다. 이러한 노력 끝에 결실을 본 탁월한 와인이 있는데, 술의 신이 여전히 출몰한다는 들녘을 방황하면서 신의 외침을 들을 때마다 그 신도들이 마셔야 하는 와인이다.

　블루리지Blue Ridge 산맥 자락에 호튼Horton 와인회사가 있다. 미국에 도착한 직후 나는 저녁마다 리틀 워싱턴의 가게에서 산 마르사네Marsannay 백포도주를 마시며 심신을 달랬다. 그 당시 누가 호튼의 노튼 와인 한병을 가져왔다. 병 안에서 말벌떼처럼 소용돌이치던 검은 와인은 코와 입 그리고 입천장에 착 달라붙으면서 개암나무 열매와 크랜베리(덩굴월귤), 당밀의 강렬한 향으로 나를 자극했다. 긴장을 풀고 걷던 나는 술기운에 노래를 절로 흥얼거리게 되었다. 옛 버지니아의 진정한 맛, 즉 붉은 석질 토양, 습한 공기, 곤충들의 신음이 섞인 잔바람, 이 모든 것들이 녹아든 검은 와인을 맛보고 나면 테이블을 가로지르며 흐르는 환상적 구름 속에 놓이게 된다.

캘리포니아에서 출시되는 최상의 와인은 유럽 와인과 어깨를 나란히 하며 보르도 1~2등급 와인 가격으로 거래되지만, 그밖의 미국 와인은 노튼 와인이 이루어낸 토양의 진정한 맛을 아직까지 이루어내지 못하고 있다. 미국땅에는 프랑스의 전원에 존재하는 성인이나 신이 없다. 미국의 포도밭은 최근 들어 조성된 것으로서, 그중 많은 포도밭은 이탈리아 이주민들이 땀을 흘려 이룬 결실이다. 포도나무와 함께한 그들의 삶은 『골든 게이트』The Golden Gate라는 비크럼 세스Vikram Seth(인도의 시인, 소설가, 여행작가)의 주목받지 못한 걸작에서 아름답게 그려진다. 이탈리아 이주민들의 후예들은 애팔래치아 산맥의 긴 그림자 속에서 달빛을 마시며 그들을 집으로 부르고 있는 예수님을 노래한다. 예수가 약속한 집은 그들이 태어났을 때의 집으로서, 식탁에 애플파이와 사과주 한잔이 놓여 있는 작은 목조 오두막집이었다.

미국 호튼회사의 노튼 와인

호주 와인

성스러움은 와인에 추가된 놀라운 힘이다. 뛰어난 와인은 신성한 곳, 즉 로마의 신들이 모셔진 사원과 수도원의 정원, 그리고 엄청난 고뇌가 스며든 언덕의 울타리 쳐진 곳에서 생산된다. 나는 이런 판단에 근거하여 언제나 호주와 뉴질랜드의 와인에 대해 의문을 품어왔다. 호주는 신성한 경관을 보여주는 놀라운 사례이긴 하지만, 수렵과 채집을 하며 그 곳에서 살아온 원주민의 문화가 파괴된 속에서 그런 경관을 가진 곳이다. 자연경관에 대한 원주민들의 정신적 반응은 브루스 채트윈Bruce Chatwin(1940~89, 영국의 소설가이자 여행작가)의 『꿈길』The Songlines에 잘 나타나 있다.

호주에서는 유럽보다 6개월 전에 포도수확이 이루어진다. 이런 까닭에 포도를 활용한 현대의 산업문화에서 호주의 와인회사들은 북반구의 경쟁자들에 비해 '6개월 먼저'라는 이점을 갖는데, 이들은 이것을 잘 활용하고 있다. 2001년 가을 내게 2000년에 생산된 호주 와인들을 평가해 달라는 요청이 왔다. 그런 와인에는 흔히 특별한 사연을 연상시키는 상표가 붙어 있는데, '말기'Back End '철길 모퉁이'Railway Turning '넓은 바닥' Wide Bottom '외로운 고무'Lone Gum '다른 편'The Other Side '언덕 너머'Over the Hill 등이 그런 상표들이다. 아주 드물게 '헌터밸리'Hunter Valley나 '쿠나와라'Coonawarra 같은 지명에서 우리는 호주의 신성한 선사시대를 떠올리게 된다. 아울러 맥라렌 베일McLaren Vale에는 호주에서 가장 오래되고 아름다운 양조장인 '위라위라'Wirra Wirra(호주 원주민의 말로 "고무들 사이"를 뜻한다)가 있다. 호주의 향취가 물씬 풍기는 와인이라면 십중팔구 그르나슈Grenache와 시라즈shiraz 포도를 혼합한 와인일 것이다. 이 와인은 항구의 호탕한 기질과 호주 내륙 깊숙한 오지의 쾌락이 뒤섞인, 알코올 도수가 높은 강렬한 와인이다. 브로큰우드Brokenwood가 출시한 이 와인은 시골풍의 호주 시라즈가 혼합되어 감초맛이 나고 진한 자줏빛이 감돌아 아주 전통적이라는 느낌을 준다. 내가 이 와인을 평하게 된다면, 매미 울음

소리 같은 맛이 난다고 말할 것이다.

포도명인 시라즈는, 십자군 전사들이 복귀하면서 론 지역 여러 곳에 이 포도를 전파했다는 론강 여기저기에 떠도는 전설이나, 위대한 애주가 하피즈Hafiz의 출생지 시라즈가 지닌 명성에도 불구하고 지명과는 상관없다. 시라즈는 에르미타주Hermitage 와인의 원료로 쓰이는 대표적인 포도이다. 수십년

감초맛이 나고 진한 자줏빛이 감도는 호주 시라즈 와인

동안 숙성한 에르미타주는 론강 인근에서 생산되는 와인들 중 가장 우아하고 향긋한 와인이다. '시라즈'라는 이름은, 와인 병마개를 손으로 따서 병째 꿀꺽꿀꺽 마시는 거칠고 야생적인 느낌을 준다. 감초맛을 다스려 시장에 출시하기 위하여 시라Syrah(시라즈의 다른 이름) 포도를 빠르게 숙성시켜 알코올 함유량 14% 혹은 그 이상으로 끌어올리는 것은, 시라즈 포도를 아예 망쳐버리는 짓이다. 호주에서는 다른 적포도주용 변종포도를 모두 합한 것보다 시라즈가 더 많이 생산된다. 위라위라 와인 등 몇몇을 제외하면, 호주의 와인은 지역에 따른 고유한 맛을 내지 못한다. 이런 까닭에 호주의 와인들은 포도의 특성을 살리는 데 역점을 두고 있다.

뉴질랜드 와인

뉴질랜드는 호주보다 훨씬 시원하고 조용하며 소란에 휩싸이거나 주변 국가들에 대해 공격적이지 않다. 뉴질랜드 와인에 대한 나의 회의적인 관점은, 뉴질랜드의 가장 큰 양조사인 몬타나Montana에서 출시한 피노 누

아르Pinot Noir를 맛보고 나서 달라지게 되었다. 내 지레짐작과는 달리 몬타나에서 생산된 와인은 품질이 뛰어났다. 그 와인은 병에 담겨 3년간의 숙성을 거치면 이미 매혹적인 맛을 지니게 될 뿐만 아니라, 해가 지날수록 꾸준히 더 나은 향기를 발산한다. 물론 최고의 적포도주인 부르고뉴와 같은 맛은 아니다. 하지만 한 가지 면에서 부르고뉴와 공통점을 갖는데, 그것은 바로 계속 마시다보면 이 와인의 품질이 지속적으로 향상되고 있음을 느끼게 된다는 사실이다.

영국의 많은 보수주의자들과 마찬가지로 나 역시 뉴질랜드에 대해 상반된 생각을 갖고 있다. 끝없이 펼쳐진 푸른 초원이 있고, 누가 뭐래도 영국의 분위기를 한껏 살린 영국식 예법과 관습, 그리고 영국의 신사적 풍모가 선명하게 유지되고 있다. 마을의 우체국, 영국 국교회 건물, 감리교 교회, 시골의 선술집, 도심을 벗어난 교외에 늘 있게 마련인 크리켓 경기장 등이 익숙한 풍경으로 전개된다. 내가 알기로는 아직도 사냥개를 동반한 수렵이 행해지며, 차를 마실 때는 꿀을 곁들인다. 섹스·결혼·출산, 혹은 신·원숭이·천사와 같은 중요한 분야에서 뉴질랜드인의 목소리는 아주 명확히 탈근대적이다. 나는 뉴질랜드의 페미니스트, 동물의 권리 보호를 위한 활동가와 다문화 중심주의자들이 발표한 문학작품들을 읽으면서 오래전에 예상하길, 곧 캔터베리Canterbury(뉴질랜드 남섬 동쪽 지방에 있는 자치구)가 주목을 받게 될 것이므로, 화레 와낭가Whare Wananga(마오리 원주민의 전통문화와 관련한 교육기관)의 지적인 삶에 내가 끼어들 여지는 없으리라고 여겼다. 그후 나는 캔터베리 대학교의 웹사이트를 방문하고 나서 몇가지를 알게 되었는데, 연극협회 주관으로 소포클레스의 『필

3. 프랑스 바깥의 와인들   161

록테스』*Philoctetes*가 한창 상연되고 있었고, 철학과에서는 오세아니아 대륙의 위대한 전통을 집중 조명하고 있었다. 오래된 주제들이 모두 관심의 대상이었으며, 아직까지 여성학과 관련된 과는 개설되지 않았다는 것도 알게 되었다.

내가 이제껏 와인을 마시며 알게 된 가장 중요한 것은, 어느 땅에 최초로 포도나무를 심은 사람은 어떤 칭호를 받고 큰 일을 한 사람들보다도 값진 일을 수행했다는 사실이다. 뉴질랜드 사람들이 한 일 가운데 후손들에게 전폭적인 지지를 받을 수 있고, 영국의 전통적인 덕목과 별개의 미덕을 갖는 일이 있다. 그것은 바로 포도나무를 심고 와인 만드는 방법을 연구해야겠다는 그들의 결심과 실천이었다. 달리 말하자면 프랑스에서 양조되는 방식대로 와인을 빚어내려는 고집이었다. 와인 애호가들이 높게 평가하는 뉴질랜드 와인의 명성은, 루아르의 소비뇽과 경쟁하려는 그들의 성실한 노력에 기인한다. 하지만 부르고뉴의 피노 누아르와 경쟁하려는 그들의 시도는 마땅히 더 높은 평가를 받아야 한다.

뉴질랜드 와인이 우리 마음속에 생생하게 그려주는 넓은 초원은, 애초에 사냥을 할 목적으로 조성되었다. 하운드Hound라는 사냥개는 독립된 종으로 분류되는데, 내가 알기로 무리를 지어 인류와 관계를 맺어온 유일한 종이다. 생쥐를 잡으려고 고양이를 키우고 시궁쥐를 잡으려고 테리어를 기르는 사람들은, 사냥을 통해 훈련된 하운드와의 동반자 관계에 익숙하다. 여우를 잡기 위해 사냥개를 기르는 사람들은, 사냥개와 여우의 관계가 극도로 격렬하다는 것을 잘 안다. 사냥개 하운드는 집 안에서 살도록 길들여지지 않았다. 그들은 쓰러진 가축이나 노쇠한 말의 날고기를 먹으며 거칠게 살아간다. 그들의 일상적인 삶은 들개의 야생적인 삶과 거의 같다. 사냥꾼이 우두머리라면 사냥개들은 그의 부하들이며, 이러한 유대관계는 세상이 신과 맺고 있는 그런 존재론적인 관계와 같다. 생쥐를 뒤쫓는 고양이는 당신이 아무리 소리쳐도 듣지 못한다. 떼 지어 몰려다니는 사냥개들의 귀에 들리는 나팔소리는 그들의 귀를 뒤흔든다. 그리하여 살육이 자행되기 전 사냥감에서 물러난다.

남아공 와인

내가 매우 좋아하는 와인 가운데 '충성스런 하운드'Faithful Hound라 불리는, 남아프리카공화국 케이프 주의 스텔렌보스Stellenbosch산 적포도주가 있다. 특별한 사연이 있는 사냥개를 추억하고자 와인에 하운드란 이름을 붙였다고 한다. 주인으로부터 버림받은 하운드는 '뮬더보스Mulderbosch 농장'의 텅 빈 집 바깥에서 3년 동안 불침번을 서다 끝내 충성에 대한 보상을 받지 못한 채 죽고 말았다. 이 와인은 어제 먹은 바비큐와 같이 익숙한 맛을 내는, 남아프리카공화국의 그런 평범한 적포도주가 아니다. '충성스런 하운드'는 그 마을 외부에서 더 흔하게 발견되는 생쥘리앙Saint-Julien과 아주 흡사한 와인으로, 메를로와 카베르네 소비뇽 포도의 혼합물에다 깊은 맛을 내기 위해 말벡Malbec을 좀 섞어 빚은 환상적인 와인이다. 과육이 농축되어 진한 오랑캐꽃 색깔

특별한 사연의 사냥개를 추억하고자 사냥개 이름을 붙인 남아공의 적포도주 '충성스런 하운드'

을 띠는 이 와인은 형언할 수 없는 농염한 향기를 풍긴다. 그 와인회사는 샤토 레오빌 라스카스Ch. Léoville Lascases를 서빙할 때 보여준 나의 관대함에 대한 보답으로 1998년산 '충성스런 하운드' 와인을 디캔터에 담아서 내놓았다. 나는 그들에게 이 와인은 결코 보잘것없는 것이 아니며, 붙어 있는 정가는 품질의 1/4 정도에만 합당한 가격이라고 했다.

마침내 와인은 남반구에서 생산되는 가장 중요한 상품 중의 하나가 되었다. 한 세기 전만 하더라도 유럽에서 와인을 수입했던 남아프리카공화국, 뉴질랜드, 칠레와 같은 나라들은 이제 자체적으로 엄청난 양의 와인을 생산해 마시며, 남은 것은 지구촌 곳곳으로 수출한다. 이러한 변화의 원인은 경제적이라기보다는 문화적이다. 20세기를 지나오면서 이들 국가들은 자신들이 결코 유럽을 떠난 망명객들이 아니라는 인식에 도달했다. 아울러 그들은 역사적으로 중요한 정착민으로서 그 땅에 대한 권리를 지녔을 뿐만 아니라 그 땅이 그들의 정체성을 형성했다는 사실도 깨닫게 되었다. 이러한 정서적 인식을 구현하는 가장 확실한 방법은 포도나무를 심는 일이었다. 포도나무는 구약의 세계에서, 디오니소스 전설에서, 호메로스의 작품에서, 로마의 문학에서 사람과 함께 존재했으며 신의 가호를 비는 신성한 권리의 상징물이었다. 이것이 아우구스투스 시대의 이탈리아 지역이 외노트리아Oenotria(와인의 땅)로 불렸던 이유이기도 하다. 또한 이러한 이유 때문에 이탈리아 사람은 아무리 먼 이역에서 방황할지라도 포도나무만 있다면 조상들이 태어난 땅, 즉 포도나무로 뒤덮인 언덕에서 살고 있음을 느낀다.

이탈리아 와인

이탈리아 문화는 가족과 도시, 마을의 행사와 마을의 성인들을 소중히 여긴다. 또한 그들은 고유한 지역성이 드러난 음식을 중시한다. 이러한 문화의 뿌리에는, "내가 현재 살아가는 곳에서 사는 것이 가장 바람직하며, 무작정 서두르는 것은 어리석다"라는 신념이 있다. 아마도 이런 신념은 로마제국주의에 대한 반발에서 싹텄을 것이다. "바다를 건너려고 하는 사람은 자신의 마음이 아니라 하늘을 바꾸어야 한다"caelum non animum mutant qui trans mare currunt고 말한 사람은 호라티우스Horatius(기원전 1세기 로마 시인)이다. 이는 여행이 마음을 협소하게 한다는 말을 달리 표현한 것이다. 그런 공감대를 바탕으로 전개된 문화는 최근까지 변화를 거듭해오다 이제는 확고한 자기만의 색채를 띠며 '천천히 먹기 운동'Slow Food Movement으로 이탈리아에서 나타나기 시작했다. '천천히 일하기 운동' Slow Work Movement은 이탈리아에서 확고하게 뿌리를 내렸고, '천천히 마시기 운동'Slow Drink Movement은 이탈리아의 거의 모든 술집에서 행해지고 있다.

광적인 호주 사람들은 세계화된 자신들의 변종포도를 심고 있고, 또한 와인 양조법을 토착민들에게 알려주고 있다. 하지만 이탈리아 와인은 그것을 생산하는 각종 토양, 성인들, 계절들만큼이나 다양하다. 이탈리아의 다양한 변종포도들은 거의 3천년 동안이나 지속돼온 재배기술 덕분에 지구상의 다른 어떤 곳에서도 그 유례를 찾을 수 없을 정도로 땅과 하나가 되어 결실을 맺는다.

평온하고 완만하며 온화한 이탈리아 피에몬테Piemonte에서 남쪽으로 가면 화산작용에 의해 그을린 칼라브리아Calabria 산등성이가 있다. 그러면 당신은 새로운 기술의 산물인 신선한 맛의 변종포도들과, 마을을 대표하는 새로운 형태의 와인 병을 접하게 될 것이다. 이탈리아가 많은 여행객들을 매료시키는 까닭은 대부분의 사람들이 여행객이 아니라 손님이고, 이방인 손님보다도 동네 손님이 더 우대받기 때문이다. 또한 포도밭을 지켜온 성인들과 그 성인들을 지켜온 마을 사람들만큼이나 어렵게 보존된 시골의 포도나무들이 소중한 대접을 받고 있기 때문이다. 이러한 포도로는 바르베라Barbera, 네비올로Nebbiolo, 백포도주용 포도인 피에몬테의 코르테제Cortese, 역시 백포도주용인 베네토Veneto의 산 빈첸초San Vincenzo, 칼라브리아의 검은빛 나는 갈리오포Gaglioppo, 아브루초Abruzzo의 몬테풀치아노Montepulciano, 시칠리아의 네로 다볼라Nero d'Avola 등이 있다. 그리고 키안티Chianti 와인의 주원료인 산지오베제Sangiovese라는 놀라운 포도가 있는데, 이것은 낯선 마을에 이식되자마자 이종 교배되어, 지하에 묻혀 있는 여러 세대의 사람들처럼 땅에 깊이 뿌리박으며 토종의 포도가 되었다. 유명한 비노 노빌레Vino Nobile를 생산하는 몬테풀치아노의 산지오베제와 피렌체의 산지오베제는 많이 다르다. 피렌체 외곽의 언덕에 조성된 6헥타르의 포도원에는 무성생식으로 번식한 산지오베제 포도나무가 자란다. 이 포도는 복잡한 공정을 거쳐 생산되는 묘약인 캄포질리오Camposilio라는 지방 특산와인의 원료로 사용된다. 하지만 당나귀는 노새가 아니듯 이 와인은 키안티가 아니다. 트렌티노Trentino 지방의 현무암 토양에서 잘 자라는 마르체미노Marzemino에 대해 알아보자. 로베레토Rovereto 근처에 자리잡은 마을 이제라Isera의 마르체미노는, 트리엔트 공의회 문서와 모차르트 오페라 〈돈 조반니〉의 정열적인 아리아 '편의 뜨거운 술'에서 언급된 와인임을 강조한다. 트리엔트 공의회의 결정 사항을 따르는 모든 사람들은 그들의 마르체미노가 열등한 파두아Padua의 마르체미노와 혼동되지 말아야 한다는 데 동의한다.

명성이 자자한 변종포도 중 하나가 바로 알리아니코Aglianico로서 전기 로마시대 이후로 아풀리아Apulia의 불투레Vulture 지방에서 재배되었다. 맛이 강렬한 이 적포도주용 포도는, 화산작용으로 생성된 해발 500m 이상의 지형과 세계 곳곳에 분포한 어떤 변종들도 견뎌내기 힘든 뜨겁고 차가운 극단적인 기후에서 자라는 포도품종으로, 깊고 오묘하기가 이를 데 없는 '달지 않은 와인'dry wine을 생산한다. 큰 통에서 20개월 동안 숙성되고 나면 병에서 몇년 더 최상의 상태로 보존되어야 한다. 이 과정을 거치면 와인의 색깔은 루비의 붉은색에서 티에폴로Tiepolo(1696~1770, 이탈리아 화가)의 암홍색으로 변하면서 선명해지고, 태양의 부드러운 포옹에 감겨들어 그 빛에 그을린 것처럼 무르익는다. 이것은 '신성한 밤의 향연'이 펼쳐질 때의 의식을 위한 와인이다. 호라티우스는 토종포도가 지닌 신비한 힘을 노래하면서 이 와인을 찬미하고 있다.

안토니우스에게 저항한 브루투스를 위해 싸웠던 호라티우스가 만일 상속한 영지를 몰수당하지 않았더라면, 분명코 그는 아풀리아의 와인을 마시며 그곳에 머물렀을 것이다. 호라티우스가 몰락한 이후 그 포도원은 방치되었지만, 남부 이탈리아 적포도주들 중에서 가장 매혹적인 와인을 빚겠다는, 100년 전통의 단젤로D'Angelo라는 회사가 기울인 노력에 힘입어 드디어 옛 명성을 되찾게 되었다. 단젤로 회사의 알리아니코 델 불투레Aglianico del Vulture는 과육의 맛을 본격적으로 느끼기 전에 향료처럼 발산되는 향기와 바탕에 깔린 탄닌 성분이 환상적으로 조화를 이룬 와인이다. 이 와인은 나이 어린 제자들과 함께한 저녁식사 자리에 아주 잘 어울린 술이었다. 에든버러에서 제자들은 공부를 하고 있었다. 나는 내가 진행하는 그룹별 지도시간이 대학당국에 의해 폐강될까봐 두려워했다. 그 시간에 나는 페이스북 및 '천재와 데이비드 베컴'을 가르쳤다. 그런데 맙소사! 술병이 등장하고 술잔이 채워졌을 때 그들은 한목소리로 "지금은 우리가 술을 마셔야 할 때"nunc est bibendum라고 외쳤다. 그들은 마치 호라티우스와 함께 있기라도 하듯 들떠 있었다.

루마니아 와인

미하이 에미네스쿠 트러스트Mihai Eminescu Trust(루마니아 시인인 미하이 에미네스쿠의 이름을 딴, 루마니아 북서부 트란실바니아의 문화유산 보호와 경제 회복을 도모하는 단체)는 루마니아인의 애국심에 관해 내가 알고 있는 한 사례이다. 차우셰스쿠가 몰락한 이후 이 단체는 여러 마을을 재건하는 일을 떠맡았다. 그 마을들을 방문한 여행객들은 그곳의 놀랄 만한 아름다움을 보면서도, 낙원에서 사탄을 떠올리듯 그 수려한 경관을 계기로 차우셰스쿠를 연상하게 된다. 하지만 여행객들은 그곳에서 입맛을 자극하는 정도 이상의 와인이 생산되고, 그 와인이 영국에서도 판매되고 있다는 사실은 알지 못할 것이다. 독일인들에 의해 생산되는 루마니아 와인은 실제로 프랑스산 포도를 주원료로 하고 헝가리에서 수입한 참나무통에서 숙성된다. 루마니아에서 프랑스·독일·헝가리를 제외하면 값진 요소들이 거의 남지 않게 된다. '성채 옆'을 뜻하는 라 체타트La Cetate는 카를레Carl Reh 양조회사에 의해 오프리소르Oprisor에서 생산된, 과일향이 강한 메를로 와인이다. 2000년산 라 체타트는 바닐라 향의 끝맛이 독특한데, 다 비운 잔을 핥는 단계에서야 그 맛을 느낄 수 있다. 또한 이 와인은 엇비슷한 가격에 구할 수 있는 다른 어떤 와인보다도 진하고 과일향이 강하다. 이러한 와인을 생산한다는 것은 루마니아가 유럽의 일원으로서 자기 정체성을 확립하겠다는 시도의 한 단면이라 하겠다.

스페인 와인

프랑스라는 '실체적 국가'가 유럽연합이라는 '법률적 국가'의 틀에서 사라지고 말았기 때문에, 루마니아의 시도가 성공할지 여부는 각자의 추측에 맡긴다. 하지만 루마니아만 자신의 정체성과 정신적 지평을 학립하기 위해 프랑스의 도덕적 삶에 의존하는 유일한 나라는 아니다. 유사한 경우로 스페인이 있는데, 스페인은 프로스페르 메리메Prosper Mérimée(1803~70, 『카르멘』을 쓴 프랑스 소설가)가 상상력으로 구성하고, 프랑스 사람들이 음악 속으로 끌어들인 나라였다. 메리메처럼 스페인을 상상력으로 구성한 프랑스 음악가로는 첫번째로 비제(『카르멘』에 곡을 붙인 작곡가)가 있다. 아마도 스페인을 위한 최고의 기도는 드뷔시의 〈서곡〉 제2집에 나오는 '포도원의 문'일 것이다.

리오하Rioja(프랑스 국경과 가까운 스페인 북부지역) 와인 역시 프랑스인의 발명품이다. 리오하의 포도나무들은 오래전부터 이 아름다운 지역에서 재배되어왔다. 하지만 리오하에 포도나무를 심은 때는, 필록세라(포도나무뿌리진디) 돌림병에 의해 보르도의 포도원이 한꺼번에 폐허처럼 변한 후 그곳의 포도 재배자들이 이곳으로 남하하던 무렵이었다. 그때 이후로 리오하 와인은 과학적으로 빚어졌고, 현재는 법에 의해 세심하게 통제되고 있다.

스페인의 보데가bodega(와인저장고)는 하나의 장소라기보다는 일종의 사업이며, 하나의 포도원이라기보다는 그 지역에서 생산된 포도를 사들이는 일종의 양조장이다. 그러므로 당신이 보데가로 간다는 것은 '그 지역'이 아니라 그 양조회사로 가게 된다는 뜻이다. 이런 특성 때문에 리오하는 아담하고 특별한 땅, 즉 와인명이 유래된 신성한 장소로 당신을 인도하지는 않는다. 적포도주 리오하는 템프라니요Tempranillo 포도에다 가르나차Garnacha(프랑스의 그르나슈), 마수엘로Mazuelo, 그라시아노Graciano 포도를 약간 혼합해 빚은 와인이다. 리오하는 일반적으로 미국산 참나무 통에서 숙성되어 바닐라 향이 진하고 끝맛의 여운도 오래 지속된다. 이 와인은 공인기관이 주관하는 심사에 의해 평범한 리오하, 리오하 데 크리안사Rioja de Crianza, 레세르바Reserva, 그란 레세르바Gran Reserva와 같이 네 등급으로 분류된다. 그란 레세르바는 최고 품질의 포도로만 빚도록 규정되어 있다. 그런 와인을 최상의 상태로 마시기 위해 당신은 그 와인을 10년 동안 보관해야 한다.

하지만 일반적인 리오하 와인을 살펴보자. 그러면 생명력으로 불타고 플라멩코(스페인 안달루시아 지방을 떠도는 집시들의 춤)를 추는 춤꾼의 우윳빛 가면으로 덮인 템프라니요 포도 특유의 맛을 떠올리게 될 것이다. 참나무와 템프라니요의 결합은 리오하의 특이한 맛을 내는 데 결정적인 역할을 한다. 하지만 이는 그란 레세르바가 파격적인 분장의 남용이라고 여기는 라 만차의 발데페냐스Valdepeñas에서는 작동하지 않는다. 템프라니요를 더 북쪽의 변종포도들과 혼합하거나 변종포도를 전혀 섞지 않은 스페인 와인들이 있는데, 최고 품질의 와인은 그것들 중에 있다는 사실을 잊지 말아야 한다.

그것들 가운데 가장 흥미로운 와인은 비에르소Bierzo이다. 비에르소 와인은 산티아고 데 콤포스텔라Santiago de Compostela로 향하

미국산 참나무통에서 숙성되어 바닐라 향이 진하고 끝맛의 여운도 오래 지속되는 스페인 북부의 리오하 와인

는 순례자의 길에 펼쳐진 유서 깊은 포도원에서 생산되며 토종의 멘시아 Mencía 포도로 양조된다. 프랑스 순례자들은 순례중에 피레네 산맥 반대쪽에서 생산되는 마디랑Madiran 와인을 지니고 다니면서 비에르소 와인은 절대 마시지 않는다. 최근의 깊이있는 연구들은 그런 프랑스 순례자들의 태도가 옳지 않음을 치밀하게 밝혀냈다. 비에르소는 너무 가팔라서 당나귀 없이는 경작할 수 없는 석회질 토양의 산기슭에서 생산된다. 척박하고 햇볕에 그을린 토양 덕분에 비에르소 와인은 미네랄이 풍부하고, 진홍의 핏빛과 쓰리면서도 달콤한 로르카Federico Garcia Lorca(1898~1936, 스페인의 시인이자 극작가)의 사랑노래처럼 우울한 맛이 있다.

더이상 스페인은 존재하지 않는다고 말한 사람이 있다. 1921년 출간한 『등뼈 없는 에스파냐』España Invertebrada에서 호세 오르테가 이 가세트 José Ortega y Gasset는 자신의 조국 스페인이 역사적으로 쇠퇴의 길을 걸을

것이라고 예견했다. 스페인 사람들이 가슴에 쾌락보다는 명예를 간직하는 전통을 상실했다는 이유에서였다. 오르테가는 1955년 야만적인 침략 행위들이 시작될 무렵에 세상을 떠났기 때문에 스페인 사람들에게 영향을 미친 소비주의를, 해안선을 따라 약탈하고 파괴한 영국의 횡포와 비교해보지 못했다. 하지만 우리는 오르테가의 말을 그 자체로 받아들일 필요가 있는데, 스페인 사람들이 품위있는 충실함의 상태에서 현재의 상태로 몰락했고, 돈키호테의 허울뿐인 기사도 정신이 한때는 그들의 국민적 특징으로 규정되었음을 인정해야 할 것이다.

스페인 사람들은 외딴 계곡으로 스며들어 지구 전체를 휩쓴 폭풍을 피해 살아갔다. 그 계곡에서는 견고하고 오래된 포도나무들이 돌투성이의 하층토에서 양분을 빨아들인다. 모든 것을 변하게 했던 것, 즉 메리메, 비제, 샤브리에Chabrier(1841~94, 프랑스의 작곡가), 드뷔시, 라벨 등의 작품을 망친 것은 오르테가가 진단한 도덕적 질병이 아니라 도덕적 질병이 초래한 시민전쟁이었다. '여러 주들이 동맹을 맺어 촉발한 전쟁'에 대한 미국인들의 감회는 남다르다. 통탄할 과오였다는 공감대를 바탕으로, 해안 여기저기에 널브러져 있다가 이젠 가슴 아픈 애도사의 주인공이 된 병사들을 미국인들은 연민의 눈으로 바라본다. 그런데 화해를 위한 애도는 율리시즈 그랜트(미국 남북전쟁 당시 북군의 총사령관)와 로버트 리(남북전쟁 당시 남부연합군 총사령관) 사이에 싹튼 근본적인 용서의 전통에 근거한다. 수업시간에 미국 시민전쟁을 배우는 학생이라면 스페인에서도 그런 화해 시도가 있었는가를, 있었다면 누가 그런 노력을 했는가를 묻게 될 것이다. 로르카가 『피의 결혼』에서 묘사한 바 있고, 그 자신 희생물이 되고 말았던 '보복의 정신'이, 로르카가 묻혀 있는 공동묘지를 파헤치려는 사람들 사이에서 되살아나고 있다. 미국의 사례에서 볼 수 있듯, 시민전쟁의 상흔은 정의에 의해서가 아니라 우리 사회에서 오랫동안 작동하고 있지 않은 용서에 의해 치유된다. 로르카의 향기가 나는 비에르소를 와인 잔에 따를 때마다 잔 위를 떠도는 생각은 바로 이런 것이었다.

  죄책감이 빠른 속도로 사라지는 것에 비례하여 지금 인간의 기억에서 희미해지는 20세기의 범죄들은, 철학 강의표에 용서라는 개념을 분명히 올려놓지 못해서 저질러진 것이다. 우리는 우리 문명의 깊은 곳엔 용서가 자리잡고 있으며, 선조의 원칙과 교훈을 관통하여 그 용서의 정신이 황금실처럼 이어져온다는 사실을 깨우쳐야 한다. 손에 든 술잔을 기울이면서 나는 스페인 사람들을 이해하게 된다. 합법적인 그들의 정부를 폭력적으로 뒤집어엎은 우파도, 분노하여 스페인의 전통적인 상징물들을 허물어뜨리고 수많은 사제와 신앙인들을 살해한 좌파도 기꺼이 용서하게 된다. 하지만 스페인 사람들은 과연 서로를 용서했는가? 지금 그들이 하는 행동으로 판단하건대 나는 그들이 그랬다고 생각하지 않는다. 만일 스페인 사람들이 드뷔시가 〈포도원의 문〉을 작곡했을 때 품었던 진정한 의도를 이해했더라면, 두 진영 모두 피 흘리는 짓을 그만두고 그토록 미뤄왔던 지혜를 '곧장' 얻으려 했을 것이다. 연방의 주들 사이에 벌어진 미국의 시민전쟁보다 훨씬 잔인한 전쟁에 돌입했던 스페인의 광기는 정신적 혼란의 소산이었던 것이다.

제 2부

그러므로 나는 존재한다

Therefore I Am

4 의식과 존재

"그러므로 나는 존재한다"가 철학의 전부를 함축하고 있다는 말은 과장일지도 모른다. 하지만 이 말은 진실과 그렇게 많이 동떨어져 있지는 않다. 철학이란 이성과 의식 그리고 존재를 성찰하는 것에서 시작되기 때문이다.

'그러므로'에 대해 생각해보자. 우리가 우리 시대를 극복해나갈 때 없어서는 안될 요소들을 연결시키는 데 '그러므로'보다 더 유용하게 쓰이는 말은 무엇인가? '그는 남자다. 그러므로 그는 인간이다'란 말은 논리적으로 완전무결하다. 또한 이 말은 가장 적절하게 '그러므로'의 용례를 보여준다. '그는 남자다. 그러므로 그는 집이고, 수입이고, 보호자다'란 말은, 남자가 막 따라준 술잔을 들고 있는 여자의 마음에 당연히 반향을 불러일으킨다. 하지만 이 말은 '그러므로'가 천박하게 쓰인 사례이다.

'그러므로'는 '왜'와 짝을 이룬다. '왜'란 말은 사물이 존재하는 원인이나 이유를 물음으로써, 사물에 대한 합리적인 설명을 찾는 우리의 욕구에 부응한다. 원인은 이유와 구별되어야 한다. 원인은 설명하고 이유는 정당화한다. 하지만 이 둘은 공통적으로 '왜'와 '그러므로'의 방식으로 표현된다. 이유 중 어떤 것은 논리적이고 어떤 것은 실제적이며, 어떤 것은 결론을 강요하고, 또 어떤 것은 결론을 유도한다. 하지만 이런 차이에도 불구하고 일상의 대화에서 '그러므로'란 말은 사람들이 공유하는 보편적인 법칙·관습·기대수준을 환기함으로써, 사물들을 일관된 방식으로 연결한다. 이는 사물들이 본성이나 합리적 주장에 의해 결합되어 있음을 의미한다. 그렇게 연결된 사물들을 이해하고 활용하는 것은 이성적 존재들이다.

이성적 존재들은 비이성적인 동물과 다른 세계에서 산다. 그 세계는 법·시간·계획·목표 등으로 구성된다. 이성적 존재들은 판단하고 반성하고 자아와 타자에 대한 개념을 형성하며 살아가기 때문에, 그들의 감성은 동물적 감성인 식탐과 혐오의 틀로는 이해될 수 없다. 그들은 적개심과 두려움은 물론 양심의 가책, 죄의식, 부끄러움도 경험한다. 또한 그들은 사랑, 의무, 미학적 성찰, 기도 등을 통해 성취감도 맛본다. 이 모든 것은 그들의 표정에 배어 있다. 동물들과 달리 이성적 존재는 웃을 줄 안다. 밀턴은 웃음에 대해 "이성에서 흘러나온 미소는 / 야만인에게 거부당하지만 / 사랑을 먹고 기운을 낸다"고 말한 바 있다. 그리스 와인과 '에로스'를 논하면서 지적했듯, 이성적 존재는 사물을 단순히 바라만 보지 않는다.

연인들이 상대의 눈을 꿰뚫어보듯 이성적 존재는 사물을 꿰뚫어본다. 연인들은 상대의 찡그리고 빨갛게 달아오른 표정에 담긴 생각을 읽어낸다. 이렇게 소통함으로써 상대의 몸짓은 감춰졌던 영혼과 더불어 빛을 발하게 된다. 연인들은 자신을 존재 그 자체로 인정해주길 바라는 개별 주체로서 상대에게 다가선다. 그들은 자신이 그 자체로 목적이 아닌, 어떤 목적을 위한 수단으로 상대와 관계맺는 것을 원치 않는다.

사고의 영역에서 합리성은 추론에 저항하면서 자신을 드러낸다. 우리가 말하는 '그러므로'는 바쿠스 숭배자들처럼 춤추며 주변에 꽃을 뿌리고 보석처럼 빛나는 생각들을 줄에 꿰면서 상상의 길을 걸어간다. 지금 프란체스코 과르디Francesco Guardi(1712~93, 이탈리아 화가)의 풍경화를 감상하고 있다고 가정해보자. 먼지 자욱한 길가에 있는, 노란 벽토가 벗겨진 아담한 집들이 지는 햇빛을 받아 아늑하게 자리잡고 있다. 이 정경은 내면의 창에 여러 가지를 떠오르게 한다. 한편으로는 시간의 경과와 함께 퇴색된 위안거리를 느끼게 한다. 다른 한편으론 나 자신의 몽상 속으로 빠져들게 한다. 이런 몽상이 지속되기 위해서는 직접 겪지 않은 상상 속의 사건들과 사물들이 있어야 한다. 대상을 향한 즉각적인 느낌은 본질적으로 그 대상에 속하는 사물들을 언급한다. 2차적으로 이어지는 몽상은 그림에서 연상되는 것들, 즉 그림을 통해 내가 상상해낸 것들이다.

이러한 차이는 술을 이해하는 방식과 특별히 관련성이 있다. 흔히 말하길, 시각과 청각은 이중의 의도성을 허용하는 반면에, 맛과 냄새를 감지하는 감각들은 오로지 관념들의 교류에 의해서만 작동될 수 있다고 한다. 마르셀 프루스트가 『잃어버린 시간을 찾아서』에서 마들렌madeleine

(둥글고 부드럽게 구운 프랑스 과자) 냄새가 일생에 대한 추억과 상상의 사물을 연상시킨다는 사실을 알았을 때, 이 상상의 대상은 단지 맛이 연상해 낸 것일 뿐 결코 맛 자체는 아니다. 내가 그림 속에서 집들을 보거나 노래에서 슬픔을 듣듯이, 프루스트가 마들렌에서 그렇게 과거를 맛보는 것은 아니다.

만일 와인 애호가들이 그들의 진정한 동반자(와인)를 이해한다면, 상상력이 작동하는 어느 지점에 와인이 위치해 있는가를 자문해봐야 한다. 와인은 내적으로 우리의 주관적 인상과 기억에 남은 사건들을 지향하는가, 아니면 틴토레토Tintoretto(1518~94, 이탈리아 화가)나 워즈워스 혹은 모차르트 등이 지각 대상들을 변형시켜 외적 세계에 질서를 확립하듯 체계를 세우는가.

고대의 철학, 기독교, 서구 예술은 와인이 신과 인간, 이성적 영혼의 소유자와 동물 사이의 소통을 위한 가교 역할을 한다고 이해한다. 흙에서 추출된 생명의 알맹이는 와인에 의해 혈관으로 흘러들어와 인간의 몸을 깨우고 삶을 즐겁게 한다. 와인이 육체를 수렁에 빠뜨린 후에 영혼으로 침입하면 생각은 서로 엉키고 감각은 자유로워진다. 그리하여 당신은 승승장구하는 생애, 불후의 예술작품, 세상을 얻는 것, 새로운 작업장을 꿈꾼다. 그리스의 시인 바킬리데스Bacchylides(기원전 5세기에 활동하면서 화려하고 유려한 문체의 축가와 경기 찬가를 남겼다)는 다음과 같이 말한다. "주체할 수 없는 기쁨이 술잔을 비우게 하고 가슴을 뜨겁게 한다. 사랑의 희망은 생각을 가장 높은 곳으로 날게 하며, 화살을 되돌려 디오니소스의 선물로 가득 채워진 마음을 관통하게 한다. 사랑의 희망은 곧장 구멍이 숭승 난 도시의 성벽으로 날아가고, 그 순간 그는 자신을 위대한 군주로 느낀다. 황금과 상아로 그의 궁전은 빛나고, 곡물을 실은 큰 상선이 햇빛 찬란한 바다를 항해하여 이집트에서 그에게 줄 엄청난 부를 실어온다." 하지만 내일 아침이 되면 모든 것은 잊힐 것이다. 이런 까닭에 와인은 급격한 변화와 수직상승, 급전직하하는 이동을 상징한다. 이러한 요동은 이성적 존재의 생명을 특징짓는 요소이기도 하다.

이를 바그너보다 더 분명하게 인식한 예술가는 없었다. 이졸데는 서로가 독약으로 알고 있는 음료를 트리스탄에게 건네주며, 그의 손에 있는 자신의 몫을 낚아챈다. 그러고 나서 둘은 서로를 포옹한다. 토마스 만이 말하길, 그들은 그렇게 거짓 상황을 꾸밀 이유가 전혀 없었기에, 물 한잔으로도 그러한 속임수를 연출할 수 있다고 했다. 하지만 핵심은 그게 아니다. 시녀 브랑게네가 죽음의 음료와 바꿔놓은 사랑의 묘약은 내부, 즉 몸에서 발산되는 일종의 힘을 준다. 이 과정을 통해 육체는 정신을 지배하게 되고, 신비하고 단순한 비밀과 무의식적인 삶으로 팽배한 세계가 그 육체를 지배하게 된다. 사랑만이 자기를 재생케 함으로써 우리를 이런 경지에 도달하게 한다.

바그너의 오페라 〈니벨룽의 반지〉 중 〈신들의 황혼〉 1막에서는 지크프리트에게 망각의 음료가 제공된다. 이 음료가 그의 몸을 지배하고 그의 영혼으로 흘러들 때, 우리는 음료가 그를 침범하는 소리를 들을 수 있다. 그리하여 그는 기억을 지우고 연인인 브륀힐데의 영상까지 지워낸다. 고위층으로 올라간 지크프리트는 야망을 추구하는 속된 인물로 추락해, 사랑을 배신한 죄로 죽어 마땅하다는 비난을 받게 된다.

와인에 대한 경험은 서구 예술의 지속적인 주제였던 인간 존재의 변화를 이해할 수 있게 한다. 콜리지S.I T. Coleridge의 『쿠블라 칸』Kubla Khan, 월터 스콧Walter Scott의 『래머무어의 신부』The Bride of Lammermoor, 드 퀸시De Quincey의 『고백』Confessions은 아편쟁이의 작품들이다. 더 많은 작품들이 인도 대마초를 피우며 몽롱한 상태를 즐기던 작가들에 의해 씌어졌다. 하지만 대부분의 사람들은 그런 작가들의 인생, 작품 주제나 상징주의를 알코올 탓으로 돌린다. 와인은 영혼에 영혼의 육체적 기원을, 육체에는 육체의 정신적 의미를 상기시키기 때문이다. 와인으로 인하여 우리는 번듯한 인간의 모습을 갖춘 의미있고 정당한 존재가 된다. 이것 또한 상상력이 만들어낸 모범적인 모습이다.

이런 것들이 우리를 지속적으로 '그러므로'에서 '나'로 향하게 한다. 철학의 가장 고집스런 문제는 상당수가 이 말과 관련되어 있다. 철학에서 의식에 관한 문제, 주관적 관점에 관한 문제, 주체와 객체의 문제, 자유의지와 도덕적 의무에 관한 문제 등등은 우리를 '그러므로'와 관련된, 이성적 존재에 대한 개념으로 몰아간다. 현대철학은 '나'에 관한 데카르트의 치열한 탐구와 더불어 시작되었다. 이 1인칭 주어는 데카르트가 처음 도입한 이래로 우리 시대에는 에드문트 후설의 현상학적 방법과 더불어 정점에 도달하였지만, 은어와 뒤범벅이 된 거대한 쓰레기 더미 하나를 관념의 역사에 남기게 되었다. 자아에 관한 심오한 진리란 애초부터 없었고, 보잘것없는 진리 나부랭이들만 난무하여 진리를 포착하기 어렵게 만들었다. 토머스 네이걸Thomas Nagel에게는 핵심을 짚어내는 탁월한 방식이 있다. 그는 우리에게 물리학의 진정한 이론(그것이 무엇이든 상관없다)에 따라 세계를 완벽하게 묘사해보라고 조언한다. 이러한 서술적 묘사는 실체를 구성하는 한편, 존재하는 모든 것의 시공간적 등가물인 미립자와 힘 그리고 장場의 배열을 규명한다. 이는 어느 것 하나 간과하지 않지만, 언급되지 않은 것이 하나 있다. 그것은 내게 다른 어떤 것보다도 더 중요한 것이다. 그 서술적 묘사에서 어느 것이 나란 말인가? 객체의 세계에서 나는 어디에 있는가? 이 사물이 '나'라는 진술에는 정확히 어떤 의미가 있는가?*

술은 자아를 마음으로 대면케 해 데카르트가 파놓은 미궁에 빠지지 않도록 한다. 자아란 사물이 아니라 하나의 전망이다. 하지만 네이걸이 확인시켜주듯, 여러 전망은 세계 안에 있지 않고 세계 위에 있다. '안에 있지 않고 위에 있는 것'은 균형잡기가 어렵다. 그런 동작은 미소짓는 초승달이 불러일으킨 사색하는 태도로만 성공적으로 완수된다. '나'는 미소짓는 초승달의 인사를 받으며 이곳에 머물러 있는 것이다.

우리에게 의식은 이 세계의 어떤 것보다도 더 친숙하다. 의식은 그 도상에서 모든 것들이 친숙해지도록 만드는 일종의 길이기 때문이다. 하지만 의식의 이런 속성 때문에 의식을 가늠하기는 매우 어렵다. 당신은 그저 의식이 주목하는 대상들, 즉 하나의 얼굴, 하나의 꿈, 하나의 기억, 한가지 색깔, 하나의 고통스런 사건, 하나의 선율, 한잔의 술을 대면하게 될 뿐, 그런 대상들을 조명하는 의식을 어디에서도 찾을 수 없다. 의식을 붙잡으려고 발버둥치는 것은 관찰하는 자신의 행위를 관찰하려 안간힘을

---

*토머스 네이걸Thomas Nagel, 『미지의 풍경』*The View from Nowhere*(옥스퍼드 1986).

쓰는 것과 같다. 거울을 사용하지 않고 당신의 눈을 보려고 하는 시도라 하겠다. 우리는 영혼, 마음, 자아, 의식의 주체, 생각하고 보고 느끼며 내부에서 진정한 나를 구성하는 내면 등의 이미지를 활용하여 이 문제를 해결하고자 한다. 하지만 이런 전통적인 해결책들은 문제를 더욱 꼬이게 만든다.

우리가 명확히 할 수 있는 바는, 적어도 의식에 관한 문제는 과학의 문제가 아니라 철학의 문제라는 것이다. (일반적으로 생각하듯이) 의식이란 경험에 바탕을 둔 자료가 아니기 때문에, 의식에 관한 문제는 경험적 자료들을 연구함으로써 풀어낼 수는 없다. 물론 우리는 두뇌의 작동과정, 뉴런, 신경절, 시냅시스, 그밖에 두뇌에 관한 복잡한 문제 등을 관찰할 수는 있다. 하지만 비록 관찰 자체가 의식의 한 형태일지라도 우리는 의식을 관찰할 수는 없다.

그러므로 의식에 관한 문제의 한 가지 근원은 1인칭과 3인칭 관점 사이에 내재하는 명백한 불균형이다. 내가 고통을 받고 있다고 당신이 판단할 때 그 판단의 근거는 내 상황과 행동인데, 당신은 오류를 범할 수도 있다. 내가 어떤 고통스런 사건을 내 탓으로 돌릴 때, 나는 증거를 내세우지 않는다. 나는 나를 관찰함으로써 내가 고통을 겪고 있다는 사실을 발견하는 것이 아니다. 나는 내가 느끼고 있는 바를 확증하기 위하여 그 고통을 면밀히 검토할 뿐이다. 잘못 인식한 상황이라면 내가 정말 고통을 받고 있는지 아닌지를 '알아내야' 할 것이다. 나는 외부적인 여건들을 언급하지 않고서도 내부의 상태를 판별할 수 있는 방법을 고안해야 할 것이다. 하지만 비트겐슈타인이 주장했듯, 그것은 불가능하다.* 결론적으로 어떤 내적인 특성에 근거해서가 아니라 어떤 근거에도 기대지 않고, 나는 내 고통을 내 탓으로 돌린다.

물론 고통이 무엇인지를 아는 것과 고통이 어떠한가를 아는 것은 다르다. 하지만 고통이 어떠한가를 아는 것은, 고통에 대한 부가적인 어떤 내적 '사실'을 아는 것이 아니라, 단순히 그 고통을 느끼는 것이다. 우리는 정보라기보다는 친밀성에 대해 언급하고 있다. '그것이 어떠한가'는 서술적 묘사를 대체하는 것이 아니라, 묘사하기를 거부하는 것이다. 주체의 내적 구조를 파악하기 위해 '깊이있고 문학적인' 용어로 '그것이 어떠한가'를 묘사하고자 한 철학자들이 있다. 대표적인 철학자가 '현상학'의 선구자 에드문트 후설이다. 만일 당신이 철학이 해서는 안되는 것들을 알고자 한다면, 후설의 『내재적 시간의식의 현상학』을 읽어보라.

비슷한 경우인데, 만일 우리가 사물에 대해 '느끼겠다'는 관념에 빠져들면 우리는 의식을 이해하는 데 별로 성과를 얻지 못한다. 왜냐하면 의식은 느낌과 전혀 무관한 이지적인 상태이기 때문이다. 우리는 욕망을 추구하듯 우리의 감각과 감정에 몰입한다. '무의식적 감각'이라는 개념에 만족하는 심리학자와 철학자들이 있다. 우리가 '감각'을 '인식'으로 받아들일 때만 감각은 의식의 증표가 된다. 하지만 무언가를 인식한다는 것이 도대체 무슨 말인가? 글쎄, 뭔가를 의식한다는 말일 수도 있겠다.

의식에 대한 우리의 인식을 설명하기 위해 나는 특별히 두 개의 개념이 유용하다고 본다. 첫번째 개념은 의존관계 supervenience이다. 마음의 상

---

*이 지면은 비트겐슈타인의 '사적인 언어 논의'를 자세히 설명하는 공간이 아니다. 로저 스크루턴, 『현대철학』 *Modern Philosophy* (런던 1993), 제4장을 참조하라.

태는 일반적으로, 의식의 상태는 특수하게 촉발된다. 적절한 비유로 한폭의 그림에 그려진 얼굴을 들 수 있다. 화가가 캔버스에 물감을 칠할 때 그는 순전히 물질적 수단으로 물질적 객체를 창출해낸다. 이 객체는 2차원으로 간주되는 평면의 점과 선들로 구성되어 있다. 그림의 외면을 볼 때 우리는 물감으로 드러난 점과 선, 아울러 그것들을 포함한 표면을 본다. 하지만 그것이 우리가 보는 전부는 아니다. 우리는 활짝 핀 미소를 머금고 밖을 향해 우리 자신을 보고 있는 하나의 얼굴을 대면하게 된다. 만일 당신이 부분에만 주목하게 되면 얼굴은 볼 수가 없게 되는데, 그 반대의 경우도 마찬가지다. 얼굴이 엄연히 거기에 있기에, 그 얼굴을 보고 있지 않은 사람은 정확하게 보고 있는 것이 아니다. 다른 한편으로, 그 얼굴은 화폭의 선과 부분 위에 펼쳐진 부가적 요소가 아니라고도 말할 수 있다. 왜냐하면 선과 부분들이 거기에 존재하게 되자마자 얼굴이 그렇게 존재하기 때문이다. 그 얼굴을 형상화하는 데 더이상 아무것도 덧칠할 필요가 없다.

이런 점을 표현하는 하나의 방식은, 부분에서 윤곽을 찾아낸 얼굴이 그 부분에 의존하고 있다고 말하는 것이다. 아마도 그런 의미에서 의식은 의존적 요소로서, 우리가 의식을 관찰하게 되는 계기인, 삶 및 행위와 깊이 관련돼 있다. 그렇다고 삶과 행위로 환원될 수 있는 것도 아니다. 나는 이런 각도에서 논의를 더 진전시켜 의식을 '발생적' 요소로 묘사하고자 한다. 발생적 요소는, 어떤 의미에서는 삶의 과정들이 지닌 힘을 능가하는 힘, 즉 무언가를 야기하는 힘을 지닌다.

두번째 유용한 개념은 가장 먼저 칸트가 다듬어 주목을 끈 사상이다.

이후론 피히테, 헤겔, 쇼펜하우어, 그리고 여러 철학자들의 관심에 힘입어 하이데거, 사르트르, 토머스 네이걸에 이르기까지 강조되었던 사상이다. 이들의 사상적 경향은 의식의 주체와 객체를 구분하고, 주체의 특별한 형이상학적 지위를 인정하는 것이다. 의식의 주체로서 나는 세계에 대한 하나의 관점을 택하고, 세계는 내게 특정한 하나의 방식으로 보인다는 것이다. 이 '보인다는 것'은 나의 관점을 규정한다. 의식을 지닌 모든 존재는 그러한 관점을 갖게 되는데, 이것은 주체가 된다는 말의 의미이다. 하지만 내가 세계를 과학적으로 설명할 때, 나는 객체들을 기술하고 있는 것으로 단지 사물들이 존재하는 방식과 그 사물들을 설명하는 인과법칙들을 말할 뿐이다. 이러한 기술은 어떤 관점에 따라 주어지는 것이 아니어서 '여기' '지금' '나'와 같은 말을 포함하지 않는다. 그것은 사물들이 어떻게 존재하는가에 대한 이론을 세우는 것으로 족하다. 간단히 말하자면 주체는 원칙적으로 과학에 의해 포착되지 않는다. 주체는 경험세계의 일원이 아니기 때문이다. 주체는 수평선과도 같은 사물들의 경계선상에 위치해 있다. 나는 내 친구 자체를 위해 행동한다. 하지만 내 행동의 원인이 되는 그 '자체'와 같은 것은 없다.

이졸데가 트리스탄에게 준 치명적인 음료는, 우리가 맛볼 수 있는 와인의 놀라운 특성을 일깨워준다. 의식이 고양되는 바로 그 순간에, 와인은 이제껏 우리가 멀리해오던 관심사들에 대해 재고할 것을 촉구한다. 우리는 육신에 의탁한 존재로서 우리가 직면한 곤궁을 안다. 우리의 의식적 삶은 우리 밖에 존재하는 어떤 힘에서 유래한다. 의식이 작동하는 순간에 우리는 안나를 생각하고, 시 한편을 떠올리며, 신과 구원에 대해 명상하고, 가계를 꼼꼼히 따져볼 수 있다. 술이 온몸에 퍼져 마음이 달아오른 상태라면 우리는 사느냐 죽느냐를 선택하지 않는다. 술은 우리를 이끌어 신비한 자유에 직면하게 하며, '나'를 말하게 하고, 사유의 세계에서 자유롭게 거닐며 결정하도록 하고, 스스로 행동할 수 있는 힘을 강화시켜준다. 술은 우리의 육체가 매여 있는 인과의 그물망을 통하여 우리에게 계속 작용한다.

그 자신 와인을 즐겼고 만찬에 초대한 사람에게 1파인트(약 0.57리터) 분량의 와인을 제공했던 칸트는, 다른 어떤 철학자들보다 역설에 대해 아름다운 글을 썼다. 그는 말하기를, '나'라는 말을 사용함으로써 사람들은 이성적 존재를 자연의 세계에 존재하는 다른 객체로부터 분리하기 시작했다고 한다. 또한 '나'라는 말은, 자신의 처지를 속박당하면서도 동시에 자유로운 피조물의 상태로 정의하게 한다고 한다. 데카르트는 자아를 하나의 단위 존재로 최고의 실체라고 이해했다. 자아의 본성은 분명히 나의 사고에 의해 밝혀진다는 것이다. 이러한 관점은 심각한 오류를 내포한다고 칸트는 주장했다. 왜냐하면 의식은 주체인 자아를 인식의 대상인 객체로 바꾸기 때문이다. 나는 자신을 객체가 아닌 주체로 알고 있으나, 나는 사물들의 경계에 서 있다. 나는 자신에 대해 '나는 지금, 여기에, 이렇게 존재한다'고 말할 수 있는 반면에, 그런 말들은 사물의 세계에서 '나는 무엇인가'에 대한 어떠한 정보도 가지고 있지 않다.

나 자신에 대해 알고 있는 내용이자, 결코 잘못 알고 있을 리 없는 두 가지가 있다. 첫째는 내가 의식의 총체적 중심이라는 것이다. 나는 관찰 없이도 생각·감각·욕구·의지가 하나의 사물에 속해 있다는 것을 안다.

또한 나는 이 사물이 세월과 더불어 지속되지만 변화의 손길을 피할 수 없다는 것도 안다. 칸트가 정립한 개념대로, 나는 '통각統覺의 초월적 통일성'을 직접적으로 깨닫는다. 이것은 '나'를 나의 모든 정신적 상태의 총체적 지배자로 정의하게 한다.

내가 확실하게 알고 있는 두번째 것은 내가 자유롭다는 사실이다. '나'에 대해 말할 수 있는 능력에는 이 자유가 포함된다. "나는 저 언덕을 오르고, 저 여자와 키스하고, 저 성채를 부수고 말 것이다"에서처럼 이 능력은 결정의 추진력이다. 어떤 결정을 함으로써 나는 세계를 향한 태도를 변화시키고, 언제나 준비된 상태에서 내 자유의지에 따라 행동한다. 모든 발언과 일련의 생각들이 자유로운 행위에 앞서 나타난다. 칸트는 이런 주장에 또다른 견해를 덧붙인다. 즉 이성은 내가 어떤 일들을 하라고 말할 뿐만 아니라, 내게 그것들을 '해야만 한다'고 말한다. 나는 곤궁한 처지에 있는 사람을 도와야 한다. 비난해야 할 사람이 있다면 그렇게 하지 않는 나 자신이다. 따라서 우리가 자신에 대해 생각하는 온전한 방식은 '도덕률'을 근거로 해서 형성된 것이다.

'나'와 같이 자유를 누리며 자기를 인식하는 존재가 거주하는 세계는 어떤 종류의 세계인가? 칸트는 말하기를, 이러한 세계는 지속적인 객체들, 즉 세월을 뛰어넘는 동일성을 지닌 객체들로 구성된 세계라고 한다. 지속적인 사물들의 세계는 인과법칙에 따라 진행되는 세계이다. 그래서 칸트는 『순수이성 비판』에서 그것을 증명하는 데 착수했다. 인과법칙이라는 촘촘한 거미줄이 없다면, 그 무엇도 오래 존재해온 자기 자신을 보존할 수 없다. 그래서 자유로운 존재의 세계는 인과법칙의 토대 위에 선

세계이다. 칸트는 인과법칙은 보편적이고 필연적이어야 한다고 생각했다. 인과법칙은 사물들의 본성으로 얽혀 있고, 그렇게 얽혀 있는 것들은 어떤 경우에도 그 연결고리가 끊어지지 않는다. 이런 방식으로 자신의 주장을 정립해가면서 칸트는 다음과 같은 결론을 도출한다. '나'를 말할 수 있고 또 그런 마음을 가질 수 있는 모든 사람은 자유롭다. '나'를 말할 수 있고 또 그런 마음을 갖는 사람은 보편적 인과법칙이 적용되는 세계에서 살아간다. 나는 내 행위를 유발하는 자유의 법칙을 따르고, 거미줄처럼 연결된 유기적 삶에 나를 묶는 자연의 법칙에 복종한다. 나는 자유로운 주체이자 확고한 객체이다. 나는 하나의 사물이지만 두 가지 방식으로 보여질 수 있다. 이것이 옳다고 생각하지만, 완전히 이해할 수 있다고 말할 수는 없다.

하지만 논리적으로 포착되지 않는 것이 감각에 호소하는 형태로 드러날 수도 있다. 그것이 바로 예술이 주는 가르침이다. 예술은 여러 세기를 거쳐오면서 이해의 범위를 초월한 감각적 상징물, 즉 베토벤의 4중주곡과 같은 예술품들을 지속적으로 인류에게 제공했다. 반 고흐의 풍경화와 같은 감각적 상징물은 자기 인식을 통하여 세계가 활짝 펼쳐지는 과정을 보여준다. 역설적 언어를 사용하지 않고서는 그런 작품들을 설명할 수 없다. 왜냐하면 그런 작품들이 함축하는 바는 즉자적인 경험을 통해서만 파악될 수 있기 때문이다.

와인 역시 나름의 역할을 할 수 있다. 좋은 와인이 몸 안에 퍼지면, 뿌리깊은 나의 형상화 능력이 발동하기 시작한다. 나는 하나의 살덩이로서 육체적 진행과정의 부산물이다. 음주는 육체적 진행과정에서 내 안에 정착한 생명을 고양시킨다. 바로 이런 음주야말로 자아의 존재감을 발산케 하여 나를 육체가 아닌 영혼에 이르도록 한다. "나란 무엇인가, 나는 어떻게 존재하는가, 나는 지금 어디로 가는가"와 같은 질문은 나로 하여금 내 처지를 평가하게 하고, 그날의 사건들을 반추하게 하며, 미뤄둔 결정을 하게 한다. 또 그런 질문은 술 마신 사람의 이중적 본성을 단일한 경험으로 드러낸다. 술 마신 사람에게는 경험을 기술할 수 있는 말들이 충분하지 않을지도 모른다. 우리는 술을 마시며 우리가 하나의 존재라는 것을 안다. 이 하나의 존재는 자유롭다는 특성을 갖거나 얽매여 있다는 특성을 갖는 주체와 객체, 영혼과 육체로 나뉜다.

와인에 대한 이러한 인식은 기독교의 성찬식에서 생생하게 활용된다. 예수는 자신의 제자들에게 잔을 들어 올리면서 "이것은 내 피로 세우는 새 언약이니 너희와 죄 사함을 위해 붓는다"고 했다. 문제의 피는 물질적 요소가 아니라 그리스도와 밀접하게 결합돼 있는 그 무엇이다. 성찬식에서 먹는 그리스도의 몸인 빵은 와인으로 인하여 의식의 대상이 된다. 와인과 빵은 영혼과 육신, 주체와 객체, 모서리에 선 반사체와 세계 안에 있는 사물로서 병립하고 있다.

성찬식을 이해할 수 있는 사람이 기독교도라는 사실을 과장하여, 기독교도만이 술의 신비를 이해할 수 있다고 주장할 생각은 전혀 없다. 다양한 사람들과 다양한 공동체들은 다양한 방식으로 자신들을 쇄신해나간다. 하지만 성찬식은 우리들에게 이러한 쇄신이 '내부적인' 것으로서 자유를 회복하는 길임을 상기시킨다. 자유는 '아가페'로 향한다. 기독교도의 관점에서 성찬은 '선물'로 묘사되는데, 아가페적 사랑의 선물은 그리스도가 십자가에 못 박혀 자기 자신을 내준 그 선물로 재현된다. 술을 통하여 이런 생각을 전달함으로써, 기독교의 성찬은 우리에게 사상의 감각적 이미지를 제공한다. 그러나 이러한 신비를 고찰하기 전에 우리는 '존재한다'란 단어를 면밀히 검토해야 한다.

 인간의 생각을 괴롭혀온 단어들 중에서 '존재한다'란 동사는 특별한 힘을 발휘해왔다. 이 동사는 우리를 형이상학적 미궁으로 몰아가는 심오한 질문 속에서 그 모습을 드러내는데, "존재란 하나의 특질인가? 존재하지 않은 것에 대해 우리는 어떻게 생각할 수 있는가?" 등에서 그 예를 볼 수 있다. 철학자들은 '존재의 문제'에 대해 글을 써왔다. 아리스토텔레스와 아퀴나스는 지속적으로 존재에 대한 관념을 언급한다. 하지만 나는 모든 사람에게 존재에 대한 관념이 있다는 말에 동의하지 않는다. 진리가 함축하는 것보다 존재에 더 많은 의미가 있다는 말에도 동의하지 않는다. 하지만 존재에 대하여 언급하지 않고서 진리의 본질을 설명할 수 있을까? 현재의 사물들에 추가해 존재가 있거나 없는 것이 뭐 그리 대단한가? 아리스토텔레스가 말한 대로 존재로서 존재에 대한 연구인 형이상학과 같은 학문이 있다는 것을 왜 굳이 우리가 생각해야 하는가?

 하이데거는 '존재에 대한 질문'을 둘러싼 난센스로 재앙의 거미줄을 쳤고, '타자他者를 위한 존재'라거나 '죽음을 향한 존재' 혹은 '그 자체에 앞서 있는 존재' 등과 같은 천 개의 파편들로 존재를 깨뜨려버렸다.

 표면상 아퀴나스에 대한 주석인 다음을 보라.

  인간 존재에 대한 질문의 필연성을 진술하는 명제는 그 자체로 존재론적인 명제를 포함한다. 존재론적 명제는 말한다. 인간은 존재에 대해 질문함으로써 존재한다고. 자기 자신이 되기 위해 인간은 반드시 총체적 존재에 대한 질문을 던져야 한다. 이런 질문은 자기 자신이 되기 위해 '필수적'이며, 질문을 받은 존재는 자신을 드러내고 제공한다. 동시에 필연적으로 질문을 받은 존재인 그 자신을 물러나게 한다. 질문의 존재에서, 어떤 사람이 질문을 받으며 존재하는가(그래서 그는 질문할 필요가 있다)는 그 자신을 드러낼 뿐만 아니라 동시에 질문함으로써 그 자신을 숨기기도 한다.

그렇게 당신은 존재한다. 존재에 대한 질문은, 화나게 하는 당신의 숙모는 어떤 사람이냐는 질문과 같다. '존재에 대한 질문'이 전개되다가 '질문의 존재'로 끝나버린다고 걱정하지 마라. 그 질문은 결국 좋고 멋진 것으로 밝혀질 것이다. 마지막 순간에 존재는 자신이 질문을 할 수 있게 돼 다시 한번 자신을 숨긴다. 위 인용문의 저자인 신학자 카를 라너Karl Rahner(1904~84, 독일의 신학자로 토마스 아퀴나스에 대해 실존주의적 해석을 시도했다)는 500쪽이 넘는 이러한 산문을 썼다. 그리고 틀림없이 더 모호한 작가들(그런 사람들이 꽤 많다)은 라너가 말한 것을 설명하겠다고 덤벼들 것이다. 그런 곳을 기웃거리지 말라는 것이 내 충고의 요지다. 삶은 너무 짧다.

 우리가 어법을 철저하게 준수하고, 비트겐슈타인이 '언어를 이용한 지성의 마법'이라고 부른 것에 맞서 싸우는 한, 존재가 그렇게 나쁜 개념이 아니라는 사실을 깨닫게 될 것이다. 데이비드 위긴스David Wiggins가 보여준 것처럼, 동일성을 나타내는 'is'는 철학을 배태시킨 사소한 단어들 중에서 상대적으로 의미가 풍부한 단어이다.* 그리고 존재는 신을 언급할 때 내세우는 가장 강력한 주장을 통해 그 모습을 드러낸다. 이런 주장들 가운데 어떤 것은 심오한 기운을 발산함으로써 유신론자와 무신론자 모두를 매료시킨다. 이러한 주장을 유신론자는 면전에서 소중하게 받아들이고, 무신론자는 겉으로 나타난 잘못의 흔적으로 받아들인다.

그런 주장은 주로 이븐 시나라는 경험을 중시하는 한 철학자로부터 나왔다. 그는 11세기 초 이스파한Isfahan (이란 중부의 옛 도읍)에서 활동하면서, 사람은 일을 하듯이 와인을 마셔야 한다고 했기 때문에 와인 애호가들로부터 존경을 받고 있다. 그는 자서전에서 "나는 밤에 귀가하여 독서와 저술활동으로 나 자신을 번거롭게 하곤 했다. 내가 졸음에 빠져 무력감을 느낄 때마다 나는 기력을 회복하기 위하여 옆으로 나앉아 한잔의 와인을 마신 후 다시 독서에 몰입하곤 했다"라고 썼다. 이븐 시나는 술을 금지하는 코란의 조항을 거부했고 그 조항을 너절한 논의의 한 예로 거론하여 열렬한 찬사를 받았다. 그의 저서 『이스하라트』*Isbârât*에 나오는 "와인은 취하게 한다"란 문장은 분명하고도 의미있는 가치를 갖지 못한다. 존재는 삼중의 곤경에 처해 있다고 이븐 시나는 주장했다. 즉 존재가 불가능한 존재들(정의 자체가 모순을 포함하는 존재들), 상황에 종속돼 있는 존재들(어쩌면 그들은 존재하지 않는지도 모른다), 그리고 필연적인 존재들이 있다.** 종속적인 존재mumkin bi-dhatihi는 논쟁의 여지없이 존재하거나

---

*데이비드 위긴스David Wiggins의 책 『일치와 새로워진 존재』*Sameness and Substance Renewed*(케임브리지 2001)를 보라.

존재하지 않을 잠재성을 갖는다. 그런 의미에서 당신과 나는 종속적인 존재들이다. 내게 나 자신의 존재를 확인할 수 있는 직관이 부여됐다고 할지라도, 그 확실성은 개인이 집착하는 신념일 뿐이다. 그 신념은 내 생존을 보장하지도 않고, 내가 존재하지 않는 또다른 세계가 있다는 관점을 반박하지도 않는다.

필연적인 존재는 그 자체로 참된 존재로서, 그의 실존은 그의 본성에 기인한다. 반면에 종속적 존재는 그 자체로 거짓된 존재로서, 그의 존재는 다른 것들에 의해 좌우된다. 이러한 존재는 자신을 파생시키고 유지시켜 주는 것에 종속돼 있다. 필연적 존재는 실존 그 자체와 다른 본질mahiyya을 가지고 있지 않다. 그러므로 필연적 존재는 다른 예상된 것들과 구별할 수 없다. 예상된 모든 것들은 특정한 필연적 존재와 동일하다. 그러므로 필연적 존재는 하나wahid이다. 이러한 주장은 나중에 스피노자가 지지한 관점으로서, 하나의 필연적인 존재를 '제외하고' 아무것도 존재하지 않는다고 주장하게 된 토대가 되었다. 하지만 이븐 시나에 의해 이슬람 사상의 중심개념이 된 이러한 주장은, 신의 유일성tawhîd 개념과 연결되었다. 이는 가슴과 마음과 영혼으로 신의 본질적이며 초월적인 유일성을 인정하는 것을 의미한다. 또한 이 유일성은 하나의 총체적 존재의 본

** 『나자트』Najat에 담겨 있는 이븐 시나의 주장은, 미묘한 내용들로 가득 차 있다. 관심이 있는 사람들은 후라니G. Hourani의 『철학적 공론 IV』Philosophical Forum IV(1972) 74~86쪽에 실린 '필연적이고 가능한 존재의 토대에 선 이븐 시나'의 내용을 볼 수 있다. 그 주장은 허버트 데이빗슨Herbert A. Davidson의 다음의 책에서 언급된다. 『중세 이슬람교와 유대교 철학에서 보이는 영원성, 창조, 그리고 신의 존재에 대한 증거들』Proofs for Eternity, Creation, and the Existence of God in Medieval Islamic and Jewish Philosophy(옥스퍼드 1987), 281~406쪽.

질이기도 하다. 그런데 필연적 존재는 전통적으로 신에 부합하는 요소들을 지니고 있을지라도, 부분들 혹은 내적 구조를 갖추고 있지는 않다.

이븐 시나가 주장하기를, 모든 종속적인 존재들은 자신의 실존이 속해 있는 다른 어떤 것에 종속되어 있기 때문에, 종속적인 존재가 의지할 어떤 필연적 존재가 반드시 있게 마련이라고 한다. 이븐 시나의 사상을 이어받은 마이모니데스Maimonides(1135~1204, 유대계로서 철학자·신학자·의학자·천문학자)는 또다른 방식으로 그것을 주장한다. 마이모니데스는 필연적인 존재가 없어 모든 것들이 존재하지 않는 상황을 가정해보라고 한다. 모든 종속적인 존재들이 출현하는 시간은 무한하기 때문에(그러한 가정 하에서는 시간을 제한할 수 있는 존재가 없으므로) 종속적인 존재 자신이 존재하지 않을 순간도 오리라는 것이다. 그리하여 모든 종속적인 존재들이 자취를 감추는 공허한 시간이 도래한다. 우리 우주는 이렇듯 완전한 무無의 상태를 거쳐왔음에 틀림없다. 미래 시간과 마찬가지로 과거 시간도 무한하기 때문이다. 무에서는 어떤 것도 생성될 수 없기 때문에, 완전한 공허가 도래한 이후로는 영원히 아무것도 존재하지 않을 것이다. 하지만 무언가가 있고 바로 이것이 존재의 문제를 고찰하고 있다. 그러므로 아무것도 존재하지 않았다는 가설에는 분명한 오류가 있다. 아울러 이러한 판단은 결국 다른 모든 존재들이 의존하는 필연적인 존재가 '있음'을 의미한다. 이는 결국 모든 존재가 자기 원인wajib al-wujud bi-dhatihi, 즉 만물의 주관자에게 의존한다는 의미이다.

중세 학교에서 유행한 특별한(때론 지루한) 형이상학의 주장들 가운데 하나는, 종속적인 존재들로 구성된 세계 내의 모든 존재는 생성하고 소멸하는 자체의 고유한 질서에 따른다는 것이다. 우리는 이러한 법칙들을 과학적인 탐구로 발견한다. 이것들은 우리 모두가 벗어날 수 없는 자연의 법칙들이다. 이 법칙은, 리처드 도킨스의 관점에서 보면 종교를 최종적으로 논파할 유전법칙들도 포함된다. 그러나 이븐 시나에 따르면 과학적으로 찾아낸 관계가 아닌 또 하나의 의존관계가 있다. 이는 종속적인 존재가 필연적인 존재와 맺는 관계이자, 세계가 주관자(코란 용어를 사용하면 'rabb')와 맺는 관계이다. 이 관계는 경험적 탐구에 종속되는 것이 아니며, 발전된 과학에 의해 알려지거나 논박될 수 있는 그런 것도 아니다.

    이런 상호관계가 이븐 시나를 회심케 했듯이, 그러한 인식은 '그러므로'와 '나'라는 두 단어로 회귀하게 한다. 세계가 신과 맺는 의존관계는 왜 사물들이 지금의 상태로 존재하는가에 대한 이유를 말해준다. 그 이유는 원인이 아니다. 원인들은 과학의 주된 문제로서, 우리가 실험과 관찰을 통해서 발견하는 우주의 법칙들에 의해 밝혀진다. 인과관계는 시간에 따른 관계로서 일시적인(그리하여 종속적인) 존재들을 연결한다. 이 자리에서 우리는 '왜'라는 물음에 대한 다른 종류의 대답과 '그러므로'의 또 다른 의미를 찾고 있다. 이것은 기도하는 삶에 의미를 부여하는 일이다. 우리는 신이 매순간 우리의 요청에 응할 수 있으리라고는 기대하지 않는다. 또 신이 자연의 날개를 펴고 기다리고 있다가 초대장에 즉각 응답해주리라고도 생각지 않는다. 만일 우리가 이븐 시나의 주장이 함축하는 바를 진지하게 고려한다면 신에 대한 다른 개념을 만나게 될 것이다. 신이 가진 자유는 우리들을 연결하는 법칙에 의해 밝혀진다. 그 법칙으로 신 역시 묶이게 된다. 우리에게 신을 이해하도록 하는 그 법칙을 신이 부인한다면, 그것은 신이 자유를 획득하는 게 아니라 상실하게 되는 것이기 때문이다. 하지만 이 말은 신이 우리가 도달할 수 있는 곳 너머에 존재한다는 뜻은 아니다. 신은 우리 안에 있고 우리를 감싸고 있어, 우리의 기도는 신과의 개별적인 관계를 형성한다. 우리는 사랑하는 사람에게 말을 건네듯 신에게 설명해달라는 '왜?'가 아닌, 이유를 구하는 '왜?'를 가지고 말을 건다. 우리는 원인보다는 목적을 알고자 하며, 묵묵히 순응하면서 우리 자신을 훈련시키고자 한다.

우리가 이렇게 하는 까닭은 우리가 한 발, 아니 한쪽 시선을 초월의 세계에 두면서 사물들의 경계선에 살고 있기 때문이다. 우리도 신처럼 세계 내에 존재하지만 세계를 지배하지는 않는다. 이븐 시나는 술의 가르침을 받아 내면의 삶을 들여다보고 우리에게 자기 자신, 즉 막연히 겁먹은 자신, 모든 감각으로부터 벗어나 있는 자신, 자기 자신의 몸을 상상해보라고 권한다. 사실 와인을 애호하는 사람들에게 이런 일은 날마다 벌어진다. 나는 이븐 시나가 이끌어냈고 나중에 데카르트가 도출해낸 그 결론, 즉 '나'는 하나의 본질적인 존재로서 세계 '내에서' 근본이 되는 존재라는 결론에 동의하지 않는다. 나는 칸트에게서 그 원천을 찾을 수 있는 결론을 이끌어낸다. 즉 주체는 결코 세계 내에 존재하지 않는다는 것이다. 주체란 '나' 대 '나'로 만날 수 있는 개인들과 관계를 맺으며 언제나 세계의 경계에 서 있을 뿐이다. 그들 중 한 개인이자 최고의 존재가 바로 신이다.

칸트가 탁월하게 설명한 것처럼 자아와 친숙해진 개인은 어쩔 수 없이 자유라는 덫에 걸리고 만다. 그는 이성의 필연적 법칙에 의해 공중부양하여 떠 있다. '나'는 모든 이성적 활동의 출발점을 정하고 여타 자연적 존재들과 사람을 구별하는 자유를 넌지시 암시하기도 한다. 동물들 역시 선택을 하고 자유롭게 혹은 강박적으로 일을 처리한다. 하지만 동물들은 그들이 한 일을 설명하지 않는다. 동물들은 소환되어 그들의 행위를 설명할 기회를 갖지 않으며, 타자와의 대화를 통하여 어떤 일을 하거나 하지 않거나 여부를 결정하지도 않는다. 정의와 공동체 그리고 사랑과 같은 목표는 인간이 삶을 영위하는 동안 본질적인 가치를 추구하게 만든다. 그 목표들은, 서로 '나' 대 '나'로 만나는 개인들이 상대방에게 자신을 온전히 설명할 수 있는 데서 시작한다. 그러므로 아주 당연한 말이지만 사람들은 자신이 세계를 이해하고 세계의 의미를 안다는 것에 아주 만족스러워한다. 이때 사람들은 세계를 또다른 '나'의 드러난 모습으로 이해한다. 이러한 '나'는 신이 지켜보는 '나'로서 이를 통하여 우리는 평가를 받게 되며 그런 나에게는 사랑과 자유가 넘친다.

이런 생각은 가톨릭의 〈오소서, 창조의 성령이시여〉Veni Creator Spiritus, 힌두교의 『바가바드 기타』Bhagavad Gita에서 크리슈나가 읊조리는 음송시, 헤브루 성서의 시편과 같은 찬미시에서 넘쳐난다. 하지만 대부분의 사람들에게 이런 생각은 삶의 한복판에 버티고 선 난해한 의미 덩어리로 그저 거기에 있을 뿐이다. 만일 그들이 이 생각을 공유할 수 있는 형식으로 표현하지 못한다면, 이 생각은 그들을 짓누르게 되며 사람들은 쉬지 않고 그들이 서 있을 자리를 찾게 된다.

만일 우리가 이런 생각을 따르게 된다면, '나'란 말의 지위에 대해 진지하게 고찰해야 한다. '나'는 '이것'과 '여기' '지금'과 같이 무언가를 지목하는 말이다. 만일 이 말이 무언가를 지시한다면, 우리는 이 무언가가 이

4. 의식과 존재 199

세계에서 자신과 동일한 존재를 갖지 않는, 사물들의 경계선상에 있는 무無이자 장소라는 사실을 주장하기 위하여 매우 치밀해야 한다. 실제로 이런 생각은 영혼nafs을 나타내는 아라비아어에도 내포돼 있다.

산스크리트어에서 영혼에 해당하는 말은 아트만atman이다. 힌두교 현자들이 인류에게 남긴 위대한 우파니샤드 철학은 존재의 내면으로 들어가려는 시도이다. 우파니샤드는 존재하는 그 자체 즉 스스로 존재하는 아트만을 알기 위한 가장 심오한 시도를 뜻한다. 우파니샤드 철학에 따르면 우리는 종속적인 존재들을 관찰하고 오고 가는 인물들만 조우할 뿐 그들을 지탱해주는 근본적인 존재와는 만나지 못한다. 따라서 '있는 그대로의 존재'를 알기 위하여 우리는 존재의 아트만(영혼)인 자아 속으로 들어갈 필요가 있다. 그런 후에야 우리는 힌두교 현자들이 브라만Brahman이라 칭하는 우주의 보편적 자아를 발견하게 될 것이다. 이러한 발견으로 향하는 길은 곧 포기의 길이다. 그 길은 성공·이익·쾌락·보상에 대한 집착을 끊고 자기를 버리는 행위이다. 이런 방식으로 우리는 착각에 빠진 자아를 뒤로 하고, 신성한 아트만인 다른 자아에 전념하게 된다.

자아를 객체로 만들고 그것에서 고유의 주체성을 빼앗는 것은 우파니샤드 철학이 데카르트와 이븐 시나가 범한 오류를 반복하고 있다는 인상을 준다. 사실은 그렇지 않다. 이는 힌두교의 불가사의한 특성으로서, 애주가들이 다른 사람들보다 이를 더 잘 이해할 수 있으리라고 나는 믿는다. 우리가 우리의 의식으로부터 일시적이고 우발적이며 욕망의 대상이 되는 것들을 제거했다고 가정해보자. 도대체 무엇이 남겠는가? 물질적인 대상들, 공간 혹은 시간, 인과성과 거미줄처럼 펼쳐진 자연법칙들은 남아나지 못한다. 라이프니츠가 말한 이른바 '개별화의 원리'principium individuationis를 제거하고 나면 한 개인은 각 개별자들을 대표하는 그 무엇이 아니게 된다. 개별적인 것들은 이미 '뒤에 남겨지고' 말았다. 우주의 보편적 자아인 브라만은 하나의 객체도 아니며, 사유의 대상은 더더욱 아니다. 그것은 오로지 주체일 뿐이며, 자신에게 몰입하는 영원한 사유이다. 이러한 사유는 자신과 한몸이며 사물 바깥에 존재하는 사물을 향한 관점이다. 브라만은 영원하다. 왜냐하면 시간은 이미 뒤로 물러났기 때문이다. 숫자도 뒤로 물러났기 때문에 브라만은 유일자다. 또한 브라만은 우리가 자아를 찾기 위한 여정에서 간직한 모든 것이기에 거룩한 '자아'이다. 마침내 목표지점에 도달해서 우리는 개인의 실존이라는 (쇠똥구리의) 쇠똥을 버리고, 자신을 모든 위협에서 벗어나게 하면서 거룩한 유일자와 하나가 된다. 『카타 우파니샤드』*Katha Upanishad*에서 '죽음의 왕'은 구도자 나치케타Nachiketa에게 브라만을 다음과 같이 묘사한다.

> 한 인간이 욕망에서 벗어나 그의 마음과 감각이 깨끗해지면, 그는 위대한 자아의 영광을 볼 뿐 아니라 슬픔도 떨쳐낸다. 그는 머물러 있으나 먼 여행을 하게 되고, 휴식에 들어서도 모든 사물을 움직인다. 가장 순진무구한 자가 아니고서야 누가 이 눈부신 존재를 깨달을 수 있단 말인가? 그는 기쁨이요, 기쁨을 초월한 자인 것이다. 그는 살아 있는 형태를 띠고 있을지라도 형태가 없다. 찰나의 순간에 그는 영원히 머문다. 그 위대한 자아는 천지에 충만한 절대자이다.

우파니샤드 철학은 덧붙여 말하기를, 현명한 사람은 그의 참다운 본성으로 아트만을 알기 때문에 모든 슬픔을 극복할 수 있다고 한다. 세계를 주관하는 존재와의 만남은 슬픔의 근원인 집착에서 벗어날 수 있게 함으로써 우리를 자유롭게 한다. 그리고 최고의 평정, 즉 영원히 '나'를 명상하는 평정의 상태에서 구원을 베푼다. 힌두교도들은 이러한 상태에 도달하기가 쉽지 않다고 생각한다. 이러한 상태에 도달하기 위해서는, 한 개인이 초월 그 자체를 위해서 이승의 자아를 버리고 힌두 성자의 길에 오르기 전 여러 생애를 바쳐야 할지도 모른다. 나는 베다Veda(브라만교의 경전, 베다는 지식이란 뜻이다)로부터 용기를 얻는다. 베다는 우리에게 술의 신 소마Soma를 경배하기에 합당한 대상이라고 말한다. 또한 나는 힌두 학자들로부터 용기를 얻는데, 그들은 소마가 브라만의 아바타라고 말한다. 술은 근원적 존재에 도달할 때 느끼는 은총을 상징하기 때문이라는 것이다. 매일 아침 왕성했다가 늦은 오후가 되면 시들해지는, 성인이 되려는 열망을 갖고 사는 게으르고 관능적인 피조물이 바로 우리 인간이다. 그럼에도 불구하고 우리 인간들은 저녁에 한잔의 술을 마시고, 사물의 내적 질서를 파악할 방법을 터득함으로써, 나름대로 아트만을 이해하게 된다. 그 길에 '들어서기' 위해서는 희생과 포기를 견뎌내야만 한다.

잘 마신 술은 당신을 둘러싸고 있는 유한한 존재들의 틈에서 '가장 신비로운 그것'을 드러내며, 당신이 바라보고 있는 세계를 바꾼다. 쇼펜하우어는 와인의 참맛을 선사하는 것은 그 와인의 첫잔이라고 했다. 마치 이것은 한 개인의 진면모는 그와의 첫만남에서 드러난다는 주장과 상통한다. 쇼펜하우어는 궁극적 실체는 유일하고 영원하며 개별성은 그저 외형일 뿐이라는 명제를 칸트식 어법으로 새롭게 환기함으로써 서구의 철학자들 중 우파니샤드 철학을 가장 적극적으로 수용한 인물이었다. 그러나 쇼펜하우어에게 궁극적인 것은 '의지'이지 '자아'는 아니었으며, 그의 철학은 영원한 평화가 아닌 끝없는 분란의 발판을 마련했다. 왜 그는 이렇듯 불만족스런 길을 택했던가에 대해 나는 자주 의문을 품곤 했다. 나는 그가 맥주를 좋아했다는 사실에서 그 원인을 찾았다. 쇼펜하우어는 자신의 피사체를 대면하는 저녁때마다 꾸준히 와인을 마시는 버릇이 없었다. 와인 안에는 지식, 즉 우리 자신이 와인에 부여한 지식이 있다. 당신은 그 향기를 가까이서 맡을 때 모든 것이 궁극적으로 자신의 존재 안에 쉬고 있음을 지각하게 된다. 태아처럼 모든 사물은 둥글게 오므리고 있다. 저녁마다 와인 한 모금 마시면 우리는 자궁 안의 평화스런 세계로 돌아가게 된다.

5 와인의 의미

와인의 효능, 즉 취해 몽롱하게 할 수 있는 와인의 힘을 언급해보자. 취한다는 것은 정확히 어떤 상태를 말하는가? 와인을 마시고 오른 취기가 위스키를 마시고 취한 상태와 같은가? 혹은 인도산 대마초를 피우고 빠져든 환각상태와 같은가? 체스터턴Chesterton(1874~1936, 영국의 작가)이 제안했던 것처럼 마약에서 술을 제외할 만한 어떤 확실한 요소가 있는가? 체스터턴은 "알코올 중독자와 금주가는 둘 다 실수를 할 뿐만 아니라, 둘 다 동일한 잘못을 저지른다. 그들은 술을 음료가 아닌 마약으로 간주한다"고 말했다.

과학은 술 취한 상태의 일시적이고 비정상적인 모습들과 그 상태를 야기한 일반적이며 전형적인 원인들을 탐구한다. 그렇게 하여 과학은 당연히 일반적인 이론에 근거하여 술 취한 사람의 행위와 정신적 장애상태를 평가한다. 과학은 술 취한 사람들의 행위와 상태를, 공간 지각력에 문제가 있는 대마초 흡연자의 이상징후와 붕붕 떠다닌다고 하는 마약 중독자의 비정상적 행위와 비교한다. 이런 비교는 철학자에게 주체 문제에 대해 언급할 여지를 남기지 않는다.

  술 취한 사람은 환각에 빠져들기도 한다. 이러한 환각은 술 취한 사람의 시각적·지적·감각적 기관에 예상 가능한 효과를 발휘한다. 그러나 1945년산 샤토 트로타누아Château Trotanoy 한 모금을 마시고 내 가슴과 영혼이 밝아졌을 때 그 경험은 환상적이었고, 나는 환각제 성분을 맛본 것 같았다. 술을 마시는 경험과 한 줄의 시구를 듣는 경험이 합쳐진 자연스런 환각상태가 있다. 그러므로 이 환각이 어떻게 전개될 것인가란 질문을 던진다면, 과학적이라기보다는 철학적인 질문을 하고 있는 것이다. 이런 까닭에 나의 주된 철학적 과제는 사고방식, 즉 어떻게 사물들이 내게 합리적인 존재로 보이는가에 대한 이론을 제공하는 것이다.

  와인을 통하여 경험하는 환각과 만취상태 사이에는 관련성이 있다. 처음에는 의식적인 상태인 반면에, 다음에는 무의식, 혹은 무의식을 향해 나아가는 상태이다. 비록 어느 시점에서 한 쪽이 다른 쪽으로 이어질지라도, 환각과 만취상태가 연결되는 방식은 첫 키스와 최종적인 이혼만큼이나 그렇게 투명하지 않다. 관능적인 키스가 결별을 암시하는 표현법이거나 전조가 아니듯이, 환각을 초래하는 술맛은 만취상태에 대한 표현법이나 전조가 아니다. 비록 그것들이 과학적 수준에서는 동일한 원인을 갖는 상태라고 밝혀질지라도 그것들은 '동일한 것'이 아니다.

우리가 와인을 통해 경험할 수 있는 환각상태를 두고 와인으로 인해 '빠져든다'고 말한다면 여기엔 의문의 여지가 있다. 왜냐하면 이 말에는 맛본 대상과 그로 인해 느끼는 환각 사이의 분리, 졸음과 그것을 야기한 수면제 사이에 존재하는 것과 같은 분리가 있기 때문이다. 우리가 환상적인 한 줄의 시구에 대해 얘기할 때, 우리는 활력제 한 알을 복용한 사람에게 나타나는 효과와 그 시를 읽은 사람에게 나타난 효과를 비교하지는 않으며, 그 시구 자체에 함축된 특질을 언급하는 것이다. 말라르메의 "공허한 소리의 부질없음을 없애라"는 구절의 환각적 요소는 여기 내 신경계에 있지 않고 저기 그 책에 있다.

비이성적인 동물들은 정보를 얻기 위해 코를 킁킁거린다. 그들은 냄새를 근거로 먹을 수 있는 것과 먹을 수 없는 것을 구분한다. 하지만 그들은 냄새와 맛을 즐기며 먹지는 않는다. 맛을 즐긴다는 것은 마음이 성찰의 상태에 들었을 때만 가능하기 때문이다. 오로지 이성을 지닌 존재만이 맛과 냄새를 즐길 수 있다. 이성적 존재만이 경험이 전달해준 정보보다는 '경험 그 자체'에 관심을 쏟을 수 있기 때문이다. 그러므로 맛에 대해 쏟는 관심은 음악의 소리, 문학과 시각예술의 작품에 우리가 쏟는 관심과 같다. 미학적 관심과 마찬가지로 맛을 보는 행위는 감각적 경험과 연결돼 있다. 그러므로 내가 주장하는 바는, 시와 그림과 음악이 그 자체로 의미있는 경험 대상을 재현하며 호소하듯, 그렇게 와인은 우리들에게 호소한다는 것이다. 또한 시에 환상적 분위기를 연출하는 요소가 내재하듯, 와인에도 그런 환상적 요소가 있다는 것이다. 앞으로 와인에 대한 우리의 질문은, 미학적 특성의 본질과 관련된 일반적인 질문들 중 특수한 경우에 한정될 것이다.*

감각적인 것과 미학적인 것

철학자들은 미각적 쾌락을 순전히 감각적인 것으로 간주해왔다. 감각적 쾌락은 사람들의 지적 수준과는 별개인 반면에, 미학적 쾌락은 지식과 비유, 문화에 의존한다. 맛과 냄새에 대한 지각은, 보고 들음으로써 얻게 되는 지각들보다 더 감각적인 쾌락을 제공한다. 그러나 시각이나 청각과는 달리, 맛과 냄새는 그 자체로 독립된 세계를 재현할 수 없기 때문에 사색거리를 제공하지 못한다. 이는 일찍이 플라톤에 의해 주장되었고, 플로티노스Plotinos(205~270, 그리스의 철학자로서 신플라톤주의의 시조)도 이를 강조한 바 있다. 시각과 청각이 갖는 더 높은 인식력과 미각과 후각이 지닌 더 낮은 인식력을 구별했던 아퀴나스에게 이 사실은 특별히 중요했다. 아퀴나스는 단지 시각과 청각만이 미에 대한 인식을 가능하게 한다고 주장했다.** 헤겔 역시 그의 『미학 강의』 서문에서 미각이 느끼는 쾌락과 '이데아의 감각적 구현'인 미학적 경험의 차이를 강조한다.

프랭크 시블리Frank Sibley는 이러한 철학적 전통이 단지 하나의 편견에

---

*프랭크 시블리Frank Sibley는 「미학적인 그리고 미학적이지 않은」Aesthetic and Non-Aesthetic과 「미학적 개념들」Aesthetic Concepts이라는 글에서 '일반적인 질문'에 대해 정의한 바 있다. 이 두 글은 다음의 책에 실렸다. 벤슨J. Benson, 레드펀B. Redfern, 콕스Roxbee Cox 엮음, 『미학으로 나아가기』Approach to Aesthetics(옥스퍼드 2001). 나는 『예술과 상상력』Art and Imagination(런던 1974)에서 시블리가 한 작업의 성격을 소개한 바 있다.

**플로티노스의 『엔네아드스』Enneads 1권 6장 1절; 아퀴나스의 『신학대전』Summa Theologiae I, II, 27, 1; 로저 스크루턴의 『예술과 상상력』Art and Imagination, 156쪽; 헤겔, 녹스Knox 옮김, "'미학: 세련된 예술에 대한 강의"의 도입부」, 『미학: 세련된 예술에 대한 강의』Aesthetics: Lectures on Fine Art(옥스퍼드 1981) 1권.

불과하며 맛과 냄새를 느끼는 것은 시각과 청각으로 맛보는 것과 전혀 다르지 않은 미학적 경험이라고 주장한다.* 일반적으로 미학적 경험으로 분류되는 모든 특징들은 맛과 냄새에도 존재한다. 하나의 냄새 혹은 맛은 그 자체로도 향유될 수 있다. 맛과 냄새는 이른바 미학적 특성이라 할 수 있는 기교·아름다움·조화·섬세함 등을 갖추고 있는 것이다. 그리하여 소설가 프루스트에게 마들렌 과자의 맛이 준 여운처럼, 맛과 냄새는 정서적으로 중요한 사건과 하나의 이야기를 만들어낼 수 있다. 이러한 이야기는 감동적이거나 흥미진진하고, 때론 낙담시키고, 어떤 때는 환상적이다. 음악과 미술 및 시에도 좋고 나쁜 것이 있듯이, 냄새와 맛에도 좋고 나쁜 것이 있다. 감각적인 쾌락과 미학적인 쾌락을 명확히 구분하려는 모든 시도는 논점에서 벗어나기 때문에, 그런 시도는 부질없는 짓이다. 그러므로 우리는 시각과 청각에 기반을 둔 예술형식이 있듯 맛과 냄새에 근거한 예술도 가능하다는 사실에 놀랄 필요는 없다. 오트 퀴진haute cuisine(최고급 요리란 뜻으로 1960년대 프랑스에서 탄생한 말)은 이런 예술적 양식에 도달한 요리라 하겠다. 와인 역시 하나의 미학적 공예품으로서, '세련된' 예술과 '실용적' 예술 사이에 오랫동안 위치했지만, 그런 구분을 뛰어넘는 생산품으로 취급된다.

냄새에 대해 한번 생각해보자. 후각의 대상은 냄새를 발산하는 사물이 아니라 그 사물이 발산한 냄새 자체다. 우리는 쿠션의 냄새를 맡는 것에 대해 얘기한다. 하지만 그 냄새는 쿠션의 한 특질이 아니다. 그것은 쿠

---

*『미학으로 나아가기』*Approach to Aesthetics*에 수록된 시블리의 「맛, 냄새 그리고 미학」 Tastes, Smells and Aesthetics을 보라

션이 방출해낸 한 물질이다. 그 냄새는 쿠션이 없어도 존재할 수 있다. 실제로 쿠션이 없는 장소, 즉 쿠션이 놓인 주변 공간에는 그 냄새가 존재한다. 그러므로 냄새는 자신들의 존재 원인이 떠난 자리에도 그곳에 머문다. 시각에 포착되는 쿠션의 모습은 쿠션이 방출한 물질이 아니다. 내가 쿠션을 볼 때 시각적으로 인식한 대상은 쿠션이지 다른 어떤 것, 즉 쿠션이 발산해낸 광경이나 이미지가 아니다. 그것을 달리 얘기하면, 시각적 경험은 사물의 '외양'을 통하여 그 사물에 도달한다. 그러므로 시선을 끄는 외양과 같은 요소는 냄새의 세계에서는 묘사되지 않는다.

여기에서 도출할 수 있는 결론은 냄새란 존재론적으로 소리와 같다는 것이다. 즉 냄새란 사물의 특질이 아니고 그 자체로 독립적인, '2차적인 사물'이다. 2차적 사물이라 함은 세계가 경험되는 방식에 그것들이 존재론적으로 의존하고 있음을 말한다.** 냄새는 그것을 접한 적이 있는 사람들의 경험을 통해서만 식별된다. 그러나 냄새는 소리가 조직되듯이 그렇게 조직될 수는 없다. 냄새를 함께 놓으면 그것들은 서로 버무려져 자기들만의 특성을 잃게 된다. 또한 '사이에 존재함'between-ness을 보여주기 위해,*** 냄새는 하나의 차원에서 줄지어 정돈될 수 없는데, 이는 소리가 높낮이로 편성될 수 있는 것과는 다르다. 냄새는 자유롭게 떠다녀 서로

** '2차적 사물'에 관한 이론에 대해서는 다음을 보라. 로저 스크루턴, 『음악의 미학』*The Aesthetics of Music*(옥스퍼드 1997) 제1장; 캐시 오캘러건Casey O'Callaghan과 매튜 누즈Mattew Nudds 엮음, 『소리와 인식』*Sounds and Perception*(옥스퍼드 2009)에 수록된 「2차적 사물과 순수한 사건으로서의 소리」Sounds as Secondary Objects and Pure Events.

*** 데이비드 힐버트David Hilbert가 오래전 『지리학의 토대들』*Foundations of Geometry* (1899)에서 주목한 것처럼 '사이에 존재함'은 지리학의 근본적인 개념 중 하나로서, 거리와 방향을 공식화한다. 그런데 소리의 지리학은 있지만 냄새의 지리학은 없다.

연결되지 않으며, 기대·긴장·조화·억압·해방 등을 이뤄내지 못한다. 그럼에도 불구하고 냄새는 미학적 취미의 대상이 될 수 있다. 하지만 그것은 냄새를 미학의 변방에 배치함으로써 가능하다.

만일 철학적 선택을 요구받는다면, 나는 와인에 의한 환각상태는 감각적 경험일 뿐 미학적 경험은 아니고 시로 인한 환각상태는 철저히 미학적이라고 말할 것이다. 그렇게 말하는 것은 미학적인 것은 감각적인 것으로 후퇴하지 않기 때문이다. 하지만 당신이 그런 구분에 동의하는가 여부와 와인이 주는 쾌감을 '미학적'이라고 보는가 여부는 그리 중요하지 않다. 중요한 것은 와인의 인식적 지위, 즉 사색의 대상이자 반성적 사고의 전달자인 와인의 지위이다.

와인의 인식적 지위

우리가 빠져드는 환각상태는 와인이 초래한 결과만은 아니다. 와인은 와인이 빚어낸 경험 속으로 다시 들어간다. 환각을 불러일으키는 요소와 맛을 즐기는 것은 내적으로 긴밀히 연결되어 있다. 전자를 언급하지 않고서 후자를 적절히 기술할 수는 없다. 경기가 팬의 열광 속에 살아 있듯, 와인은 나의 환각과 더불어 살아 있다. 나는 맛없는 약물을 단숨에 삼켜버리듯 그렇게 와인을 마신 적은 없다. 와인의 향취와 내 기분이 꽉 묶이도록 나는 와인을 음미하며 마신다.

두 종류의 환각상태가 있다. 하나는 환각을 일으키는 와인의 특성에서 비롯되는 것이고, 다른 하나는 원인의 결과로서 발생하는 것이다. 와인이 원인으로 작용한 환각상태는 와인으로 이어지는데, 이는 풋볼 경기로 달아오른 열광적 분위기가 그 경기에 몰입하게 만드는 것과 같다. 물론 두 경우가 전적으로 일치하는 것은 아니다. 경기로 인해 흥분하게 되었고 경기에 열광적으로 빠져들었다고 우리는 말한다. 하지만 우리는 와인으로 인해 환각상태에 빠져들었다고는 하지 않는다.

나는 시각적 경험을 기술할 때 개념들을 이용하여 시각에 포착된 세계를 묘사한다. 달리 말하자면 시각적 경험은 실체의 '재현'인 것이다. 맛과 냄새는 재현될 수 있는 것이 아니다. 내 손에 있는 아이스크림에 대해 초콜릿 맛이 난다거나, 초콜릿과 '같은' 맛이 난다고 말할 수는 있다. 하지만 초콜릿으로 아이스크림을 맛본다고는 말할 수 없다. 이러한 구분은 그림에 대한 비평가의 설득력 있는 말과 와인에 대한 품평가의 한참 빗나가고 변덕스런 묘사의 차이와 같다. 와인에 대한 평가는 다소 근거가 없다. 그런 평가는 와인이 존재하는 방식을 기술하는 것이 아니라, 단지 와인이 풍기는 맛에 대해서만 언급할 뿐이다. 맛은 그 맛을 함유하고 있는 사물을 재현한 것이 아니다.*

*어떤 사람들은 와인 품평을 예술 비평에 비유하기도 한다. 와인 품평에서는 와인의 특성에 정확히 들어맞는 것보다도, 경험상 인정할 수밖에 없는 묘사의 진술을 추구한다. 배리 스미스Barry C. Smith가 엮은 『맛에 관한 궁금증: 와인의 철학』*Questions of Taste: The Philosophy of Wine*(옥스퍼드 2007)에 수록된 켄트 바흐Kent Bach의 「지식, 와인과 맛: 와인을 즐길 때 지식은 긍정적인 역할을 하는가?」Knowledge, Wine and Taste: What Good is Knowledge in Enjoying Wine?이라는 글을 보라. 이 글에 대한 답변이 될 수 있는 케이스 Keith와 아드리엔 레러Adrienne Lehrer의 「와인 품평인가 비판적 소통인가?」Winespeak or Critical Communication?라는 글은 프리츠 앨호프Fritz Allhoff가 엮은 『와인과 철학: 사색과 음주에 관한 심포지엄』*Wine and Philosophy: A Symposium on Thinking and Drinking*(옥스퍼드 2008)에 실렸다. 또한 이 책에 실린 「와인비평가들이 우리에게 말하는 것」What the Wine Critics Tell Us이라는 글에서 존 W. 벤더John W. Bender는 와인에 대한 묘사와 예술작품에 대한 묘사를 체계적으로 비교한다. 이 작업을 통해 그는 판단과 구별을 지향하는 추론의 한 부분으로 이 둘을 동일시했다. 하지만 문제는, 예술비평가들은

이블린 워Evelyn Waugh의 『다시 찾은 브라이즈헤드』Brideshead Revisited에서는 찰스와 세바스찬이 백작의 와인 수집품 중 하나를 단둘이 시음하고 있는 광경이 나온다.

"이건 자신을 드러내기 싫어하는 와인이야, 마치 가젤 같은걸."
"장난꾸러기 요정 같아."
"풀밭을 그린 태피스트리에 얼룩이 진."
"잔잔한 호숫가에 놓인 플루트라고나 할까."
"……그래 이것은 지혜로운 노인네야."
"동굴 속에 은거한 예언자로군."
"……그래 이것은 하얀 목에 걸린 진주 목걸이야."
"백조 같기도 하고."
"최후의 일각수가 분명해."

이 대화는 두 청년 사이의 사랑을 표현하고 있는데, 그들은 서로의 상상력을 탐색하고 있다. 하지만 대화는 그들이 마시고 있는 와인을 묘사하고 있지 않은가? 우리는 티티안Titian(티치아노 베첼리오의 별칭)의 그림에 나오는 성 제롬St. Jerome을 보듯이, 한 병의 와인으로 동굴 속의 예언자를 맛볼 수는 없다. 와인에 대한 이런 유형의 묘사가 음악을 평할 때의 묘사와 비슷할 수는 없다. 음악의 경우엔 곡의 표현력을 묘사하는데, 베토

'예술작품'을 묘사하는 반면에 와인비평가들은 맛을 묘사한다는 것이다. 따라서 예술작품들은 그것들이 들리고 보이는 방식으로 재현되지만, 와인은 그렇게 재현되지 못한다.

벤이 후기의 B플랫 4중주곡 카바티나의 악보에 써서 남겼던 '불안하게' beklemmt와 같은 식이다. 와인은 재현하는 매체도 아니며, 표현하는 매체도 아니다. 음악을 이해할 때처럼 그렇게 감정을 읽어내면서 와인의 맛을 이해할 수는 없다. 왜냐하면 와인의 맛과 향이 의도적으로 만들어지긴 했지만, 이러한 향취는 음악의 악보처럼 의도적으로 기록되지는 않기 때문이다. 우리가 짜낸 구체적인 묘사들이 아무리 적절해 보일지라도 와인에 대한 묘사는 궁극적인 상태로 나아가지는 못한다.

이것은 우리가 특정한 와인의 맛을 평할 수 없다거나 그 와인을 감각에 반응하는 구성요소들로 나눌 수 없다는 말이 아니다. 내가 어떤 와인에 대해 꽃다운 향기를 지녔고 잘 익은 딸기 향을 머금었을 뿐만 아니라 초콜릿과 구운 아몬드 맛을 느끼게 한다고 하면, 그러한 평은 참된 정보를 전달하며 그 정보로 인해 누군가는 그 와인 맛에 대해 감각적인 이미지를 갖게 될 것이다.* 하지만 나는 다른 '맛들'을 전달하는 용어로 어떤 와인의 맛을 평가했을 뿐이다. 또한 그 맛에 하나의 의미, 하나의 내용, 혹은 색다른 평가를 덧붙이려는 시도는 하지 않았다.

와인에 대한 경험은 부드럽게 흘러드는 액체를 마시는 일반적 행위와 밀접하다. 몸을 적시며 내려갈 때 와인은 몸을 데우고 밝혀준다. 이러한 현상은 와인 고유의 성질로서 딱딱한 음식을 먹을 때 경험할 수 없는 몸과의 친근성을 보여주는 한가지 예이다. 일반적으로 음식은 식도로 들어

---

*맛과 향을 구별해내고 맛과 향을 감각적인 것들로 분류하는 데 '향기 바퀴들'aroma wheels 이라는 (제한된) 말이 쓰인다. www.winearoma.com에서 노블A. C. Noble이 제안한 것을 보라.

가기 전에 잘게 씹혀서 성질이 변화되어야 한다. 이것은 냄새로 성취할 수 있는 과정이 아닌데, 냄새는 몸과의 접촉을 결코 이룰 수 없기 때문이다.

예술과 문학에서는 종교의식 때 와인을 상징적으로 사용하는 장면이 묘사되기도 한다. 거기에서 신비한 음료는 마음을 변화시키고 정체성을 바꾸는 묘약으로 인식된다. 우리는 이러한 상징적 행위의 의미를 쉽게 이해할 수 있다. 이러한 상징이 실현되는 방식은, 환각을 일으키는 음료인 와인이 침투하여 마법에 걸린 사람이 이를 문학적으로 해석하는 것을 통해서이다. 이것은 와인을 마시는 사람의 자아 속으로 와인이 침투하는 것과 같다. 물론 좋은 술이 초래한 일과 나쁜 술이 야기한 사건 사이에는 엄청난 차이가 있다. 자아는 한쪽이 다른 한쪽과 싸울 때 현명하게 한쪽을 택한다. 자아는 적극적으로 개입하여 이 전투를 승리로 마무리해야 한다는 것을 알기 때문이다. "맛에 대해 논쟁하지 말라"de gustibus non est disputandum라는 격언은 미학에서와 마찬가지로 와인의 맛과 관련해서도 오류를 범한다. 우리는 물리적 감각에 대해서는 논쟁하지 않는다. 하지만 합리적인 행위자로 깊이 관여하는 선택의 문제에서는 왈가왈부한다.

술의 상징적 의미와 술의 정신상태에 대한 효과는, 이성적 존재만이 술을 맛볼 수 있다는 중요한 사실에 근거를 두고 있다. 그런데 맛은 비이성적인 존재들도 공유할 수 있는 것이다. 환각적인 상태도 마찬가지다. 동물로 하여금 술에 취하게 할 수 있고 약물로 기분을 몽롱하게 하거나 대마초로 숨이 컥컥 막히게 할 수 있다. 하지만 동물은 인간처럼 술을 통해 일종의 유도된 환각상태를 경험할 수는 없다. 맛을 즐긴다는 것은 오로지 이성적 존재의 속성이어서, 이성적 존재만이 맛을 즐길 수 있는 것이다.

와인비평가로서 내 의무를 다하고자, 나는 와인을 귀리에 붓고 샘이라는 말의 반응을 면밀히 관찰하면서 와인 한 병을 먹인 적이 있다. 하지만 그 말은 와인을 맛보는 것과 와인을 즐기는 것의 차이를 알지 못했다. 맛은 말에게 쾌락의 원천이지만 쾌락의 '대상'은 아니었던 것이다. 말은 와인의 '맛'에 자신의 생각을 집중하지는 않았다.

흥분제의 유형들

네 가지 종류의 흥분제가 있다. 첫째는 정신에 영향을 끼치면서도 마음에는 근본적인 변화를 일으키지 않고 우리를 기쁘게 하는 흥분제다. 둘째는 마음을 변화시키지만 그것을 사용하는 중에 어떠한 쾌락도 제공하지 않는 흥분제다. 셋째는 그것을 이용할 때 마음의 변화를 통해 쾌락을 맛보게 하는 흥분제다. 마지막으로 최소한 우리를 기쁘게 하는 행위를 통해서 혹은 그런 행위를 하는 중에 마음을 변화시키는 흥분제다. 서로 엄밀히 분리하기는 어렵지만 지금부터 차례대로 그 네 가지를 고찰해볼 것이다.

① 우리를 기쁘게 하면서 정신에 영향을 끼치지만 마음을 변화시키지 않는 것들이다. 아마도 담배는 이런 흥분제의 가장 친숙한 유형일 것이다. 담배는 긴장된 신경을 완화시키고 집중력과 통제력을 강화하면서 정신에 영향력을 발휘한다. 하지만 세상을 달리 보이게 하고 감성적이거나 지적인 삶을 방해하고 방향을 전환하는 것같이 마음을 근본적으로 변화시키지는 않는다. 이런 흥분제가 유발하는 쾌락은 심리적 효과와 밀접한

관련이 있다. 완벽하게 일치하지는 않지만, 훌륭한 와인 맛이 환각을 불러일으키는 방식은 훌륭한 담배 맛이 그렇게 하는 방식과 유사하다. 이것은 비이성적 동물이 경험할 수 없는 것이다.

② 마음을 변화시키는 효과는 지녔지만 그것을 사용하는 중에 어떠한 쾌락도 얻지 못하는 흥분제들이 있다. 이러한 흥분제는 '엑스터시'처럼 삼키는 알약, 헤로인 같은 주사제가 있다. 그 약을 복용하는 과정에서 어떠한 쾌락을 얻지는 못하지만, 그것이 유입된 결과 나타나는 정신적 효과는 실로 엄청나다. 이것들은 환각상태가 어떻게 발생하는가를 문제삼지 않고, 환각효과 자체만을 위해 사용되는 흥분제다. 헤로인 1회분을 어떻게 만끽할 것인가는 관심 밖이다. 그 물질을 주입하여 무장 해제된 마음은 지각력이 완전히 풀린 상태로 허덕인다. 그 약물이 정신에 끼친 효과는 그 약에게로 다시 이어지거나 약물의 경험을 새롭게 부각시키지는 않는다. 이렇게 마약을 복용함으로써 변화된 마음은 일상적으로 관심을 갖는 대상들에게로 향한다. 그런 대상은 다름 아닌 관념·사람·이미지 등이다. 그 약물을 사용함에 따라 다른 쾌락이 수반될지는 몰라도, 약물 그 자체에서 쾌락을 얻을 수는 없다.

③ 마음을 변화시키는 효과를 지녔으며 그것을 이용함으로써 쾌락도 맛볼 수 있는 흥분제로 가장 흥미로운 사례가 대마초와 알코올이다. 나는 와인이라고 하지 않고 알코올이라고 한다. 술을 마심으로써 발생하는 심리적 변화는 광범위하며, 쾌락의 순간은 몇 시간 혹은 여러 날 동안 지속된다고 전문가들은 말한다. 이런 가운데서 절정으로 치닫는 쾌락의 순간은 담배를 통해 얻는 것과 비슷하다. 알코올 역시 감정을 고조시키고

생각을 혼란케 하며, 신경계통에 들어가 마음을 변화시킨다. 마음을 변화시키는 이런 효과는 쾌락의 순간보다 더 오래 지속되며, 부분적으로는 쾌락의 순간과 무관하다. 옛 친구를 만나 느끼는 즐거움이 그의 방문 후에도 이어지듯, 와인 애호가가 맛본 정신의 변화는 물리적인 맛보다 더 오래 지속된다. 그러나 와인 애호가의 경우와는 달리 알코올 중독자들은 술의 효능에 중독되어 술맛에는 다소 무관한 편이다.

④ 흥분제를 사용해본 경험과 어떻게든 관련되면서 마음을 변화시키는 흥분제가 있다. 이런 속성을 지닌 대표적인 예가 와인인데, 이 점은 이미 맛의 환각적인 특성을 말할 때 언급한 바 있다. 마음에 변화가 일어나는 원인은 와인을 마시는 행위 그 자체에 있으며, 그런 마음의 변화는 와인 고유의 향취와도 관련이 있다. 변화된 의식이 맛에 이끌리듯, 맛은 변화된 의식으로 스며든다. 이러한 상호작용은 미학적 경험과 서로 통한다. 당신의 정신이 베토벤 4중주곡의 영향으로 고양되고 바뀌지 않는다면, 당신은 그 곡을 들을 수 없다. 의식의 변화는 자신을 그렇게 만든 소리 속에서 재해석된다. 이러한 설명은 음악의 내용을 다루는 분야에서는 생소한 것이 아니다. 내가 말하고자 하는 바는 그런 음악에 의미가 있다는 것이다.

대마초와 알코올의 차이점을 알아보자. 의학적·생리학적 관점에서 둘은 확연히 다른 특징을 갖고 있다. 알코올은 사회체제로부터 급속히 퇴출당하고 있으며, 수천년 동안 애주가의 유전적 체질을 타고난 그저 우리 같은 사람들이나 지금도 마신다. 북극권에 거주하는 이누이트 족과 조상 대대로 포도를 경작해본 적이 없는 종족들은 알코올에 노출되자마자 중독에 빠지고 말았다. 하지만 대마초 중독은 우리에게도 해당될지 모른다. 우리의 경우 대마초는 생리학적 차원에서 술과 전적으로 다르다. 대마초의 효과는 며칠 동안 지속되며, 일시적으로 마음을 변화시키는 것이 아니라 인격체를 영구히 혹은 반영구적으로 변화시킨다. 특히 일반적인 차원에서 도덕성을 상실한 모습으로 나타난다. 이러한 도덕성 상실은 알코올 중독자의 경우에도 일어나는 현상이다. 하지만 대마초의 경우는 중독이라는 말로는 설명될 수 없다. 담배 중독은 흡연자의 도덕적 타락으로 귀결되지는 않기 때문이다. 사람들이 마약으로 인한 환각상태에서 범죄를 저지르고 술에 취해 사고를 일으키는 반면에, 담배 기운으로 그렇게 하지는 않는다.

와인이 생리학적으로 끼치는 특성은 와인이 지닌 정서적 영향력을 규정하는 데 매우 중요하다. 와인을 직접 마시는 사람과 이를 지켜보는 사람은 와인의 효과를 일시적인 집착 혹은 한순간의 변덕으로 이해한다. 하지만 이러한 것은 사람의 성격을 바꾸는 변화는 아니다. 곧 당신은 술자리에서 벗어나 잠에 곯아 떨어지고 마침내 술기운을 떨치고 일어난다. 실레누스Silenus(디오니소스의 스승이자 친구)라는 인물에 대한 고대의 묘사는, 술과 잠에 깊이 곯아떨어지게 하는 힘을 지닌 모습으로 나타난다. 우리가 기억할 필요가 있는 중요한 사실은, 술이 사교적 기능을 갖고 있다는 것이다. 그래서 술은 사람들이 점잖게 마시기만 한다면 그들로 하여금 말을 많이 하게 하여 서로에 대한 신뢰와 선의지를 높이도록 한다. 술을 사교적 목적으로 마시는 많은 방식들은 엄격한 통제를 거쳐 제도적으로 확립되어왔다.

대마초 역시 사교적 기능을 갖고 있다. 대마초를 거의 사용하지 않았던 중동 지방에서는 물담뱃대 빠는 의식이 사교적 기능을 담당해왔다. 이 의식을 통해 사람들은 한순간이나마 몽롱한 정신상태를 경험한다. 이 환각제는 사회적 상호작용의 특별한 형식을 반영하고 이를 강화한다. 우리가 와인에 관심을 갖게 되는 까닭은 와인에 그런 특별한 속성이 있기 때문이다. 와인이 사회적 질서를 반영하고 있다는 사실은 중요하다.

와인은 알코올이 혼합된 음료가 아니라 포도가 화학적 변화를 거쳐 형성된 물질이다. 와인 기운이 작용하여 경험하는 영혼의 변화는 포도를 최초로 따기 50년 전에 시작되었을 또다른 변화의 지속이다. (이것은 그리스 사람들이 발효를 신이 행한 일로 기술했던 하나의 이유이기도 하다. 디오니소스는 포도 속으로 들어가 포도를 변화시킨다. 와인을 마실 때 이 변화의 과정은 우리들에게도 전달된다.) 인간이 이 변화과정에 개입되어 있다는 사실을 안다고 할지라도, 이는 칵테일을 만드는 기술과는 매우 다른 경작의 기술이다. 어떤 면에서 와인은 재배자와 와인 양조업자에 바치는 공물이 아니라, 우리 인류를 수렵 채집인에서 농부로 전환시킨 행동의 변화과정에 바치는 봉헌물이다. (노아가 술에 취하여 벌거벗고 잠에 곯아떨어졌다는 이야기에는 이러한 흔적이 남아 있다.)

와인의 효능

그러므로 와인을 마실 때 우리는 연속된 과정을 맛보고 있는 것이다. 와인은 하나의 생명체이자, 다른 생명체들의 최종적인 결과이기에 우리 안에 있는 생명의 창시자이다. 이에 대한 경험은 코와 입을 강렬히 자극하는 향기와 맛으로 한껏 강화된다. 이러한 감각적 요소들은 와인에 취하게 되는 요인으로 인식된다. 와인을 마시는 사람은 매혹적인 와인잔에 입과 코를 들이댄다. 이는 연인들이 입술을 내밀어 키스하는 것과 유사하다. 관능적인 키스와 와인을 홀짝이는 것 사이의 비교는 조금 과장된 것일 수 있다. 하지만 입술과 와인잔의 접촉에 대해 나와 와인이 "얼굴을 마주하고 만난다"고 기술하는 것은, 과장된 표현이라기보다는 하나의 은유라고 하겠다. 위스키는 우리와 대면하고 있을 수는 있지만, 와인처럼 '얼굴을 마주하고' 있지는 않다. 와인은 코디얼cordial(과일주스로 만들어 물을 타 마시는 음료)과 치료용 음료에 비유되기도 한다. 얄팍한 사람이 의도를 실현하고자 자신을 감추듯, 맛은 효과를 극대화시키기 위해 기꺼이 자신을 감추기도 한다. 그러나 와인의 효능은 은밀하거나 감춰져 있지 않고 향취를 곧바로 발산하는 것에 있는데, 이것이 바로 와인의 탁월성이다. 이러한 특징은 와인을 마시면서 각자 솔직하게 접근할 때 서로에게 전달된다.

고대의 격언으로 "술에는 진리가 있다"란 말이 있다. 진리란 술 마시는 사람의 인식에 있는 게 아니라, 풀린 혀와 느슨한 몸가짐을 통해 그가 드러내는 것에 있다. 이 진리는 '진리 자체'가 아니라 '타인을 위한 진리'다. 대마초는 흡연자에게 더 높은 경지에 오르고 있다는 생각을 하게 함으로서 흡연자를 기만하지만, 와인은 우리를 속이지 않는다. 이런 까닭에 와인은 심리 변화를 유발하는 약물과는 차원이 다르다. 다른 약물들은 아무리 강도가 약하다 할지라도 메스칼린mescaline과 LSD 성분이 들어 있고, 『인식의 문』The Doors of Perception에서 올더스 헉슬리Aldous Huxley가 언급한 경험을 수반한다. 대마초를 포함한 이 모든 약물들은 인식론적 차원에서 비난받을 만하다. 그것들은 또 하나의 세상, 즉 초월적인 실체에 대하여 그릇된 관념을 심어준다. 과장된 실체로 구성된 세계와 비교하게 되면, 평범한 현상들에 둘러싸인 이 세상은 보잘것없는 곳이 되고 만다. 반면에 와인은 우리 앞에 펼쳐진 세상을 색칠하여 생기를 발산하는 세상으로 거듭나게 한다. 또한 와인은, 우리가 이제껏 참다운 세상을 보지 못하였다면 그 이유는 우리가 실제로 그 세상에 들어가려고 한 적이 없기 때문이라는 사실을 깨우쳐준다.

와인은 우리가 사는 세상을 밝혀주는 빛을 가리지 않고, 우리를 속여 우리가 덜 허망한 대안의 세계에 들게 되었다는 허상에 빠지지 않도록 한다. 와인은 우리에게 환상을 불러일으키는 것에도 경의를 표하며, 그들 가운데 애절한 것을 더욱 뚜렷하게 한다.

와인의 효능에 대해 우리는 좀더 정교해질 필요가 있다. 와인 특유의 효능에는 자아에서 벗어나 타자로 향하는 것, 용서를 바라기도 하고 베풀기도 하는 것이 포함된다. 술좌석에서의 용서는 망각에 대한 용서가 아니고 이전의 무례에 대한 용서다. 신약성서에 기록된 것처럼 기독교 성찬식에서 사용된 와인은 최후의 만찬에 권위를 부여한다. 기독교 공동체 의례에서 와인이 중추적인 역할을 떠맡게 된 것에는 또다른 이유가 있다. 와인은 초기의 다른 이웃 종교들과 기독교 사이의 도덕적 차이를 부각하며 미세하게나마 기독교의 도덕적 가치를 확고히 했다. 기독교만의 차별화된 도덕적 가르침은, "우리에게 죄 지은 자를 우리가 용서하는 것처럼 우리의 죄를 용서해달라"는 기도문에 요약되어 있다. 자신이 먼저 용서해야 용서받을 수 있다는 가르침을 전해주는 이 탁월한 기도는, 우리가 와인잔 안에서 이해할 수 있는 것이기도 하다. 지속 가능한 인간사회를 건설하는 과정에서 중요한 역할을 하는 용서는 이슬람 세계에서도 두루 볼 수 있는데, 와인 애호가인 하피즈, 루미Rumi, 오마르 카이얌Omar Khayyam의 시들이 이를 증명하고 있다. 코란의 16장 일곱번째 시에서 술은 분명히 신의 선물 중 하나라고 칭송된다. 그러나 술에 대한 예언자의 태도는 5장의 90~91번째 시에서 보이는 것처럼 시큰둥하게 변했고, 코란을 정전으로 배열하는 과정에서 후기의 계시들이 더 앞자리를 차지하게 되었다. 코란의 초기 내용과 후기 내용 간에 모순이 있으면, 초기의 계시들은 후기의 것들로 대체된다고 한다. 이는 치명적인 실수로서 신의 뜻은 다를 것이라고 나는 생각한다.

맛과 인식력

와인은 그 맛으로 정신적 효과를 직접 일으킨다. 우리가 와인의 환각적인 맛을 보듯이, 꼭 그렇게 와인이 이룩하는 화합을 맛본다. 와인이 정신에 끼치는 효과는 맛을 좌우할 정도로 강렬하여, 그림에서 감성을 읽어내거나 음악에서 감성을 듣는 것과 비슷한 경험을 하게 된다. 무엇보다 맛은 색깔처럼 존재하지 않는다. 단지 천조각일 뿐인 모든 파란 천조각은 하나의 파란 그 무엇이다. 하지만 모든 딸기 맛은 딸기 맛을 내는 그 무엇이라고 간단히 말할 수 없다. 내가 입 안에 아무것도 넣지 않고 어떤 맛을 느낄 수 있는 것처럼 맛은 물질 없이 존재할 수 있다. 냄새가 대기 중에 퍼지거나 소리가 방 안에 머무르는 것과 같은 방식으로 맛은 입 안에 남아 있다. 어떤 술맛은 그 술을 다 마셔버린 후에도 한참 동안 입 안에 머물러 있다.* 냄새나 소리와 함께 맛은 존재론적으로 2차적인 대상에 속한다. 소리가 음악에서 분리돼 나오듯, 냄새는 자신을 발생시킨 원인이 되는 물질에서 벗어나 자신의 감성적 생명을 영위해간다. 프루스트에 의해 정교해진 의식의 흐름이라는 서사기법에 의해, 냄새는 사물에 사물을, 장소에 장소를 연결시키며 일련의 연상작용을 하게 한다.

맛을 구분하는 과정에서 우리가 경험하는 빈번한 어려움은, 맛의 다양한 특색과 관련된다. 대체로 우리는 맛의 특징을 밝히는 방식으로 맛을 구분한다. 그리하여 "견과 맛이 나고, 과즙이 풍성하고, 고기 성분이 많고, 치즈 맛이 난다"는 식으로 표현한다. 따라서 맛을 구분하고 비교하는 과정은 특징적인 맛을 식별하는 것이다. 다시 말하자면 우리는 스스로 먹고 마시는 낯익은 것의 표지들이 자리한 미각의 영역에 맛을 배치하는 것이다.

와인으로 고양된 의식이 자신이 산출한 지식을 묘사할 때, 우리는 실제 세계의 특징을 찾는다. 그 특징은 이 세계의 맛을 통하여 요약되고 찬미되며 이정표가 된다. 그리하여 '토양'의 맛으로 표현되는 좋은 와인에 대한 전통적인 인식이 출현하게 되었다. 토양을 강조하는 관점은, 와인을 신성시하고 음주자간의 유대를 강조하는 관습이나 의식까지도 포함한다. 여기에 신학적 용어가 등장하는 것은 결코 우연이 아니다. 와인은 초

---

*입천장에 '머물러 있음'은 코 안쪽의 후각에 의해 수행된다. 입에 이미 포착된 어떤 것에 대한 후각의 2차적인 수행이라 하겠다.

월적 영역에 대해 어떤 거짓말도 하지 않으면서 자체의 내밀한 주관성에 우리를 끌어들이고, 그 주관성을 브라만의 세계 속에 나타냄으로써 내재적 실체를 성스럽게 한다. 이러한 상황이 전개될 수 있는 까닭은, 와인이 성육화를 위한 매우 효과적인 상징물이기 때문이다. 와인과 친숙해지면서 우리는 특정한 공동체의 역사·지리·관습에 참여하게 된다.

고대로부터 와인은 특정 지역과 관련을 맺어 그 지역의 맛으로 받아들여졌고, 그곳에 정착한 조상의 모험정신을 후손들에게 전달하는 방식으로 여겨졌다. 비블로스Byblos 와인은 페니키아인들의 주된 수출품이었다. 고대 팔레르노Falerno 와인은 호라티우스에 의해 전설적인 명성을 얻었다. 부르고뉴, 보르도, 라인Rhine, 모젤이라는 신비한 이름으로 마법을 거는 사람들은 결코 허풍을 떨지 않는다. 그들은 뛰어나고 신뢰할 수 있는 이름으로 와인의 탁월한 맛을 표현할 따름이다.

와인의 맛은 그것이 생산되는 지역의 사상 및 역사와 불가분의 관계를 맺는다. 고대 이집트인들은 와인이 생산되는 지역에 따라 와인의 상품성에 차등을 두었으며, 다른 한편으론 와인의 사회적 기능에 따라 등급을 결정했다. 고고학자들은 '최고의 기념식을 위한 와인' '세금 징수일을 위한 와인' '무도회를 위한 와인' 등의 상표가 붙은 항아리들을 발굴해 복원하기도 했다.* 하지만 이러한 표현들이 맛에 대한 길잡이로서 제 구실을 했는지에 대해서는 의문이다.

여기에서 우리는 와인의 종교적 의미에 주목해야 한다. 단순화시켜 말

---

* 정보가 풍부한 패트릭 맥거번Patric Mcgovern의 책 『고대 세계의 와인』*Wine in the Ancient World*(런던 2004)을 보라.

하자면 종교적인 의식에는 두 가지 경향이 있다. 우리가 지나치게 강조하는 첫번째 경향은 믿음에 관한 것이고, 두번째 경향은 현대 사상의 영향으로 자주 간과되는 '공동체 의식'이다. 그리스와 로마의 종교들은 공동체 의식의 측면에서는 강했지만 믿음의 차원에서는 약했다. 그리하여 그리스와 로마 사람들은 종교적 현상이기도 한 광신적 종교집단으로 경도되었다. 이런 종교에 익숙한 사람들은 종교적 정통성과 다른 교우들과의 일체감을 확인하는 방법으로, 신앙이 아니라 광신적 종교행위를 통한 결속을 택한다. 서구문명은 최근 몇세기 동안 신앙을 강조해왔으며, 특별히 초월적인 세계와 그 세계를 주관하는 전능한 신에 대한 믿음을 강조해왔다. 이러한 신학적 경향은 종교 교리에 대한 논쟁에 박차를 가했다.

광신적 종교행위를 정당화시켜주는 신학적 판단의 근저엔 현대 인류학이 있다고 여겨진다. 내가 보건대 현대 인류학의 토대를 쌓은 사람은 리하르트 바그너Richard Wagner이다.** 종교적 믿음들은 광신적 종교행위

** 클로드 레비-스트로스Claude Lévi-Strauss는 『날 것과 구운 것』*Le cru et le cuit*(파리 1964)에서 바그너를 구조주의 인류학의 창시자로 받아들인다. 칸트가 1798년 자신의 강의노트를 정리해 출판한 『실용적 관점에서 본 인류학』*Anthropologie in pragmatischer Hinsicht*에서 구조주의 인류학을 최초로 대학 연구과정에 도입했으므로, 인류학으로 불리는 과목이 바그너 시대 이전에 존재한 것은 사실이다. 종교를 인간 정신의 심오한 요구로 인식하는 관점은, 종교 자체를 항상 상징적 형태로 표현한다. 이러한 관점은 바그너가 『종교와 예술』*Die Religion und die Kunst* 그리고 『전집』*Gesammelte Schriften und Dichtungen*(라이프치히 1911) 10권에서 포이어바흐를 새로운 시각으로 조명함으로써 가능했다. 고대의 신화와 종교를 보편적 정신의 실체에 형식을 부여하는 것으로 보는 경향은 독일문화에서 일반적이었다. 이러한 접근의 진정한 기원은 아마도 그 당시에 많은 논란을 불러일으켰던 게오르그 크로이처Georg F. Creuzer의 『모든 민족의 상징과 신화』*Symbolik und Mythologie der alten Völker*(라이프치히 및 다름슈타트 1810~12)일 것이다. 하지만 바그너 시대에 와서야 비로소 만들어진 종교의 사례가 제시되었다. 이러한 종교에서는 신들의 필요 때문이 아니라 인간의 '필요 때문에' 신들이 도출되었다. 이것은 종합적인 종교인류학의 첫 시도가 되었다.

를 합리화시키는 근거들이며, 광신적 행위는 집단의식을 고취하는 역할을 한다. 사람들은 이러한 광신적 종교행위를 실천함으로써 자신들의 근원을 통합하게 된다. 땅에 정착하거나 하나의 공동체가 표방하는 보편적 욕구에 따라 토대를 변경하는 행위는, 사원을 건축하는 일과 축제행사나 희생제의를 위해 오랫동안 준비하는 모습으로 이어진다. 사람들이 이렇듯 제의를 대비해 하나의 집을 마련하면, 신들은 조용히 들어와 그곳에 거주한다. 이런 과정이 처음에는 사람들의 눈에 띄지 않지만, 결국엔 신학이라는 초월적인 옷을 입게 된다.

문명의 기원이 되었던 정착행위는 땅과 우리들의 관계를 급격히 변화시켰다. 즉 수렵 채집인에서 농부가 되었고 새로운 소속감을 갖게 된 것이다. 정착한 사람들은 단지 서로에게만 속한 게 아니라 하나의 장소에도 얽히게 되었다. 공동체의 뿌리에서 농장과 마을 그리고 도시가 출현했고, 수렵 채집인의 동물숭배 사상이 사라졌으며, 식물과 관련된 신비의식은 정주민들이 땅을 소중히 여기는 의식으로 자리잡았다. 식물숭배 의식은 긴 세월을 거쳐오면서 무의식의 가장 깊숙한 곳에 뿌리를 내리게 되었다. 농업을 기반으로 한 경제와 이를 바탕으로 성장한 도시는, 주식으로 이용되는 곡식이나 쌀과 더불어 포도나무를 신성시하는 의식을 탄생시켰다. 빵과 와인이 성찬식에서 사용된 것은 확실히 이런 의식에서 비롯되었을 것이다. 게다가 포도는 발효되어 살균이 된 상태로 보관할 수 있었다. 포도에 관한 모든 것은, 특정 장소와 그곳에서 정착생활을 하는 주민들에게 공동체와 그 공간을 지속하려는 의지의 상징물이 되었다.

와인에 대한 경험은 종교적 신비의식을 복원하는 것이다. 신비의식을 매개로 사람들은 땅에 정착했고 도시를 건설했다. 우리가 와인을 마시며 맛보는 것은 포도와 그것의 발효물만이 아니라, 신들이 자신의 신전이 있는 땅에 내린 특별한 맛이다. 우리가 먹고 마시는 어떤 것도 와인이 받고 있는 그런 후광을 입지 못했다.

6 불평Whine의 의미

19세기 금주운동의 기치를 내걸었던 이는 정치가들이 아닌 시민이었다. 이들 중 많은 사람들은 이전까지 유례가 없던 열의를 갖고 금주운동에 참여하여, 많은 문제를 복지국가가 감당해야 할 몫으로 제기했다. 도시의 도로에 너부러져 있는 자포자기에 빠진 알코올 중독자들은 물론, 집안에 틀어박혀 술을 마시고 가족들에게 패악을 일삼는 훨씬 더 많은 주정꾼의 존재는 빅토리아 시대 공상적 박애주의자들을 괴롭히던 문제였다. 멘켄H. L. Mencken은 청교도주의를 "어떤 사람이 어딘가에서 행복할지도 모른다는 강박적인 두려움"이라고 정의했다. 금주 훈련에 집단적으로 참가한 사람들의 궐기대회와 서약식, 그리고 희생자들의 사생활과 사회적 관계를 존중하지 않고 참견하기 좋아하는 사람들에 대한 기사를 읽을 때, 우리는 그때는 그때고 지금은 지금이라는 안도의 한숨을 내쉬게 된다.

청교도주의를 옹호하는 입장에서 보면 모든 쾌락이 다 순수한 것만은 아니다. 우리 사회를 포함한 모든 사회에서 성적 쾌락은 순수한 것과 죄 있는 것으로 나뉜다. 금주운동은 분명한 의미 없이 도덕적인 반작용으로 시작되었다. 음주가 과하면 죄가 되는 반면에, 성적으로 죄가 되는 것은 과도한 행위가 아니라 상대를 잘못 선택한 것에 있다. 멘켄이 우리에게 상기시킨 것처럼, 모든 면에서 활동적인 청교도주의의 걱정은 "다른 사람들이 무슨 일을 저지를 것인가"였다.

만약 술이 파생시킨 죄가 있다면 그것은 음주 자체에 원인이 있는 것이 아니라, 쾌락과 미덕이 분리되어 있다는 데 원인이 있다. 모든 문화는 어떤 쾌락은 허용하고 어떤 쾌락은 금지한다. 문화를 지탱하기 위해 쾌락은 좋은 습관에 의해 적절히 통제되어야 한다. 아브라함으로부터 받은 유산 가운데 좋은 습관이란 자비 정신을 실현하는 것이다. 수피교(이슬람교의 신비주의 분파) 시인 루미Rumi가 얘기한 것처럼, 덕망있는 음주자란 잘 익은 사랑이 와인을 지배하게 하는 사람이다.

청교도주의의 유산은 영국과 미국 사회의 다양한 분야에 배어 있다. 인류학자에게 흥미로운 사실 중 하나는, 청교도들의 분노가 어쩌면 그렇게 쉽게 어떤 관심사에서 다른 것으로 옮겨갈 수 있는가이다. 마찬가지로 이전에는 결코 동의할 수 없었던 것에 대해 어쩌면 그렇게 간단히 하룻밤 사이에 죄의 낙인을 지워버릴 수 있는가이다. 이것은 섹스에 관한 경우엔 특별히 더 두드러진다. 우리의 아버지와 할아버지 세대들은 섹스를 젊은 사람들이 거부해야 하는 유혹으로 여겼다. 그들은 성적 쾌락을 만끽하기 위한 예비적 절차로서 순결을 이해할 수 없었고, 성적 쾌락을 잘못된 향락이라고 여겼다. 따라서 그들은 미덕을 낳는 욕망과 해악을 끼치는 욕망을 구분하지 않았다. 전체적인 관심사는 터부였으며, 성적으로 다급한 문제에 대한 유일한 해답은 '하지 마라!'였다. 순결을 금욕의 한 방편으로 여기는 오래된 관념 때문에 그들은 이 문제를 진지하게 고민하지 않았다. 아리스토텔레스가 분노에 대해 했던 말은 그대로 섹스에도 적용된다. 아리스토텔레스는 분노를 억제하는 것은 옳지 않다고 했다. 그는 옳은 습관을 몸소 실천하는 것, 적절한 때에 적당한 시간 동안 해당된 사람에게 적절한 강도의 분노를 느끼도록 자신을 훈련시키는 것이 반드시 필요하다고 했다.

이러한 방식에 따른 절제된 성생활이란, 성욕을 무턱대고 억누를 게 아니라 적절한 때에 합당한 상대를 맞아 적절히 성욕을 해소하는 행위이다. 이러한 문제와 관련되어 아리스토텔레스의 영향을 받은 수피교 철학자 알-가잘리al-Ghazâlî는 『행동의 기준』Mizan al-'Amal이란 저서에서 순결의 미덕에 대해 말하길, 즐기고 절제하는 삶이 지적 능력에 따를 수 있도록 자아가 자신의 합리적 요소에 철저히 복종하는 것이라고 했다. 순결이란 음란과 욕망의 결핍을 잇는 하나의 통로이며, 진정한 순결이 위치한 곳은 두 극단의 중립지대이다. 이러한 순결은 결혼을 옹호하는 하나의 논거가 되는데, 결혼은 섹스를 탐욕의 영역에서 미덕의 영역으로 인도한다. 그리하여 욕망과 사랑은 상대를 부추기고 때론 통제하면서 함께 나아간다. 이런 감성적 체계는 제인 오스틴Jane Austen의 소설에서 탁월하게 작동하고 생생하게 드러난다. 모든 문장에서 욕망은 서서히 진행돼가는데, 제인 오스틴의 열렬한 독자들이 그녀의 작품에서 끊임없이 해소하고자 하는 갈증이 바로 이것이다. 하지만 소설 속 여인이 자신을 유혹하는 남자에게 꺾이고 말 때, 욕망은 대상에 대한 판단이나 운명이 걸린 뭔가에 대한 감각과 분리될 수 없는 것이다.

청교도들은 가늠할 수 있는 개별화된 욕망을 잘 파악하지 못하는 경향이 있다. 성적 일탈이 곧바로 죄가 되지는 않는다. 이른 나이에 실험적으로 행한 성행위로 인해 해를 입었다는 어떠한 증거도 없다. 어떠한 제재도 받지 않은 성행위가 도덕적·의학적 혼돈을 야기해 피해를 끼쳤다는 증거도 없다. 청교도주의는 절대적 긍정에 절대적 부정으로 맞섰다. 그렇게 금지를 일삼는 까닭은 신이 그런 쾌락에 괴로워하기 때문이 아니라, 누군가가 그런 쾌락을 만끽하며 삶을 향유하기 때문이다. 이런 발상으로 당신은 청춘남녀에 대해 온갖 섹스파티에 몰입하고 별의별 음탕한 짓을 하는 한심한 녀석들로 그려낼 수 있다. 하지만 입에 담배를 물고 있는 젊은이를 그려서는 안된다. 그런 그림은 흡연자의 죄를 용서하는 것이 아니라, 젊은이의 방종으로 이익을 취하는 자들의 죄를 용서하는 꼴이 되기 때문이다. 브루넬·처칠·사르트르와 같은 흡연자들의 초상화는 손가락 사이의 담배를 제거한 것이다. 계몽을 위한 이런 식의 작업은 학교 게시판에 붙는 포스터를 통해 지속적으로 펼쳐졌다. 포스터의 내용 중에는 12세 어린이들의 안전한 섹스와 무료 임신중절에 관한 조언과, 흡연을 해서는 안된다고 외치는 절대주의자들의 포고문과 같은 것들이 있다.

청교도들이 흡연과 음주를 문제삼고 그런 악습을 일소하겠다고 하는

데는 충분한 이유가 있다. 주류업은 디아지오Diageo와 같은 몇몇 대기업에 의해 좌우되는 거대한 사업인데, 청교도들의 금주 주장에는 쉽게 공감이 간다. 왜냐하면 누군가 술에 취하면 취한 개인만 피해를 보는 게 아니라, 인간관계를 유지할 수 있는 능력을 상실한 그 사람으로 인해 집단이 피해를 보기 때문이다. 술로 인한 문제에 접근할 때 간단히 파문하는 것보다는 더 인간적인 방식을 찾아내는 것이 중요한데, 우리는 아리스토텔레스에게서 하나의 교훈을 얻을 수 있다. 즉 "마셔야 하는가, 마시지 말아야 하는가"라는 양자택일이 아닌, "이것이 술을 마시는 옳은 방식인가, 옳지 않은 방식인가"를 따져야 한다는 것이다.

사도 바울은 "과도하게 마셔 술에 취하지 말고, 성령으로 자신을 채우라"고 했다. 이 말은 술이 들어갈 자리에 성령을 채워넣으라는 뜻이 아니라, 과함에 대하여 경계하라는 의미이다. 성령은 술에 적대적이지 않을 뿐만 아니라, 기독교의 교리에 따르면 성령은 성찬식에 놓인 포도주로 드러난다. "디모데여, 물만 마시지 말고 포도주도 좀 마시게"(디모데전서 5장 23절)라는 바울의 말은 가장 아끼는 도반에게 한 권고였다. 기독교야말로 '와인 마시기'를 일종의 책무로 삼았던 지중해 지역의 종교였다. 이것은 청교도적 유산이 간과한 한 단면이다.

청교도에 대한 미국인의 반발은 『현대의 술고래』*The Modern Drunkard*라는 잡지가 주도하고 있다. 나는 워싱턴의 한 술집에서 낯선 손님으로부터 그 잡지를 받아 읽어본 적이 있다. 그 사람은 키가 훤칠하고 목소리도 커, 아랫배 어딘가에서 우렁찬 목소리가 나올 것 같은 인상을 주었다. 그 잡지에는 산타클로스 복장을 한 한 무리의 백인 노동자들이 크리스마스

날 방망이를 휘두르는 교통경찰에게 어떻게 무지막지하게 당했는가에 관한 기사가 실려 있었다. 술 취한 그 노동자들 중 어느 누구도 차를 운전하지 않았는데도 그렇게 당한 것이었다. 또한 그 잡지에는 떠돌이들의 황제, '수프 뼈' 발멧'Soup Bone' Balmett과의 인터뷰도 실려 있었다. 그는 헌법상의 권리를 보장받기 위해 대륙 전역을 쏘다니며 이 감옥 저 감옥을 전전한 인물이었다. 그 잡지의 기사에 의하면 미국에서 맥주를 마시는 사람들은 술 취하는 것을 남성다운 근육질을 드러내 보이는 최후의 수단으로 이해한다고 했다. 그 기사는 맥주와 그밖의 곡물로 빚은 술들에 초점을 맞췄고, 주된 관심사는 자신의 독자들에게 그것을 충분히 마실 수 있는 방법에 관해 조언하는 것이었다.

지금도 조지 크래브George Crabbe(영국의 목사이자 시인)의 「음주벽」이란 시 구절이 떠오른다.

> 아! 가난한 술꾼들이여, 교육받지 못한 그대의 감각은
> 맥주에 내린 은총을 보면서도 와인을 내놓는구나
> 그대의 두뇌는 맥주의 질펀한 환각을 넘어
> 교만한 환상으로 결코 빠져들 줄 모르는구나!

생각건대 우리는 조지 크래브의 시와 『현대의 술고래』를 참고하여 미덕이 되는 음주와 해악을 끼치는 음주를 명확히 구분할 필요가 있다. 서구 문명에서 술은 신이 드러나는 매개체이자 신을 만나게 해주는 상징적 음료이다. 우리를 통제하려는 불평꾼들과 그들의 비수에 맞서 그들을 설

득하려면, 우리는 술을 도덕적인 삶의 영역으로 끌어들여야 한다. 술은 이성적인 존재들의 성취를 허무는 게 아니라 그 토대를 더욱 굳건히 한다. 알코올을 함유한 다른 모든 음료들도 와인처럼 행복을 불러오고 유대를 공고히 하며 집단에서 절망을 몰아내는 공동체의 의식에 쓰이는 한, 예외는 아니다.

보통 우리는 술을 마시며 자신에게 솔직해지려고 한다. 술에 취하지 않았을 때 감추려고 했던 것을 술 마실 때는 드러내려고 한다. 술을 사고 함께 마시는 관행은 술을 몸 안으로 흡수하는 것과 말을 밖으로 쏟아내는 것의 균형을 맞추는 데 중요한 역할을 한다.

나는 바로 앞에서 영국 국교회가 지닌 미덕을 옹호하는 '목사 조지 크래브'The Rev George Crabbe의 시를 언급했다. 시에서 마을 사람들이 술을 마실 때 불친절한 모습으로 그려진 것은, 몬태규 슬레이터Montagu Slater가 크래브의 시를 〈피터 그라임스〉Peter Grimes라는 오페라 대본으로 각색할 때 나타난 것이다. 오페라 대본 〈피터 그라임스〉에서 피터를 배척한, 폐쇄적이고 불신이 팽배한 사회를 묘사하는 데 이용된 언어들은, 선술집 문화에 대한 슬레이터의 거만한 태도를 덤으로 전달하고 있다.

> 우리는 살아가고, 살아가도록 하며, 그리고 본다—
> 우리는 우리 자신에게 손을 내밀지 않는다.
> 우리는 앉아서 저녁 내내 마신다.
> 날마다 씹어대는 담배에
> 몰두하는 따윈 하지 않지만

우리는 돌아가면서 술을 산다.

선술집에서 순번을 정하여 술을 사는 관행은 영국 사람들의 위대한 문화적 전통이다. 이 전통은 돈이 넉넉하지 않은 사람에게 위험을 무릅쓰지 않고도 선심을 베풀 기회를 준다. 또한 이런 관행으로 인하여 사람들은 자신을 이웃들에게 선보일 수 있고, 자신이 선택한 술로 자신의 개성을 드러낼 수 있다. 어떤 면에서 이런 관행은 도덕적으로 향상된 활동이다. 왜냐하면 그리스의 향연이나 (영국의) 교원 휴게실, 그리고 넓은 땅을 소유한 사람의 저택에서 볼 수 있는 파티에서는 주인만이 '주는 사람'의 역할을 수행하기 때문이다. 돌아가면서 술을 사는 관행 덕분에 말을 못하는 사람과 사회적으로 짓밟힌 사람들도 이웃으로부터 감사와 존중 그리고 명예를 얻을 수 있었다. 우리를 통치하는 자들만이 사용하는 언어를 우리도 사용한다는 것은 '사회적 통합'의 모범적 사례이다.

슬레이터의 오페라 대본 〈피터 그라임스〉에 드러난 흠집은 작곡가 브리튼Britten의 음악으로 잘 극복되고 있다. 브리튼은 당김음을 사용하는 화음에 맞서 온화한 화해 멜로디를 강조함으로써 술 마시는 사람들을 함께 뭉치게 한다. 오페라에서 안티Auntie의 술집이 지닌 친근한 분위기에서 벗어나려고 하는 사람은 피터 그라임스만은 아니었다. 선술집에는 세들리Sedley 부인이라는 또 한명의 국외자가 있었는데, 그녀는 맥주 냄새가 진동하는 집단에 자신이 합류해 있음을 깨닫고 소스라치게 놀란다. 그녀는 아편에 대한 갈증 때문에 어쩔 수 없이 집 밖으로 나온 경우였다. 그녀는 마약 중독자의 무기력증에 허덕이며 자신의 갈망을 해소시켜줄 수단으로 타인을 대할 뿐이다. 작곡가 브리튼은 함께 술을 마시는 풍습이 사회에 공헌하는 미덕을 강조한다. 아울러 맛을 음미하지 않고 술을 삼켜버리거나 예의를 표하지 않고 먹어치우는, 흥분제만을 찾는 사람들의 불행한 운명을 우리들에게 보여주고자 한다.

맥주나 와인과 같은 발효주는 단순한 술이 아니다. 효능에 있어서도 곡물로 담근 술이나 칵테일과 혼돈하지 말아야 한다. 와인 한잔을 마시는 것은 살아 있음을 맛보는 것이다. 이것은 사교모임에서 와인이 그곳의 다른 사람들처럼 똑같은 관심을 받으며 등장하는 것과 같은 이치다.

발효주의 사회적 역할은 수많은 방식을 통하여 서구 사회에 편입되었다. 그것의 가장 명백한 증거는 '축배 들기'이다. 사람들은 기념식장에서 잔을 들어올려 자신의 선의지를 다른 사람들에게 표시한다. 와인이 갖는 사회적 미덕은 하피즈, 루미, 오마르 카이얌의 시에서 보듯, 이슬람 세계에서도 찾아볼 수 있다. 오늘날 와인에 대한 반감은 이슬람교의 요소를 반영한 청교도 극단주의의 산물이다. 이슬람교도들은 와인을 금하는 코란의 조항을 강조한다. 성서에 따르면 낙원을 흐르는 많은 강들이 바로 그것으로 이루어졌음을 그들은 망각하고 있다. (예컨대 코란 47장 15절을 보라.)

고전적 사고의 전환기였던 중세시대에 이슬람교 철학자들이 수행했던 역할은 지식의 역사에서 빼놓을 수 없는 중요한 것이었다. 나의 전공인 음악철학 분야에서 본다면, 이 분야에 대한 저서를 집필한 위대한 철학자가 있다. 그 사람이 바로 알-파라비 al-Fārābī(872~950 혹은 951)인데, 그는 뛰어난 음악가이기도 했다. 그의 저작은 우주 조화에 관한 신플라톤주의자들의 이론과 초기 아랍음악의 양식들을 조화시키려 한 선구적인 시도였다. 다른 한편으로, 10~11세기에 비옥한 초승달 지역에 살았던 철학자 조직인 '성실의 형제단'Ikhwan as-Saffa이 엮어낸『정령의 왕 앞에 선 동물 대 사람의 재판』The Case of the Animals versus Man before the King of the Jinn이 있는데, 이에 견줄 수 있는, 동물들의 도덕적 지위를 다룬 서구의 고전작품은 전무하다. 유럽 중세문학에 많은 영향을 끼친 궁정연애 모티프도 이슬람교도가 살았던 안달루시아로부터 유입된 것이다. 이 모티프는 이븐 시나의 여러 저서에 드러나 있는 신학적 토대를 원천으로 하고 있다. 그리고 알-가잘리와 이븐 루시드Ibn Rushd(라틴어로는 아베로에스Averroës라고 함) 사이에서 벌어진 철학적 지식이 지닌 본성과 한계에 대한 논쟁은, 그 당시와 마찬가지로 현재도 여전히 깊은 의미를 지닌다.

하지만 그렇게 위대하고 언제나 논쟁의 중심에 섰던 문화에 어떤 일이 발생했는가? 당신은 언제 그 철학자들의 책을 볼 수 있을까? 분명히 미국의 대학 도서관에는 있다. 하지만 다마스쿠스나 바그다드의 서점에서는 그들의 책을 발견할 수 없다. 새뮤얼 헌팅턴처럼 '문명간의 충돌'로 인식한다는 것은 두 문명이 존재한다는 것을 전제로 한다.* 하지만 각축을 벌이는 문명들 중 하나는 아직도 전장에 모습을 드러내지 않았다. 우리가 목격하는 충돌은 서구의 세속주의와 한 종교가 대립하는 양상이다. 30년 전에 에드워드 사이드Edward Said는『오리엔탈리즘』이라는 저서를 펴냈다. 그 책에서 그는 중동의 사회·예술·문학을 연구하고 평가한 서구

*새뮤얼 헌팅턴Samuel P. Huntington,『문명의 충돌과 세계질서의 재편』The Clash of Civilisations and the Remaking of World Order(뉴욕 1996).

의 학자들을 혹평했다. 그는 '오리엔탈리즘'이라는 신조어를 이용하여 동양 문명을 무시하고 폄훼하는 서구의 태도를 들춰냈다. 에드워드 사이드에 따르면, 서구의 눈에 포착된 동양은 창백하고 나태하며 몽상에 젖어 있는 세계였다. 그리고 서구적인 가치에서 소중한 에너지와 산업은 찾아볼 수 없고, 물질과 지적인 성공의 원천에서도 멀리 벗어나 있는 세계였다.

에드워드 사이드는 동서양이 만나는 매우 좁은 영역과 관련된, 활기차고 탁월한 산문과 엄선된 인용문을 거론하며 자신의 이론을 전개했다. 그는 동양에 대한 서양의 묘사를 신랄하게 비판하면서도 서양에 대한 동양의 묘사를 점검하거나, 누가 누구에게 얼마나 못되게 굴었는가를 따지는 비교분석은 하지 않았다. 만일 그가 그럴 생각이 있었더라면 아랍어로 된 문학을 다루어야 했을 것이다. 아랍어로 된 문학은 카이로의 나기브 마흐푸즈Naguib Mahfouz의 작품처럼 완전히 서구화되거나(그는 1994년에 칼을 든 이슬람교도로부터 가까스로 목숨을 구했지만 2006년 죽을 때까지 심한 검열을 받았다), 서구 문화를 배척한 무슬림 형제단의 지도자인 사이드 쿠틉Sayyid Qutb의 표현처럼 '코란의 그림자 속에서'* 퇴행할 수밖에 없었다. 쿠틉은 이집트 당국으로부터 검열을 받지는 않았지만 대통령 암살사건에 연루되어 교수형을 당했다는 사실은 지적할 필요가 있다.

오리엔탈리즘의 시각을 지녔다는 학자들은 서양의 문화자산으로 인정받는 작품들을 창작했거나, 번역을 통해 다른 이의 창작에 도움을 주

＊사이드 쿠틉Sayyid Qutb, 『코란의 그림자 속에서』*Fi Zilāl al-Qu'rān* (1954~64).

었다. 1717년 갈랑Antoine Galland(프랑스의 동양학자)의 『천일야화』 번역을 필두로, 괴테의 『동서양 시집』*West-Östliber Divan*과 피츠제럴드의 『오마르 카이얌의 4행시』*Rubaiyat of Omar Khayyam*를 거쳐, 카롤 시마노프스키 Karol Szymanowski(폴란드 음악가)의 하피즈Hafiz 악곡들, 구스타프 말러의 〈대지의 곡〉Das Lied von Erde, T. S. 엘리엇의 힌두교 기도문, 에즈라 파운드의 중국시 번역작업 등이 잇따랐다. 에드워드 사이드는 서구 문명의 업적들 중 하나라고 할 수 있는 이런 학문의 전통에 공격을 가했다. 물론 이러한 학문 전통은 서구의 관점으로 동양적 요소를 재구성한 결과물이다. 하지만 왜 사이드는 이것을 동양에 대한 찬사로 인정하지 않았을까?

18세기에 아브드 알-와합Abd al-Wahhab이 아라비아 반도에서 이슬람교의 형식을 정립하고 그밖의 다른 책들을 불태우며 자기 생각에 동의하지 않는 사람들의 머리를 자르고 있을 때, 윌리엄 존스 경Sir William Jones은 페르시아와 아라비아 시문들을 수집해 번역하고 있었다. 한편으로 그는 인도 콜카타로 떠날 준비를 하고 있었다. 그는 그곳에서 판사로 복무하며 인도의 언어와 문화에 대한 연구의 신기원을 열고자 했다. 윌리엄 존스 경이 이런 활동을 전개하던 무렵 와하비즘Wahhabism(이슬람 근본주의를 주창하며 삶에서의 실천을 강조하는 수니파의 이념)이 인도에서 맹위를 떨치기 시작했다. 와하비즘은 일종의 문화적 자살을 선동하면서 이슬람교도들을 과격하게 다그치기 시작했다.

서구 오리엔탈리스트들에게 잘못이 있다면, 그것은 잘난체하는 식민주의자로서의 태도가 아니라, 리처드 버튼 경Sir Richard Burton이나 로런스 T. E. Lawrence처럼 이슬람 문화를 사랑했다는 데 있다. 편견을 떨치고 그곳 주민들과 융합해 살려고 했던 개인 성향이 문제였던 것이다. 로런스처럼 그들은 민족과 문화는 위태롭게 병존한다는 사실을 인식하지 못했다. 그럼에도 불구하고 그들의 작품은 서구 문명의 보편주의에 크게 공헌하고 있을 뿐만 아니라, 로버트 어윈Robert Irwin이 쓴 책에서 그 정당성을 인정받고 있다. 로버트 어윈의 책은 에드워드 사이드의 『오리엔탈리즘』이 반쯤만 진실이라는 것을 보여준다.* 로버트 어윈은 사이드 책의 실수, 빠뜨림, 명백한 거짓말 등을 밝혀냈다.

우리는 우리의 이웃인 이슬람교도들이 그들의 문화로 복귀할 수 있도록 도와야 한다. 코란을 읽는 다른 방법이 있음을 그들에게 알려줘야 한다. 그 방식은 새로이 형성되는 세상에 맞춰 코란이 정한 규제들을 조정하는 것이다.

어떤 증거도 신의 초월성에 대한 믿음과 양립하지는 못한다. 이 말은 코란과 같은 신성한 책을 읽는 데 세 가지 방법이 있음을 뜻한다. 첫번째 방법은, 성서는 인간이 만들어낸 책이라는 시각이다. 또한 성서는 필명으로 자신을 숨긴 작가가 쓴 대단히 가식적인 책이기에, 거기에는 그 작가의 생각을 제외하면 별게 없다고 보는 것이다. 두번째 방법은, 성서는 신의 목소리를 직접 기록한 문서이기에, 여기에 실린 모든 말들이 다 전능하신 분의 관심사라는 시각이다. 세번째 방법(해석학적 방법)은, 성서란 현현한 자에 대한 기록이라는 시각이다. 하지만 이 현현한 자는 인간적 매개체를 통하여 왔다가 떠나갔고, 이는 오래전에 마무리된 우연한 상황

---

*로버트 어윈Robert Irwin, 『앎을 향한 욕망: 오리엔탈리스트들과 그들의 적들』*The Lust for Knowing: The Orientalists and their Enemies*(런던 2006).

속에서 기록되었기 때문에, 지금 이곳에 사는 우리들에게 필요한 참다운 의미를 알기 위해서는 끊임없이 재해석되어야 한다는 것이다.

현재의 우리 상황에서 코란을 읽는 첫번째 방식은 위험하다. 왜냐하면 그것은 성서의 영향력 하에 있는 사람들에 대해 성서가 갖는 지배력을 완전히 무시하는 도발적 시도이기 때문이다. 두번째 방식 역시 위험하다. 14세기 전에 아라비아의 황야에 울려퍼졌던 울부짖음이 모습을 드러내지 않은 거룩한 분의 명령이라고 가정하기 때문이다. 세번째 독법만이 안전하다. 유대교도들과 기독교도들이 성서와 관련해서 이제껏 실천해온 독해법이 바로 이 방식이다. 그렇다, 그들 스스로 말했듯 해석하고 찾으면서 우리는 신의 손길과 목소리를 느끼게 되는 것이다.

해석학적 접근방식은 초기 이슬람 율법학자들이 채택했던 방식이었다. 그들은 사람들이 '이슬람 율법'Shari'ah을 추가하고 확장하고 응용한다는 사실을 알고 있었다. 우리는 개인적인 노력 또는 이즈티하드 ijtihad(무슬림 개인의 창조적 견해)를 통하여 의미를 찾는다. 따라서 우리는 '이즈티하드의 문'은 닫혔다고 떠들어대는 오래된 전통을 거부해야 한다. 우리는 이슬람 근본주의자들에 맞서 이슬람교도들을 격려하고 이븐 루시디 시대에 그들이 선택했던 방향으로 나아가게 해야 한다. 신의 대변자로서 무함마드가 반포한 포고령들을 다시 해석할 필요가 있다. 이븐 시나와 하피즈, 루미와 오마르 카이얌에게 좋게 인식되던 풍습은 율법학자들이 선언한 것처럼 그렇게 나쁘지 않다. 코란은 술을 '사탄의 간계'(예를 들면 5장 19절)라고 하는 반면에, 와인으로 가득 찬 낙원의 강들은 '그것을 마시는 사람들에게는 기쁨의 원천'이라고 한다. 나는 이러한 진술들을 이즈티하드(개인의 창조적 견해)를 통해 조정하고자 한다. 와인은 시혜가 아닌 보상의 상징물이다. 그러므로 보상을 받을 자격이 없는 사람이 와인을 마시는 것은 죄악이다. 일단 그런 자격에 관한 논란이 잘 마무리된 사람은 마땅히 자격을 갖춘 자로서 향연에 참석할 수 있다. 물론 신앙심이 깊은 사람들은 이 문제가 사후에 해결될 것으로 생각할 게 분명하다. 하지만 그런 일을 예상하고 준비하면서 한두 잔의 와인을 마시는 것은 거의 죄가 되지 않는다. 이것이 바로 『천일야화』에서 확인되는 처세법이다. 『천일야화』는 술을 금하는 코란의 규제가 인간들이 쉽게 수긍할 수 없는 이상에 치우친 조치로서 그러한 규제를 위반하더라도 사랑이 넘치는 신으로부터 용서를 받을 수 있다고 본다. 이즈티하드의 기쁨으로 충만한 모습은, 경건한 삶과 술을 갈구하는 삶을 화해시키는 방식으로 『천일야화』에서 드러난다.*

괴테는 스피노자를 일컬어 '신에 중독된 남자'라고 했다. 왜냐하면 스피노자는 자신과 세상 만물이 신성한 존재의 발현 '양식'이라고 믿었기 때문이다. 이러한 표현은 무함마드에게도 그대로 적용된다. 그는 자신의 시들을 암송할 때 영혼에 강력하게 사로잡혀 신에 의해 자기 존재의 핵심으로 인도되는 것을 경험했다. 코란의 각 장들에서 드러나는 혼란스런 구문들과 매끄럽지 못한 리듬은 예언자의 환각상태를 예증한다. 취기를 불러일으키는 신과 술을 동일시하여 둘을 단숨에 마셔버리는 기독교적 해법이 이슬람교의 예언자에게는 떠오르지 않았던 것 같다. 그래서 성급

---

*예를 들면 서른여섯번째 밤에 등장하는 경건한 셰이크 이브라힘에 대한 추리를 보라.

하게도 그리고 인류에게는 참으로 애석하게도, 예언자가 화해의 원천인 술을 금지하고 이승을 떠남으로써, 이후 이슬람 세계는 술에 굶주리게 되었다. 오마르 카이얌은 이렇게 말했다.

> 포도는 논리적으로 완벽할 수 있었고
> 270개의 삐걱대는 종파들은 서로 틀렸음을 입증한다.

270개의 종파들은 이슬람 세계를 조각조각 찢어내면서 여전히 자기들만의 논리에 매달려 있다. 이로 인해 고통에 신음하는 사람들은 분노가 난무하는 곳에서 이해와 용서를 가져올 와인을 갈구한다.

하지만 코란은 한 측면에서는 옳은데, 사탄은 모든 좋은 것을 이용하듯 술을 이용한다는 점이다. 간혹 빠져드는 환각상태는 용서받을 수 있다. 그러나 알코올에는 중독성이 있고, 아랍 사람들은 오랫동안 이러한 중독에 노출되어왔다. 이러한 알코올의 속성 때문에, 중독을 일으키는 물질을 일컫는 '알-쿠훌'al-kuhul이라는 단어를 우리가 사용하게 된 것이다.

"미덕이란 극단적인 것들을 매개하는 수단"이라고 정의한 아리스토텔레스의 유명한 말을 문자 그대로 수용해서는 안된다. 하지만 알코올 중독자의 파괴 욕구와, 파괴적인 율법학자들의 잡다한 이야기를 대조함으로써, 매우 다양한 미덕들을 이해할 수 있다. 비참한 사건을 피하기 위하여 우리는 이슬람교도들에게 술 마시는 법을 가르쳐야 할 뿐만 아니라, 우리 자신은 술을 더욱더 잘 마시는 법을 알아야 한다.

아리스토텔레스의 미덕에 관한 이론은 도덕교육에 관한 이론이기도 하다. 그는 선해지는 방법을 배울 수 있다고 믿었는데, 그것은 좋은 습관을 체득하는 것이었다. 처음에 우리는 이런 습관을 몸에 익히는 것을 원치 않을 수도 있다. 아마도 보상과 처벌을 통하여 좋은 습관을 익히게 될 수도 있다. 하지만 우리가 어렸을 때 그것을 익히지 못하면 다른 습관이 제멋대로 굳어져 결함을 고치기란 쉽지 않을 것이다. 좋은 습관을 체득하기란 쉽지 않다. 왜냐하면 그것은 우리의 타고난 성향을 극복하는 것, 우리의 식욕을 훈련시키는 것이기 때문이다. 좋은 습관은 미덕이고 나쁜 습관은 해악이다. 용기있는 사람은 위험에 과감히 대처할 뿐만 아니라, 명예에 따라 행동한다. 달리 행동하는 것은 그에게는 부끄러운 일이다. 이 부끄러움의 감정은 행위를 지배하는 요인으로 굳어진다.

절제할 줄 아는 사람들은 식욕에 자신을 방치하는 것을 부끄럽게 여긴다. 이들은 먹고 마시고 섹스하는 것에 대한 사회적 의미에 민감하다. 절제는 그리스인들이 염치aidōs라고 일컬었던 동기를 포함한다. '염치'를 통하여 그리스인들은 상대에 대한 존경과 그 앞에서 흔쾌히 부끄러워할 줄 아는 솔직성을 이해하게 되었다. 이런 행위의 동기는 수줍음이나 부끄러움이 아니라, 반대로 상대에 대한 개방성, 자신의 판단에 대한 긍정적 평가, 넉넉한 상호관계에 대한 모색이다. 그리스인들은 '염치'를 잘못된 행위로부터 자신을 보호해주는 중요한 파수꾼으로 간주했다. 아울러 와인이 염치를 실천하는 데 방해가 되는 물질이라고 결코 생각하지 않고, 오히려 향연의 한가운데에 두었다. 향연 문화는 '염치'를 향연의 목표로 설정했다. 플라톤은 『법』이라는 저서에서 여러 차례에 걸쳐 와인을 영혼의

'염치'를 산출하는 약으로 묘사했다(672d., 5~9). 핀다로스Pindaros(기원전 5세기경의 그리스 서정시인)가 아홉번째 네메안 오드Nemean Ode(네메안 제전의 승리자에게 부치는 시)에서 다음과 같이 노래했을 때, 그도 플라톤과 같은 생각을 했을 것이다.

> 평화는 향연을 사랑한다. 마치
> 부드러운 노래와 더불어 새로운 승리의 영광이 솟아나듯.
> 믹싱그릇이 곁에 있으니 목소리가 담대해진다.
> 왁자지껄 달콤하게 축하하는 선지자에게 이것을 섞게 하라.
> 그리고 은잔에 담아 돌려라
> 강력한 포도나무의 결실을.

핀다로스가 말했듯, 상대방에 대한 경의는 평화와 용서로 나아가는 의식적인 발걸음이다. 그러므로 적당히 와인을 마시는 것은 절제를 가르치는 교육적 행위가 될 수 있다. 이러한 이유 때문에 청소년들은 신중하게 술에 접근해야 하며, 미국에서처럼 그밖의 모든 것을 흥청대며 즐기는 법을 배울 때까지 청소년에게 와인 맛보는 것을 금하지 말아야 한다.

아리스토텔레스가 미덕 개념을 도덕철학의 중심에 놓을 때, '실천적 삼단논법'의 주된 전제는 믿음이 아니라 욕망이라고 했다. 욕망의 대상은 습관에서 생겨나고, 좋은 습관들은 정당한 욕망으로 자신을 드러낸다. 정당한 욕망을 충족시키는 것이야말로 행복 혹은 '에우다이모니아' eudaimonia(그리스어로 행복을 뜻한다)를 불러온다. 덕망있게 술을 마시는 것은 절제있는 행위이기도 하다. 이런 절제는 식욕에 탐닉하는 것을 철저히 배격하기보다는 그리스적 의미로 소프로수네 sōphrosune(절제), 즉 식욕을 절제하며 해소하는 것으로 이해되었다. 절제의 특성을 이해하기 위하여 술을 마시면서 자아를 실현하는 그런 환경에 대하여 우리는 연구해야 한다. 이런 환경에 접어들면 분위기가 무르익어 소통을 막는 장벽들은 허물어진다. 덕망을 갖추어 술 마시는 사람은 음주를 아가페적 시도로 혹은 이웃 사랑의 실현으로 인식하는 사람이다. 해악을 일삼는 술꾼은 그의 이웃을 위협하는 행위로 술을 마시고, 타율적인 의무로 시작해 오히려 타인에게 손상을 끼치는 사람이다. 만일 당신이 내가 권한 것처럼, 그리고 전통적인 와인문화가 일깨우는 대로 술을 마신다면, 당신 역시 덕망있는 애주가 대열에 합류할 수 있다. 적당히 마신 술은 대화를 촉발시키는 자극제요, 두려움을 해소시키는 묘약이다. 게다가 삶은 행복이라는 사실을 떠올려주는 각성제가 된다. "술에 진리가 있다"란 격언은 한두 잔의 술을 마신 사람에게는 진실인 반면, 만취한 사람에게는 거짓이 된다.

아리스토텔레스는 말하길, 취중에 저지른 범죄는 정신이 말짱했을 때 행한 범죄보다 훨씬 더 가혹하게 단죄되어야 한다고 했다. 이런 범죄는 한 번이 아닌 두 번의 잘못을 범했기 때문이다. 만취 중 범죄는 상대방에 대한 도발에 덧붙여 자신까지 공격하는 행위가 된다. 취기는 합리적인 판단력의 상실에서 시작된다. 그렇긴 하나 간혹 경험하는 취기는 상습적으로 술에 취하는 행동과는 구별되어야 한다.

델피에 있는 아폴론 신전 출입문 위에는 두 가지 짧은 격언이 새겨져 있다. 하나는 "네 자신을 알라"이고, 다른 하나는 "지나치면 망한다"이다. 두 격언은 서로 관련되어 있다. 자신을 알기 위해서는 반드시 자신을 통제해야 한다. 자신을 통제하기 위해서는 절제의 자세를 견지해야 한다. 당신이 행복해지고자 한다면 당신은 덕망을 쌓아야 하는데, 아리스토텔레스는 덕망이 있다는 것은 곧 극단을 피하는 것이라고 말한다. 이 말이 의미하는 바는 화를 내는 것이 정당할 때는 화를 표출해야 하며, 마땅히 기뻐해야 할 순간에는 환호작약하며 대상을 향해 당신의 열정을 쏟아야 한다는 것이다. 그것이 바로 '황금의 중용'golden mean, 즉 호라티우스가 말한 '아우레아 메디오크리타스'aurea mediocritas이다. 이는 열정의 부재가 아니라 열정들 사이의 균형을 의미한다.

이러한 고대의 지혜는 도덕적인 삶과 예의범절, 예술에도 적용된다. 악덕은 욕망이 이성의 빛을 가리는 것을 의미한다. 옳지 않은 예법은 식욕이 밀려들어 판단력을 상실하고 다른 것들을 간과하는 것을 뜻한다. 나쁜 취향이란 비속하고 조잡한 정서적인 무질서, 한마디로 '아이도스'aidōs(염치)가 결핍된 상태이다. 행복과 마음의 평정상태에 도달하기 위해서 우리는 그러한 극단적인 것에서 벗어나 타인 지향적인 중용의 덕을 보강해야 한다.

중용을 추구했던 이런 고대의 경향은, 미덕이 인간적인 모습으로 구현되려면 인간적 형식으로 펼쳐져야 한다는 사실을 깨닫게 한다. 성자, 수도사, 이슬람교의 금욕적 수사들은 금주를 생활화했을지도 모른다. 하지만 금주만이 미덕으로 향하는 유일한 길이라고 믿는 것은, 나머지 인류를 잘못 이끄는 것이다. 중용의 도를 취하고 이웃들과 우호적인 관계를 유지하며 살아가는 것이 더 현명한 처세법이다. 적어도 몽테뉴는 그렇게 보았고, 나도 그렇게 생각한다. 중용이란 우리 모두가 합의할 수 있는 삶이다. 중용 혹은 절제는 공자가 추구하던 도道로서 교화에 이르는 길이다. 열정에 반대해 이성을 완고하게 지지했던 칸트조차도, 열정을 전적으로 부정하는 것보다도 열정을 이성의 용도에 쓰는 것이 더 낫다는 사실을 깨달았다. 중용은 부정보다는 균형을 통하여 달성할 수 있다. 능란한 곡예사란 그의 동작 어떤 것도 다른 동작들보다 더 중요하게 보이도록 하지 않는다. 균형잡힌 그림이란 한 폭의 회화를 구성하는 힘찬 선들이 전체적으로 조화를 이루며 관계를 맺는 그림이다. 균형있는 판단력이란 다양한 의견을 듣고 그것들 사이에서 합리적으로 선택하고자 애쓰는 결단력을 말한다. 모든 영역에서 균형이란 두 가지 요소, 즉 비교와 결단을 요구한다. 비교란 견해들 중의 하나, 느낌들 중의 하나, 동작들 중의 하나, 식욕들 중의 하나일 수 있다. 하지만 결단력이 발휘되는 때란, 어떤 형태의 합리적인 분별력이나 통제력을 동원하여 우리가 다른 수준으로 향상되는 순간이다. 또한 우리가 균형감을 획득하는 순간이란 우리가 어떤 하나의 견해, 하나의 욕망, 하나의 식욕이나 동작에 의해 즉각적으로 좌우되는 것을 거부할 때이자, 진리와 조화에 온 정성을 쏟으며 그 외의 다른 것들로부터 벗어나려고 힘쓸 때다. 성욕이 강하다고 강간범이나 포르노그래피 중독자가 되는 것은 아니다. 몸에서 생겨나는 식욕이 강하다고 비만이나 폭식으로 이어지는 것은 아니다. 모든 경우에 지나침이란 통제의 결핍을 의미하며, 통제의 결핍은 이성의 작용에 적당한 힘을 실어주지 못했음을 뜻한다. 아리스토텔레스가 말했듯, 군인을 용감하게 만드는 것은 두려움을 못 느끼게 하는 것이 아니다. 두려움에 대한 무감각은 그저 아둔함일 뿐이다. 적에 대한 분노가 군인을 용맹하게 하는 것도 아니다. 분노란 그저 성마름일 뿐이며, 비겁만큼이나 악영향을 끼치는 해악이다. 용기란 두려움과 분노의 중간에 서서 그 둘로부터 일정한 거리를 유지한 채 명예로운 일을 할 수 있는 능력이다. 미덕이란 우리의 열정을 억압하는 것이 아니라, 열정으로 치솟은 다음 이성이 지배하는 지점으로 옮겨가는 것이다. 용기있는 사람이란 두려움을 극복한 사람이지, 두려움을 느끼지 못하는 사람이 아니다.

지나침이란 본성적으로 중독성을 내포한다. 겁쟁이는 도망치는 것을 시작한 후 그것을 곧 습관으로 삼는다. 포르노그래피 중독자, 폭음을 일삼는 술꾼, 약한 자를 못살게 구는 사람 등도 그와 마찬가지다. 당신이 충동에 굴복할 뿐 충동을 제압하지 못할 때, 그것에 저항할 수 있는 능력은 약화되고 만다. 따라서 지나침은 지나침으로 이어지고, 나쁜 습관들은 더욱 나쁘게 변한다.

인간의 이해관계는 비교에 기반한다. 경쟁과 변화를 통하여 만끽하게 되는 쾌락은 결코 반복되지 않으며 언제나 새롭다. 충동에 사로잡혀 얻게 되는 쾌락은 반복성을 띤다. 그러나 그런 쾌락은 머잖아 식상해지기 때문에 지속적으로 강도를 높여야 한다. 우리는 이런 사실을 폭력과 포르노 영화에서 확인한다. 관객들은 그들의 쾌락이 시들해짐에 따라 자극이 완만한 버전을 버리고 더욱 격렬하고 말초적 흥분거리를 찾게 된다. 우리가 일단 이런 자극의 소용돌이에 휘말리게 되면 완전히 품위를 상실하여 마지막에 이를 때까지 스스로 중단할 수 없게 된다.

낙원에 준비된 와인은 덕망을 갖춘 영혼들만이 마실 수 있고, 그들에게서 지나침이란 찾아볼 수 없을 것이다. 하지만 여기 이 지상의 세계에는 중독의 양상으로 나타나는 지나침이 우리를 노리고 있다. 상습적으로 분노하는 것은 관능적 쾌락에 중독된 것만큼이나 치유하기 어렵다. 미국의 금주협회Alcoholics Anonymous가 추천하는 12단계 프로그램은 우리가 이슬람 율법학자들을 위해서 취할 수 있는 최상의 조치일 수도 있다. 알코올 중독자가 저지른 파괴행위는 '성스런 분노 중독자'가 행하는 것과 같다.

도스토예프스키가 『죄와 벌』 시작 부분에서 마르멜라도프의 성격을 묘사하는 장면보다 중독이 영혼에 미치는 영향을 더 세밀하게 보여주는 것도 없을 것이다. 도스토예프스키는 도박 중독으로 인하여 자신과 가족을 파괴한 경험이 있었기에 중독 문제를 잘 알고 있었다. 술에 취한 마르멜라도프는 주인공 라스콜리니코프에게 그가 범한 해악의 실상을 털어놓는다. 그는 통찰력 있는 말로 그의 아내와 딸이 겪는 고통을 얘기하며 슬퍼한다. 하지만 그의 통찰력은 '자기 자신'에 대한 앎이 아니었다. 마르멜라도프는 자신의 악행과 그 행위의 결과를 열거하면서 '나'라는 단어를 사용한다. 행위 주체인 그가 술이 주는 안락한 상태로 돌아가 퇴행적인 객체의 행위를 정확히 기록하면서 이런 단어를 구사하는 것이다. 그것은 바로 감상주의자의 이해방식이다. 이러한 감상주의는 자아 상실의 상태에서 자아 몰입의 상태로 들어가게 한다. 이것은 현대 세계에 만연한 무기력과 관련이 있는데, 다른 사람들의 요구를 '나'를 향한 요구로 이해하는 무기력이기도 하다. 중독자인 나는 세계와 멀리 떨어져 홀로 존재하며 나를 평온하게 할 뿐만 아니라 허물어뜨리기도 하는 욕구를 간직한다.

이슬람교도인 한 친구가 그녀의 이웃과 나눈 대화 내용을 내게 얘기했을 때, 나는 마르멜라도프를 떠올렸다. 그녀 이웃의 딸은 결혼을 하기 위해 파키스탄으로 돌아가기로 되어 있었다. 내 친구가 하소연을 잘 들어줄 거라고 믿었기 때문에, 그 딸의 아빠는 자기 딸에 대한 감상어린 슬픔을 여과없이 털어놓았다. 그는 딸에 대한 걱정, 즉 딸의 끝모를 절망과 자살하겠다는 위협, 영국인 남자친구에 대한 상실감, 친척들이 배필로 점지한 남자에 대한 그녀의 두려움 등에 대해 미주알고주알 늘어놓았다. 마르멜라도프가 매춘굴로 내몰았던 자신의 딸이 감당해야 했던 고통을 열거하면서 흘렸던 바로 그 눈물이, 친구의 이웃이 자기 딸의 고통을 낱낱이 고할 때 흘러내렸다. 내 친구가 그의 한심스런 태도를 꼬집자 그는 갑자기 울음을 멈추고 술병에 손을 뻗었다. 술병을 기울이며 그는 영국과 영국인들에게 저주를 퍼부었다. 그는 딸이 예정대로 결혼을 하게 될 것이라는 말을 남기고는 격노하여 자리를 떴다.

술을 마시는 방식에 미덕과 악덕이 공존하듯이, 우리가 마시는 술에도 미덕과 악덕이 있다. 나의 애주가로서의 이력은 데스몬드가 내게 니콜라(와인 체인점)에서 구한 매우 평범한 퓔리니-몽라셰Puligny-Montrachet를 건넸을 때 힘찬 발걸음을 내디뎠다. 그 당시에 그것은 결코 평범한 와인이 아니었다. 포도와 햇빛 이상의 무엇이 그 와인을 만드는 데 스며들었으며, '포도와 햇빛 이상의 무엇'이란 지식·기술·인내·문화·역사와 관련을 맺고 있다는 사실을 나는 깨닫게 되었다. 아주 잘 빚은 부르고뉴 백포도주와 그밖의 다른 샤르도네 백포도주들을 어떻게 구별하는가 내게 묻는다면, 나는 주저하지 않고 '균형'이라고 말할 것이다. 부르고뉴 와인은 한 가지 특질이 아무리 강렬하다 할지라도 나머지 특질을 상쇄시키지 않는다. 오히려 모든 요소들이 조화롭게 작용하는 이 와인은 서로를 흡인하여 전체적인 맛을 낸다.

이제 나는 탁월한 와인의 '결정적인 맛'을 판별해내는 것이 가능하다. 결정적인 맛의 예를 들면 버터 맛을 뚜렷하게 발산하는 퓔리니의 젖산, 참나무에서 생성된 바닐라의 은은한 맛, 혀끝을 웃게 하는 사과즙 신맛, 이회토와 석회석이 지닌 미네랄 성분의 울림, 한모금 한모금 입 안에서 지속되다 여운으로 남게 하는 맛 등이다. 나는 그 맛을 세분화해 미세한 가닥에서 맛의 근원을 판별해낸다. 맛의 어떤 가닥들은 모방되고 증폭되며, 즉각적이고 배타적인 관심을 얻는 공격적인 경쟁자가 되려고 안간힘을 쓴다.

그러므로 샤르도네 와인은 지리나 역사를 활용하기보다는 참나무 향이 강화된 그 맛을 부각해 상품성을 높일 수도 있다. 호주의 오키 샤르도네Oakey Chardonnay는 시칠리아·뉴질랜드·캘리포니아·남아프리카에서도 생산될 수 있다. 어떤 생산자들은 참나무통을 없애고 철통에다 참나무 대팻밥을 넣는다. 이는 송진 수지를 첨가한 레치나Retsina 와인을 만드는 과정과 다르지 않다.

이런 예는 균형이 지나침으로 변질돼가는 과정을 보여준다. 균형이란 도달하기 어려운 경지이기 때문에 제대로 인식하기 위해 훈련이 필요하다. 균형은 조화·평정·분별력으로 가득 찬 영역으로 진입하게 된다. 하지만 하나의 특질, 하나의 욕구, 하나의 강력한 충동만을 강조하라. 그러면 당신은 더이상 균형에 신경쓰며 자신을 괴롭히지 않아도 될 것이다.

새로운 와인들이 넘쳐나고, 그 와인들이 주도하는 문화가 극단으로 치닫고 있다. 독일의 경우를 예로 들어보자. 독일에서는 리슬링Riesling 포도가 섬세한 맛을 지닌 와인으로 되기까지 수세기 동안 적응과정을 거쳐왔다. 리슬링 와인은 아름다운 병에 담기고 상표에는 라인강과 그 지류들의 이름이 들어간다. 알코올 함유량이 매우 낮고 숙성작용이 은근히 일어나기 때문에 미묘한 향기를 내면서 눈에 띄게 신선도를 유지한다. 독일 기업들은 영국인 건달이 그의 친구를 꼬드겨 술에 취하게 한다는 내용의 광고를 하면서, 알코올 함유량을 13%로 올린 리슬링 와인을 판매하기 시작했다. 오랜 전통을 이어가는 독일 와인은 독일인의 근면, 자제, 정밀성, 학구적인 면모, '향토성'Heimatsgefühl을 맛볼 수 있게 한다. 하지만 새롭게 출시되는 와인들은 현대인들과 그 와인이 공유한 악덕만을 맛보게 한다.

돌려서 따는 와인 뚜껑은 지나침의 문화에 속한다. 어떤 관찰자들은 코르크 마개가 와인을 보존하고 술에서 발생한 기체의 방출을 막기 위하여 사용된다고 말한다. 아주 소량의 와인만 밀폐된다는 이 말은 코르크 마개를 사용하면 와인이 망쳐진다는 걸 의미한다. 이런 사람들에게는 돌려 따는 뚜껑이 해결책이다. 코르크로 막아 생기는 소란은 의식을 거행하는 과정에서는 꼭 필요한 절차라고 나는 주장한다. 값진 와인을 마시기 전에 정성들인 준비는 필수적이다. 이것은 종교제의를 행하기 전 빠뜨리지 않았던 목욕재계와 관련이 있다. 고대의 제의용 와인은 신들이 지켜준다고 믿었던 비밀스런 장소에 보관했다. 제의에 초대받은 귀빈들이 경건하게 지켜보는 가운데, 의식을 집전하는 사람은 느리면서도 격조있는 동작으로 제단 앞으로 와인을 옮기고 먼지를 떨어낸 뒤 코르크 마개를 땄다. 갑작스런 "펑" 하는 소리는 신전에서 울리는 종소리와 같았을 것이다.

돌려서 따는 뚜껑에는 유별난 의미가 있다. 이러한 뚜껑은 제의나 성찬식에서 어떠한 음향효과도 수반하지 않은 채 쉽게 벗겨진다. 누더기처럼 쇠붙이가 붙은 뚜껑은 술병을 흉물스럽게 한다. 돌림 마개가 벗겨진 평온한 삶을 한번 상상해보라. 이러한 뚜껑은 와인을 알코올 수준으로 평가절하시킨다. 그 결과 친목을 도모하는 술 마시기가 폭음하는 사람들의 집단적 고독으로 대체되어 우리는 무엇인가를 잃게 된다.

사람들이 공공장소에 함께 있을 때, 그리고 그들이 자리잡은 장소의 정신이 쌓이고 술을 마시거나 담배를 피우거나 코담배를 킁킁거리다 때론 기꺼이 우정의 기쁨을 위해 저녁시간을 보낼 때, 그들은 자신의 영혼을 바쳐 정착이라는 시원의 행위, 우리 인류를 문명으로 이끈 행위, 즉 공동체 질서와 법의 지배가 확립되는 행위를 연습하고 있는 것이다. 하지만 사람들이 성찬식의 대등한 구성원이 아닌 상태에서 이웃에 대한 관심을 끊은 채 벌컥벌컥 술만 마셔댈 때, 그리고 그들의 유일한 관심사가 오로지 환각상태일 뿐 술을 소중히 하고 이해하려고도 하지 않을 때, 그들은 단지 문명 이전의 시간을 연습하면서 삶은 고독하고 옹색하며 역겹고 잔인하면서 짧다는 것을 실감하게 된다. 이렇게 마구잡이로 술을 마신 결과는 정착생활의 흔적들에 대한 무자비한 파괴본능의 발동이다. 폭음은 공동체와 관련이 있는 행위로 보일 수도 있다. 이러한 폭음은 집단 속의 고독에서 비롯된 행위이기에, 이런 상황에서는 바쿠스가 아니라 나르키소스가 최고의 자리에 군림하게 된다.

'술에 취하는 것'을 영혼을 파괴하는 악덕으로 혐오하는 전통 도덕에는 딱히 부정하기 힘든 요소가 있다. 포르투 와인 Porto wine(포르투갈의 주정 강화 와인) 병과 촛불을 들고, 선스케이프 sunscape(해변에 만들어놓은 담수 풀장)가 형체를 드러내고 있는 동안 불빛을 응시하며 홀로 서 있는 터너J. M. W. Turner(1775~1851, 영국의 화가, '빛의 화가'라고도 한다)를 생각해보자. 소네트 형식으로 표현된 고독이 일종의 기쁨으로 승화될 때까지 창문을 반복해서 닦는 보들레르를 생각해보자. 마지막 화음에 이를 때까지 술과 씨름하며 곡을 완성한, 그 유명한 술 취한 작곡가들을 특별히 생각해보자. 〈보리스 고두노프〉Boris Godunov를 작곡한 무소르그스키 Musorgsky처럼 술취한 작곡가만이 러시아의 살갗 속으로 들어갈 수 있다. 시벨리우스Sibelius가 영감을 받을 수 있었던 까닭은 곡식 낟알의 정령들이 있었기에 가능했다고 나는 믿는다. 그는 밤마다 집으로 실려오다시피 했고, 그의 몸은 술독에 찌들고 그의 마음은 피폐하였다.

전문가들은 말하기를, 알코올은 생각을 옥죄어 사고의 역동성을 약화시키며 뇌세포를 파괴한다고 한다. 시벨리우스의 교향곡들은 이러한 견해의 진실성에 대해 의심하게 만든다. 작곡가의 두뇌가 술에 절어 있었으나 그의 교향곡들은 더욱 생동감을 얻고 더욱 진지하게 내면으로 향했던 것이 사실이고, 그의 음악세계는 많은 사색을 통해 발전과 견고한 논리를 획득하여 더 넓게 확장되었기 때문이다.

어느 시점에서 두뇌활동이 마비된다는 말은 맞지만 그러한 현상은 두뇌가 파손되어 발생하는 것은 아니다. 시벨리우스가 실현한 영감의 강력한 회복이 바로 그 증거이다. 정말로 술 취한 사람의 뇌에서는 삶 그 자체가 절여지고 그런 삶의 향취는 향긋한 알짜배기로 응축되는데, 이는 오이를 절여 오그라든 피클을 만드는 식이다. 자체의 향취를 잃은 실제적인 삶은, 술병 안의 절여진 삶과 비교할 때 지루하고 무미건조하다. 술 취한 사람들은 자신의 내적 경험을 악보로, 언어로, 붓놀림으로 옮기고자 안달하지 않는다. 아울러 일상적으로 진행되는 대화에서도 정중을 가장한 부질없는 몸짓에 무관심하다. 호의적인 사람들이 그들을 집으로 데려다줄 테지만, 그를 방치해둔들 문제되지 않는다. 왜냐하면 그의 집은 술병이고 그 안에 그가 그려내는 대상들은 거칠 것이 없는 본성 그대로 휘감기고 쪼그라들어 있기 때문이다.

여기서 나는 와인에 대한 '진정한' 옹호를 하고자 한다. 옹호인즉슨 미덕의 실천으로서의 술 마시기이다. 우선 당신의 주위로 친구들이 몰려들게 하라. 그런 후에 그들에게 은총을 받은 땅에서 당신에게로 온 와인, 즉 특정 '지역'에 뿌리를 내린 와인을 대접하라. 그 지역은 논의와 탐험을 유발시키고, 관심을 끌어내며, 그 관심을 세상으로 쏟게 한다. 당신은 부재하는 사물의 혼령을 불러내어 술잔에서 피어나는 향기 속에 그것을 불어넣는다. 친구들과 함께 각각의 추억·심상·생각들을 교환하라. 마음에서 우러난 은근한 호의를 얻고자 노력하고, 대화주제에만 집중하고 자신을 잊어라.

나는 그런 상황을 감당하는 데 필수적인 시간과 마음의 평화를 오래

누려보지 못했지만, 우리는 그런 상황을 꼭 전개할 필요가 있다. 몇년 동안 나는 런던에서 홀로 지냈다. 그때 나는 지인 몇명과 함께 내 집에서 정기적인 심포지엄을 개최했다. 참석한 사람들 가운데는 예술 비평가 피터 풀러Peter Fuller, 철학자 앤서니 오히어Anthony O'Hear, 정치학자 노먼 배리 Norman Barry, 작곡가 데이비드 매튜David Matthews, 소설가 이언 매큐언Ian McEwan, 심리분석가 줄리엇 미첼Juliet Mitchell, 철학자 시배스천 가디너 Sebastian Gardiner 등이 있었다. 우리의 논의들은 내가 아는 한 최고의 결실을 맺었다. 이런 결과가 있게 된 까닭은 우리들의 세계관에 중요한 차이가 있었고, 다른 환경에서라면 서로에 대한 불신을 초래했을지도 모르는 팽팽한 긴장감이 감돌았기 때문이다. 그런 토론이 가능했고, 동의하지 않는 사람들이 자기의 견해와 상관없이 다른 사람들의 주장에서 무언가를 배우고자 하는 분위기가 유지됐던 까닭은 그 자리에 와인이 있었기 때문이다. 다른 음료의 맛이 아무리 뛰어나다고 할지라도 우리들을 화합으로 이끈 와인만큼 다른 사람의 견해를 수용하게 할 수는 없었을 것이다. 나는 모임의 구체적 일지를 작성해놓았는데 간혹 그 일지를 들춰보곤 한다. 그것은 진정한 우정, 한순간의 기분 전환을 꿈꾸는 세계에서 흔치 않은 기록이다. 그런 친구들 중에 와인도 있었다. 이 말은 토마스 아퀴나스가 (우정에 대해 논하면서) "와인이나 말a horse과 함께 우정을 논하기는 불가능한 일"이라고 했을 때, 그가 의미하는 바를 부정하는 것은 아니다.

시골로 옮겨온 이래 나는 한동안 말 한 마리와 더불어 홀로 살면서 아퀴나스가 불가능하다고 믿었던 말과의 우정을 성취하기 위하여 최선을 다했다. 그 시절의 삶이 처음으로 경험한 고독은 아니었다. 오히려 나는 내 생각을 지키면서 다른 사람들과 연결되기를 원했기 때문에 일종의 형이상학적 고독, 즉 사물의 질서에서 낙오하는 고독을 전에도 느껴본 적이 있다. 지난날을 돌이켜보면 와인을 통하여 배운 것 대부분은 바로 내가 고독 속에서 배운 것들이었다. 나는 수시로 각오를 새롭게 하며 와인을 덕스럽게 마시고자 했지만 실상은 그러지 못했다. 그렇다고 와인을 마시고 망나니짓을 한 것도 아니었다. 나는 와인 마시는 행위를 철저히 내 시도들에 합치될 수 있도록 애썼다. 내 의도란 무상한 존재들이 살아가는 세상을 알고 사랑하는 것이었다.

그리고 나는 중국의 위대한 시인 이백(701~762)에게서 위안을 얻곤 했다.

> 꽃 아래에 술 한 병 놓고 　花下一壺酒
> 벗도 없이 홀로 마신다.　獨酌無相親
> 잔 들어 밝은 달을 맞이하니 　擧盃邀明月
> 그림자 비쳐 셋이 되었네.　對影成三人
> ──「월하독작月下獨酌」 부분

지금 달빛이 창문을 통해 들어오는 가운데 나는 내 그림자를 향해 마콩-솔뤼트레Mâcon-Solutré 한잔을 치켜든다. 와인은 달빛처럼 하얗고 기품있는 단순미를 발한다. 그림자가 반갑게 인사하며 술잔을 내민다.

7

존재와 폭음

우리 사회에서 잘못 마신 술은 일반적으로 잘못 즐긴 쾌락과 같은 영향을 끼친다. '아가페'의 규범은 우리들에게 "다른 사람들이 우선이고 우리가 존재하는 이유는 다른 사람들에게 좋은 것을 주기 위해서이며, 쾌락은 목적이 아니라 우리가 뿌린 사랑으로부터 수확되어야 할 선물이다"라고 가르친다. 하지만 현대의 교육자들은 이러한 규범을 비웃기 때문에, 이러한 규범은 현대의 삶을 다루는 영화에서조차 발붙일 틈이 없다. 사려 깊은 취객은 주변의 광기를 피해, 독자적인 생각이 허용되고 미덕이 장려되며 우정을 나눌 수 있는 곳으로 도피할 수도 있지만, 이러한 선택으로 인하여 그는 가공할 만한 반대자인 주이상스Jouissance(쾌락) 및 르상티망Ressentiment(원한)과 대립하게 된다. '주이상스'는 조르주 바타유

Georges Bataille와 롤랑 바르트Roland Barthes에 의해 문화의 진정한 목표로 설정되었고,* '르상티망'은 니체에 의해 문화의 의도치 않은 열매로 지칭되었다. 주이상스는 쾌락의 신을 탄생시켰고, 르상티망은 사랑의 원수를 출현시켰다. 지적인 영역에서 '주이상스'는 프랑스 지성들의 익살맞은 쾌락주의로, '르상티망'은 앵글로 아메리카 대학의 암울한 구루guru들이 심화시킨 '사회 정의'로 제시되었다.

'주이상스' 철학은 1968년 이래로 서구에서 문학연구를 지배해왔으며, 형식의 탈피를 부르주아 권력구조에 대한 도전으로 보면서 쾌락을 삶의 목표로 삼았다. 내가 읽은 대로라면, 미셸 푸코의 『성의 역사』와 자크 데리다의 『해체』가 전달하고자 하는 바가 바로 '주이상스' 철학이다. 조르주 바타유가 『에로티즘』을 사랑에 의해 점유된 사회적 정서의 위치까지 끌어올린 이래로, 프랑스 문화의 전반적인 영역에서 울려퍼지는 가르침 또한 이것이다. 쾌락을 궁극적인 목표로 추구하는 것, 쾌락을 방해하는 전통과 제도를 부정하는 것, 자기만의 기쁨에 도달하여 그 기쁨이 주는 공허함을 아는 것 등등은 인문학에 도입된 허무주의자들의 가르침이라고 나는 생각한다. 그들은 가공할 정도로 까다로운 표현들을 선호했던 까닭에, 비평이 감히 건드릴 수 없었다.

존 롤스John Rawls와 그의 추종자들이 퍼뜨린 '사회 정의'에 관한 철학은, 내가 생각하기엔 긍정적인 영향 못지않게 해악도 끼쳐왔는데, 그 철학은 인간의 행위와 동기, 여건의 형성 등을 고려하지 않은 채 정의를 한 사

---

*조르주 바타유Georges Bataille, 『에로티즘』*L'érotisme*(파리 1957); 롤랑 바르트Roland Barthes, 『텍스트의 즐거움』*Le plaisir du texte*(파리 1973).

회의 성립조건으로 탈바꿈시키는 데 주로 기여해왔다.** 이런 식의 사고는 사람들로 하여금 모든 불평등은 악습이며, 우리는 자신의 불리한 환경을 개조할 수 있는 자격을 '부여받았으며', 정의란 다른 사람들과 그들의 자유를 존중하는 문제가 아니라 모든 사람들에게 엄격한 평등을 부과하는 문제로 생각하도록 부추긴다.

이러한 관점에 따르면 '정의 사회'에서는 희생과 봉사, 기증을 행할 필요가 없어진다. 궁핍에 대한 처방이 '정부의 재정지원 혜택'이라면, 그런 처방은 고통을 받는 사람들에게 제공되는 순수한 기증일 수는 없다. 왜냐하면 그 기증은 애초에 권리에 따라 주어진 그의 몫이기 때문이다. 고통받는 사람들은 고마움을 느끼지 않아도 되는데, 이는 자신에게 주어진 정부의 당연한 혜택이기 때문이다. 마르타 누스바움Martha Nussbaum은 한 저서에서 롤스의 이론을 뒷세대에게 전달할 의도로, 정의의 이론은 선천적인 결함과 약점을 지닌 사람들이 겪는 '불의'에 맞서야 하고, 동물들에게도 권리를 부여하는 수준으로 확장되어야 한다고 주장한다.*** 누스바움은 이렇듯 모든 고통을 척결해야 할 불의로 이해하면서 존재의 종속성을 교정하거나 운명적인 사건들을 최상의 필연적인 평형상태로 전환시킬 수 있으리라 여긴다. 누스바움의 말이 의미하는 바는, 풍요와 행운의 여신 포르투나Fortuna를 황혼이 깔린 인간 세상의 변두리로 몰아갈 강력한 정부를 창출하는 것이다. 그러나 이러한 기계상태machine-state

---

**존 롤스John Rawls, 『정의의 이론』*A Theory of Justice*(옥스퍼드 1971).
***마르타 누스바움Martha Nussbaum, 『정의의 개척자들』*Frontiers of Justice*(케임브리지 1996).

는 우리가 원하고 의도하는 것, 동의하거나 얻고자 하는 것과는 무관한 질서, 즉 불의의 질서로 나아가게 될 것이다. 우리는 그런 일이 벌어졌던 것을 목격하지 않았단 말인가?

그녀의 제안에 따라 전쟁으로 참혹해진 거리에서 수녀들이 불러들인 상처투성이의 사람들을 '불의'의 희생자라고 가정해보자. 다른 한편으로 그 사람들의 운명을 개선해줄 정치체제를 확립하기 위해 우리가 노력한다고 가정해보자. 그렇다면 그 사람들이 보호소에서 받았던 소중한 선물, 그들이 성장하여 보답할 수 있고 베풀 수 있는 사랑의 구호품은 도대체 어떤 의미를 갖는가? 자선기관에 수용된 사람들은 자신들의 커다란 불행을 보상할 수 없는 정부의 보잘것없는 구호품만 받았을 뿐이다. 받는 자리에서 그들은 취득을 배우고, 감사하는 자리에서 그들은 분노를 배운다. 봉사와 희생을 통하여 삶의 의미를 찾아야 한다는 말은, 그들의 이해방식과는 거리가 멀다. 왜냐하면 그들은 그것을 실천해볼 기회를 얻지 못했고, 자신들이 원하는 그것을 보여준 사람도 만나보지 못했기 때문이다.

"어떻게 종속적인 존재가 되는가?"라는 이븐 시나의 추상적인 질문에 답해보자. 내면의 존재를 '아트만'의 현현 즉 '세계의 자아'로 이해하기 위하여 우리는 신중하게 대상들의 주체성에 접근해야 한다. 그러면 특정한 대상의 외관이 다른 모습으로 드러나는데, 확정된 모습을 지니지 못했던 객체는 이제 다른 모든 것들이 의존하는 필연적인 존재로 된다. 이 순간 존재는 우리들에게 의미를 갖게 되어 '그저 그런 존재' 혹은 '거기에 있는 존재'가 아닌 '주어진 존재'가 된다.

메피스토펠레스는 파우스트에게 자신을 '끊임없이 부정하는 영혼'der Geist der stets verneint이라고 말한다. 메피스토펠레스와 반대로 '아가페'는 기증과 희생의 길을 걸으며 끊임없이 창조하는 영혼이다. 아가페를 실천하면서 우리는 우리 자신이 지은 죄를 극복하고, 종속성이야말로 고통의 씨앗임을 깨닫는다. 또한 우리와 같은 방식으로 살아가는 종속적이고 연약한 객체에게 세상을 선물하는 존재가 우리라는 사실을 깨닫는다. 이런 영적인 변화를 일컫는 용어가 '구원'이다. 이런 영적인 변화를 통하여 우리는 고통과 희생을 수용하게 되고, 도덕적인 질서를 발견하게 된다. 비록 영적 변화가 의미하는 바를 설명하기는 힘들지라도, 예술과 종교는 상징물을 활용함으로써 영적인 변화를 인식할 수 있게 한다. 이 과정을 거치는 내내 와인은 빛을 밝혀줄 뿐만 아니라 신비의 한가운데로 우리를 안내한다.

바그너의 오페라 〈파르지팔〉Parsifal은 A플랫 장조의 테마곡으로 시작한다. 이 테마곡은 서막이 전개되는 동안 발전하는데, 부상당한 암포르타스가 이전에 제단에 바쳤던 빵과 와인이 자신에게 다시 주어질 때 테마곡은 다시 나타난다. 테마곡은 이렇게 서막을 지배한다. 음악은 서막의 긴 교향악적 명상 속에서 무르익은 정서를 이후의 드라마에 전달한다.

바그너는 〈트리스탄과 이졸데〉에서 이미 이 기법을 사용한 바 있다. 이 곡의 서막은, 내적 정서를 말로 표현하거나 감흥을 발동시키기 훨씬 전에 관객들에게 감동을 준다. 엘리엇에 따르면, 성찬식이란 '시간을 초월한 존재가 시간과 교차하는 것', 혹은 주변부로부터 존재의 한가운데로 힐끗

시선을 돌리는 것이라고 한다. 기독교에서의 성찬식은 시원에 대한 갈망에 그 뿌리를 두고 있다. 시원에 대한 갈망을 언어로 나타내기는 쉽지 않다. 하지만 이 갈망은 음악적 형식을 통해 그 의미가 즉각 인식되는데, 뛰어난 작은악절과, 서막의 종결부로 향하는 슬픔, 위안, 후회와 환희의 흐름으로 이어진다. 그리고 이 갈망은 공중에 세워진 웅장한 성 안으로 사라진다. 즉 녹아 없어지는 것이 아니라 하늘의 별들처럼 흩어져 사라진다.

그러므로 제1막의 마지막에 상연되는 성찬식은 살아오면서 계속 의탁했던 의식이다. 구세주는 용서와 그에 따른 자유, 즉 원한에서 벗어난 해방감을 선사하며, 자신의 이익만을 추구하고 타인을 수단으로 부렸던 이기적 자아에서 탈피하도록 만든다. 이러한 의식은 필수적인 법률을 반복해서 개정하는 작업과도 같다. 그 구원의 기적은 날마다 행해진다. 구원이란 공동체가 거듭나는 것으로서, 희생양의 피로 숱한 원한을 말끔히 씻어내는 것이다.

이러한 의식이 왜 중요한가? 그리고 와인은 왜 이러한 의식의 본질적 요소가 되어야 하는가? 추수감사절이나 성찬식은 유대인들의 식사에서 유래했다. 그런 식사자리에서 와인은, 사랑이 넘치는 신이 인류에게 베푼 기쁨의 증표였다. 그런 식사는 키두시Qiddush(빵과 포도주를 놓고 축복과 기도문을 암송하는 의식)와 더불어 시작되는데, 우선 잔을 들어 '포도나무에 결실을 맺게 한 우주의 왕'인 신을 찬미한다. 이후에 빵을 나누어 참석한 사람들에게 돌린다. 예수가 몸소 행하여 의미를 드높인 이 아름다운 의식은, 고대의 신비의식과 유사한 특징을 갖는다. 빵과 와인이라는 선물은 케레스Ceres(로마 신화에서 곡물의 여신), 프로세르피네Proserpine(로마식으로 표기한 그리스 신화의 페르세포네, 농업의 여신 데메테르와 제우스의 딸로서 하데스에게 납치되어 명계로 끌려감), 디오니소스와 관련된 의식에 속한다. 이 흥겨운 식사는 일종의 희생제의로서 구성원들이 일체감을 갖는 계기를 마련해준다. 또 기독교의 입장에서는, 인류의 죄를 대속하기 위하여 희생 제물이 된 예수의 선물을 기억하게 함으로써 공동체의 결속력을 유지하도록 한다. 희생으로부터, 그리고 희생제의를 기억하려는 '공동체'의 집단적 행위로부터 기독교인들은 신비한 안락감, 사랑을 통한 재생의 느낌을 얻는다. 조지 허버트George Herbert(1593~1633, 영국 시인)의 담담한 시구는 이러한 정서를 신비하게 전달하고 있다.

> 사랑은 달콤하고 가장 성스러운 액체,
> 그것을 신은 피로, 나는 와인으로 여긴다.

연속적으로 중요한 연구를 해온 르네 지라르René Girard, 그의 학문을 이어받았지만 입장을 달리한 에릭 강스Eric Gans, 다양한 견해를 표명하는 비평가들과 신학자들이 있다.* 그들의 생각은 이렇다. 서로 대면하며 경쟁관계로 살아가는 우리 인간들은 내면에 분노로 가득 차 있다. 이러

---

*르네 지라르René Girard, 『폭력과 성스러움』*La violence et le sacré*(파리 1972); 『희생양』*Le bouc émissaire*(파리 1982); 에릭 강스Eric Gans, 『문화의 종말: 생성 인류학을 향하여』*The End of culture: Towards a Generative Anthropology*(버클리, 캘리포니아 1985); 『근원적 생각: 생성 인류학의 요소들』*Originary Thinking: Elements of a Generative Anthropology*(스탠퍼드, 캘리포니아 1997).

한 분노는 니체가 말한 '르상티망'(원한), 달리 말하자면 경쟁의 결과와 타인의 위풍당당한 승리를 뭉개버리고 싶은 욕구와 굴욕, 분개에 기인한다. 역사는 독선적인 지도자의 광기가 원한의 뚜껑을 열었을 때 어떤 사건이 발생하는가를 보여준다. 이때 사람들은 희생양을 갈구하게 된다. 희생양이 필요하게 되면 희생양은 발견된다. 이것이 인간적 상황의 실상이며, 원죄의 증거이기도 하다.

하지만 좀더 깊이 들어가보면, 우리가 원한을 표출하더라도 원한에서 자신을 해방시키지 못한다는 사실을 알게 된다. 아울러 유대인, 쿨락 kulak (제정 러시아 시대의 부농층), 부르주아 등에게 폭력적인 모욕을 가하더라도 우리의 가슴속에 응어리진 독기는 제거할 수는 없으며 오히려 적의를 키울 뿐이다. 오로지 용서를 주고받음으로써만 우리는 정화될 수 있다. 용서란 증오로부터의 구원이지, 증오를 제한하고 상쇄시키는 힘은 아니다.

죄는 사물의 질서에 속하기 때문에 지속적으로 우리와 공존한다. 그래서 무한히 거듭되는 속죄 즉 진정한 구원은 시간 밖에서 이루어져야 한다. 구원자는 우리가 스스로 모범으로 삼았던 자이자 희생제물이 된 자인데, 놀랍게도 자신을 고문했던 자들을 용서함으로써 우리에게 용서하는 방식을 제시한 자이다. 존재의 신비를 건드리는 그런 사건은 신학적 교리나 심리학적 분석만으로 이해될 수 없다. 의식ritual이나 명상과 같은 다른 방식으로 그것을 이해해야 한다.

와인은 이 세상에서 중요한 역할을 맡고 있다. 와인은 우리에게 정신과 육체의 조화를 이루도록 자극한다. 가슴을 따뜻하게 하는 이 액체는 우리로 하여금 명상에 들게 하고, 이러한 명상은 영혼에 전달할 메시지를 불러낸다. 와인이 이러한 기능을 수행할 때 몸에는 변화가 일어나고, 결코 설명할 수 없는 것을 직관으로 느끼게 된다. 이것이 바로 자유로운 주체가 외부의 객체와 일체가 되는 경험이다. 내 몸과 함께 있는 영혼의 일체감 말이다.

바그너의 오페라 〈파르지팔〉에는 흥미로운 서브플롯subplot이 있는데, 여기에서 여주인공은 정신분열증 환자 쿤드리다. 이 서브플롯의 테마는 자유로운 사랑에서 탐욕적 사랑으로 추락한 육욕이다. 쿤드리는 구세주가 행한 희생의 선물을 이해하지 못했기에, 구세주는 물론 구세주가 그녀에게 준 희생적 사랑까지 조롱한다. 징계를 받은 그녀는 성적 노예가 되어 육욕에 빠진 자기 자신을 혐오하게 된다. 그녀의 자기혐오증은 너무나 강렬하여 의식적으로 자아를 둘로 분리하는데, 하나는 구원을 갈망하고 다른 하나는 구원을 갈망한다는 사실도 모른 채 육체에 갇혀 있다.

그녀가 유혹한 클링조르 역시 육욕의 노예가 되었고 자해를 통해 자신의 자유를 찾고자 했다. 그러나 이런 방식으로는 전혀 자유를 획득할 수 없었다. 다른 사람에 대한 육욕적 접근은 자기혐오로 근절될 수 없고 오직 사랑으로써만 극복될 수 있는 것이다. 클링조르는 갇힌 상태에서 육욕의 주기가 짧아져 광기에 사로잡히게 되고 욕정 해소를 위해 버튼을 눌러대지만 더이상 쾌락을 얻을 수 없었다. 〈파르지팔〉의 서막에서 제2막에 이르기까지 우리는 클링조르의 영혼을 대면할 수 있으며, 자기 자신이 객체가 된다는 것이 무엇인가를 알게 된다. 마침내 제3막의 〈성聖 금요일의 음악〉Good Friday Music의 평온한 B장조에서 우리는 구원의 정결한 바람을 맞이하게 된다. 정결한 미풍에 휩싸여 모든 잘못이 용서로 지워지고, 각자는 자신의 이웃에 대해 깨달으며, 자유 속에서 새로운 인생을 살게 된다.

사물의 존재에 대해 숙고할 때 우리는 사물 자체의 전망 속에서 그 사물을 이해하려고 애쓴다. 이것이 바로 우파니샤드 철학이 권하는 사물을 대하는 자세이다. 또한 종속적 존재의 종속성이 의존성으로 우리에게 인식되는 것은 사물을 대하는 이런 자세가 있을 때 가능하다. 이런 방식으로 세계의 '아트만'을 탐구할 때 우리가 명상하게 되는 것은 정확히 무엇인가? 기독교인들은 우리가 성찬식에 대하여 탐구한다고 말할지도 모른다. 하지만 같은 주장이 힌두교 용어로도 표현될 수 있다. 우리는 세상을 대할 때, 나와 나의 욕구보다 타인과 그의 자유를 우선시하는 희생적 태도가 낳은 선물로 바라본다. 종속적인 존재의 세계는 흔히 '주어진' 것, 즉 데이터라고 일컫는다. 하지만 이 말이 진정으로 의미하는 바를 알기 위해서는 탐구하는 자세가 필요하다. 우리 마음에서 구름이 말끔히 걷힐 때만 세상이 주어졌다는 말의 진의를 파악할 수 있다. 그것이 바로 죄사함의 역사役事다. 우리는 의식儀式과 명상을 통하여, 그리고 용서를 통하여 죄사함의 일을 장엄하게 수행할 수 있다.

신성한 사랑을 표현하는 선물로서 존재를 이해하려는 관점은 세계의 위대한 종교들이 공통적으로 가지고 있는 것이다. 우리는 이러한 관점을 아레오파고스의 재판관 디오니시우스Dionysius the Areopagita(1세기의 아테네 학자로 바울에 의해 기독교로 개종했다)가 쓴 『신성한 이름들이 담긴 책』 Book of Divine Names에서 찾아볼 수 있다. 또한 알-가잘리al-Ghazâlî의 『철학자들의 모순된 생각』*Incoherence of the Philosophers*에서, 마이모니데스 Maimonides의 『이해할 수 없는 것들에 대한 안내』*Guide to the Perplexed*에서, 그리고 아퀴나스Aquinas의 『대전』*Summa*에서 이 관점을 발견할 수 있다. 하지만 일상에 묻혀 사는 우리들과 다른 그들의 생각은 하루하루의 현실이라기보다는 실현되어야 할 전망인 듯하다. 내가 베이루트에서 수녀들의 활동을 목격했던 그 순간엔 (C. S. 루이스가 말한) '사랑의 선물'*과 그 실체가 나에게 잡힐 듯 가까이 있었다. 사랑의 선물은 우리가 의식儀式과 명상을 통하여 연습해야 하는 것이고, 살아가면서 우리가 줄 수 있는 것을 기증해야만 하는 이유이다. 이것이 바로 〈파르지팔〉이 우리에게 전하는 가르침이고 이 책의 주제이기도 하다. 마음이 올바른 형태를 갖추는 순간에 마시는 와인은, 그 우화적인 의미와 더불어 사랑이 중심이 된 삶도 보여준다.

＊루이스C. S. Lewis, 『네 개의 사랑』*The Four Loves*(런던 1960).

옮긴이의 말

　방주에서 나와 농업을 시작한 노아는 포도나무를 심었고, 자신이 수확한 포도로 빚은 와인을 마시고 취하여 가족이 거하는 장막 안에서 벌거벗고 잠에 곯아떨어졌다. 노아의 세 아들 중 둘째 함은 자신이 목격한 아버지의 치부를 형제인 셈과 야벳에게 드러내 희롱한 죄로, 그의 자식 가나안은 셈과 야벳의 종들의 종이 되길 원한다는 노아의 저주를 받았다고 구약성서는 전한다.

　노아가 아버지로서의 신망을 잃고 그 앙갚음으로 자식에게 저주를 퍼부은 상황을 초래한 것은 술 때문이었다. 이때의 와인은 "신이 내린 최고의 선물"이라는 플라톤의 말과는 차이가 난다. 술이 갖는 이중성 때문에 와인은, 기원전 6천년경의 아득한 고대에 소아시아의 흑해 남쪽 또는 바

닻물에 잠기기 전의 흑해 밑바닥에 비티스 비니페라Vitis vinifera 포도품종이 재배된 이래로 부침을 거듭해왔다. 아라비아에서 태어나 그리스로 이주한 신이 삶에 환희를 더해주었다고 믿었던 그리스인들은 디오니소스 신화로 와인을 찬미했다. 기원전 4세기경 그리스 식민주의자들이 처음 터를 닦은 프랑스의 포도밭은 프랑스 역사의 압축판이기도 했다. 교회가 재정 확보를 위해 경작지를 늘리면서 포도농업이 호황을 누렸던 시기는 부르고뉴를 차지한 권력자의 이해가 앞서던 때였다. 1세기 후반 로마황제 베스파시아누스는 변방의 반란을 진압하고 그런 반란이 술을 지나치게 마신 결과로 발생했다고 판단해 모든 포도밭을 없애버리라는 명령을 내리기도 했다.

문명의 길을 개척하고 새로운 터전에 조상의 숨결을 불어넣으며 땅을 근거로 미래세대와 언약을 실현하려는 노력도 포도나무를 심는 것으로 나타났다. 구세계 유럽과의 정서적 끈을 지탱하며 신세계 미국을 경영하고자 했던 이주민 가운데 발전된 기술로 와인을 생산한 사람들은 뚱한 표정의 뉴잉글랜드 청교도들이 아니라 교양을 갖춘 버지니아 농촌귀족들이었다. 1619년에 그들은 모든 사람들이 열 그루의 포도나무를 심고 가꾸어야 한다는 법을 제정하여 와인 생산의 토대를 마련했다. 또한 뉴질랜드로 이주한 사람들이 후손들에게서 전폭적인 지지를 받은 선구적인 작업도 포도나무를 심고 와인 양조법을 개발해야겠다는 그들의 결심과 실천이었다. 그것은 영국의 전통적인 미덕과는 다른, 공동체의 미래를 펼쳐가는 장구한 사업이었다.

이주의 초기단계에서 와인을 수입했던 남아프리카공화국, 뉴질랜드, 호주 등은 이제 엄청난 양의 와인을 생산하여 자체 소비를 충당하고 많은 양을 수출한다. 이러한 변화의 원인은 경제적이라기보다는 문화적이었다. 마음의 고향과 아무리 먼 이역의 땅에서 방황할지라도 그들의 손길이 닿는 곳에 포도나무만 있다면, 그들은 조상들이 살았던 땅 즉 포도나무로 뒤덮인 언덕에서 자신들이 살고 있다는 기쁨을 만끽할 수 있었기 때문이다. 그렇다! 은총을 받은 땅에서 생산된 와인은 토양과 지역에 대한 논의와 탐험을 관심으로 발전시켜, 그 관심을 세상으로 향하게 한다. 와인은 우리가 사는 세상을 밝혀주는 빛을 가리지 않고, 우리에게 환상을 불러일으키는 것에 경의를 표하며, 그들 가운데 애절한 것을 더욱 뚜렷하게 한다.

좋은 와인이 몸 안에 퍼지면 개인의 자기 형상화 능력이 발동하기 시작한다. 그러한 음주는 내 안의 생명을 고양시킨다. 그리하여 정신과 육체가 조화를 이루도록 자극한다. 가슴을 뜨겁게 하는 와인은 우리를 명상에 들게 하고, 이 명상은 영혼에 전달할 메시지를 불러낸다. 이 순간에 우리는 결코 형언할 수 없는 것을 직관으로 포착하게 된다. 이것이 바로 자유로운 주체가 외부의 객체와 일체가 되는 경험이다. 내 몸과 함께하는 영혼의 일체감 말이다. 영혼과 일체가 된 몸과 마음은 자신을 용서하게 되고 타인을 이해하려 들며 세상과 화합하게 된다. 이렇듯 자신을 개방하고 외부세계와 더불어 살고자 하는 회심의 첫걸음이 와인에서 연유한다고 이 책의 저자 로저 스크루턴은 에둘러 주장한다.

사람들은 흔히 "술을 다시 마시면 성을 갈겠다"는 말로 술과의 애증을 단절하려는 결의를 다지곤 한다. 하지만 나는 내 성인 버들 류柳를 내세워 "버드나무는 물가에 뿌리를 내리고 물을 마시며 산다"는 말로 좀 과도하게 보이는 내 음주를 변호하기도 한다. 이 책을 번역하면서 무릎을 치며 빠져든 한마디는 "술에 진리가 있다"In Vino Veritas는 말이다. 그리하여 소망하건대 치켜든 모든 술잔에 진리가 넘쳐나고, 그 진리로 삶이 자유롭기를!

임진강변의 서재에서
류점석

와인 찾아보기

ㄱ
그라브Graves 124, 126, 130
그라브 드 베르Graves de Vayres 130
그랑 에셰조Grands Échézeaux 77, 81
그루지야 와인Georgia wine 143, 144
그리스 와인Greek wine 148~153, 178

ㄴ
남아공 와인South African wine 163~164
넬슨 크리크Nelson's Creek 53
뉴질랜드 와인New Zealand wine 34, 160~163

ㄷ
도멘 데 무아로Domaine des Moirots 102
도멘 드 라 로마네-콩티Domaine de la Romanée-Conti 76~78
동인도 셰리East India Sherry 29

ㄹ
라 체타트La Cetate 169
라 콤만다리아La Commandaria 149~150
라스토Rasteau 115
랑그도크Languedoc 109, 111~113
레바논 와인Lebanese wine 144~145
레치나Retsina 149~150, 252
로제 와인rosé wine 14, 52, 53, 113, 119, 142, 145
루마니아 와인Romanian wine 168~169
루아르Loire 15, 24, 53, 134~138
리라크Lirac 115
리오하Rioja 169~171

ㅁ
마데이라Madeira 29
마디랑Madiran 109, 113, 171
마랑주Maranges 104
마르사네Marsannay 103, 157
마브로다프네Mavrodaphne 144
마스 올리베라Mas Oliveras 53
마콩-솔뤼트레Mâcon-Solutré 258
마테우스 로제Mateus Rosé 67
만자니야Manzanilla 14
메르퀴레Mercurey 71, 105
메르퀴레 레 노주Mercurey Les Nauges 25
메크네스Meknès 17

모라비아 와인Moravian wine 24, 39, 44
모로코 와인Moroccan wine 17, 142
몬타나Montana 161
몬테풀치아노Montepulciano 21, 166
몽타니Montagny 102, 103
뫼르소Meursault 18
뮈스카데Muscadet 74, 134
미국 와인American wine 93, 153~158

ㅂ
바르삭Barsac 127
바케라스Vacqueyras 115
바타르-몽라셰Batard-Montrachet 92
발데페냐스Valdepeñas 171
발라톤Balatón 49, 50
베르주라크Bergerac 113, 130~133
보르도Bordeaux 82, 109, 113, 121~133
보르도 샤토Bordeaux Château:
  샤토 뒤크뤼-보카유Ch. Ducru-Beaucaillou 38
  샤토 디켐Ch. d'Yquem 126
  샤토 라포리-페라게Ch. Lafaurie-Peyraguey 126
  샤토 라피트Ch. Lafite 82, 84~86
  샤토 랭시-바주Ch. Lynch-Barges 17
  샤토 레오빌 라스카스Ch. Léoville Lascases 164
  샤토 레오빌-바르통Ch. Léoville-Barton 124
  샤토 루덴Ch. Loudenne 82, 83
  샤토 마고Ch. Margaux 94
  샤토 마제르Ch. Mazeyres 125
  샤토 무통-로칠드Ch. Mouton-Rothschild 95
  샤토 바라유 뒤 블랑Ch. Barrail du Blanc 125
  샤토 베슈벨Ch. Beychevelle 38
  샤토 벨-에르Ch. Bel-Air 130
  샤토 브라네르-뒤크뤼Ch. Branaire-Ducru 125
  샤토 브리아트Ch. Briatte 129
  샤토 빌조르주Ch. Villegeorge 83, 126
  샤토 셉티 몽바지악Ch. Septy Monbazillac 27
  샤토 쉬뒤로Ch. Suduiraut 128, 129
  샤토 스미스-오-라피트Ch. Smith-Haut-Lafitte 124
  샤토 시삭Ch. Cissac 125, 126
  샤토 오-브리옹Ch. Haut-Brion 126
  샤토 오존Ch. Ausone 17
  샤토 캉트낙-브라운Ch. Cantenac-Brown 124
  샤토 쿠테Ch. Coutet 27
  샤토 크루아제-바주Ch. Croizet-Bages 84
  샤토 탈보Ch. Talbot 124
  샤토 트로타누아Ch. Trotanoy 69~71, 74, 125, 205
  샤토 팔메Ch. Palmer 81
  샤토 포탕삭Ch. Potensac 83, 125, 126
  샤토 퐁테-카네Ch. Pontet-Canet 124
  샤토 피크-카유Ch. Picque-Caillou 126
보졸레Beaujolais 38, 47, 69, 110
부다 피노 그리스Budai Pinot Gris 50
부르게유Bourgueil 135, 136
부르게유 라 프티 카브Bourgueil La Petite Cave 136
부르고뉴 와인Bourgogne wine 14, 18, 25, 43, 51, 72, 74~77, 81, 84, 96~105, 113, 117, 137, 142, 156, 161, 162, 224, 251, 252
부브레Vouvray 15

불투레Vulture 167
브레젬Brézème 115
비에르소Bierzo 171, 173
빌라뉘Villanyi 51

ㅅ
사블레Sablet 115
상세르Sancerre 135
생 니콜라-드-부르게유St. Nicolas-de-Bourgueil 135, 139
생마르탱 수 몽테귀St. Martin sous Montaigu 104
생몽St. Mont 113
생장구St. Gengoux 110
생제르베Saint-Gervais 115
생쥘리앙Saint-Julien 163
생타무르St. Amour 110
생테밀리옹St. Émilion 124, 125, 131
생토뱅St. Aubin 18, 104
샤를 조게Charles Joguet 137~138
샤블리Chablis 27, 101
샤블리 그르노유Chablis Grenoilles 27
샤블리 레 프뢰즈Chablis les Preuses 27
샤블리 부그로Chablis Bougros 27
샤사뉴-몽라셰Chassagne-Montrachet 18
샤토 그리예Château Grillet 117
샤토 무사르Château Musar 142, 144
샤토 크사라Château Ksara 144, 145, 149
샤토뇌프-뒤-파프Châteauneuf-du-Pape 25, 116
샹베르탱Chambertin 72
샹베르탱 클로 드 베제Chambertin Clos de Bèze 43
성 요셉St. Joseph 71, 115, 118
섹사르드Szekszard 51
수사슴의 도약Stag's Leap 48, 95

슈발리에-몽라셰Chevalier-Montrachet 92
스바테 바브리네케Svaté Vavřinecké 45, 46
스페인 와인Spanish wine 169~173
시농Chinon 136~138

ㅇ
아르헨티나 말벡Argentine Malbec 29, 132
아르헨티나 와인Argentine wine 132
아메티스토스 로제Amethystos rosé 53
알록스-코르통Aloxe-Corton 99
알제리 와인Algerian wine 142
앙트르-되-메르Entre-Deux-Mers 129
에르미타주Hermitage 28, 114, 115, 118, 160
에르미타주 샹트 알루에트Hermitage Chante Alouette 28
엘더베리 와인elderberry wine 65~67
영국 와인English wine 89
옥세-뒤레스Auxey-Duresses 104
위라위라Wirra Wirra 159, 160
유고슬라비아 와인Yugoslav wine 23
이탈리아 와인Italian wine 165~168

ㅈ
쥐랑송Jurançon 106~109, 122
쥘리에나스Juliénas 71
지공다스Gigondas 115
지브리Givry 104
진흙탕물Muddy Water 34

ㅊ
충성스런 하운드Faithful Hound 163~164

ㅋ
카오르Cahors 113, 132, 133
캄포질리오Camposilio 166

캘리포니아 와인Californian wine 16, 24, 48, 93, 103, 155, 157, 158
캘리포니아 진판델Californian Zinpandel 155
코르나스Cornas 115
코르비에르Corbières 113
코르통-샤를마뉴Corton-Charlemagne 99, 100
코토 드 라르데슈Côteaux de l'Ardèche 115, 117
코트 뒤 론Côtes du Rhône 115
코트 드 통그Côtes de Thongue 112
코트 로티Côte Rôtie 114
콜리우르Collioure 113, 119, 120
콜리우르, 도멘 라 투르 비에유Collioure, Domaine La Tour Vieille 120
콜리우르, 클로 샤타르Collioure, Clos Chatard 119
콩드리외Condrieu 116, 117
쿠나와라Coonawarra 159
크레타 와인Cretan wine 150
크로즈-에르미타주Crozes-Hermitage 115
크세롤리티아Xerolithia 150, 151
클라레claret 14, 16, 38, 47, 51, 67, 79, 81~85, 121~126, 135, 157
클라우드 나인Cloud Nine 89
클로 드 부조Clos de Vougeot 99
키안티Chianti 30, 32, 166

키프로스Cyprus wine 150, 151

ㅌ
타벨 로제Tavel rosé 52
탈라시티스Thalassitis 151
터키 와인Turkish wine 19, 141
토니 포트Tawny Port 29
트렌티노의 마르체미노Marzemino of Trentino 35, 166, 167

ㅍ
페르낭-베르줄레스Fernand-Vergelesses 99, 100
포므롤Pomerol 70, 124, 125
포이약Pauillac 16
포제르Faugères 113
퓔리니-몽라셰Puligny-Montrachet 74, 251
프롱통Fronton 133
피노 누아르Pinot Noir 18, 51, 72, 98, 100, 155, 156, 160, 162

ㅎ
헌터밸리Hunter Valley 159
헝가리 와인Hungarian wine 24, 49~51
호주 시라즈Australian Shraz 159
호주 와인Australian wine 158~160
호크Hock 20
호튼의 노튼Horton's Norton 157, 158

철학자, 와인에 빠져들다

초판 1쇄 발행 | 2011년 07월 05일

지은이 | 로저 스크루턴
옮긴이 | 류점석
디자인 | 디자인포름
펴낸이 | 김성은
펴낸곳 | 아우라
등록 | 제395-2007-00127호
주소 | 412-270 경기도 고양시 덕양구 화정동 966 한성리츠빌 801호
전화 | 031-963-4272
팩스 | 031-963-4276
이메일 | aurabook@naver.com
인쇄 | 예림인쇄
제본 | 국일문화사

한국어판 ⓒ 아우라 2011
ISBN 978-89-94222-04-2 03190

＊이 책에 있는 내용 전부 또는 일부를 다시 사용하려면
　반드시 번역자와 아우라 모두의 동의를 받아야 합니다.
＊책값은 뒤표지에 표시되어 있습니다.